政府采购

ZHENGFU CAIGOU

主编 白志远

中国财经出版传媒集团
经济科学出版社
Economic Science Press

图书在版编目（CIP）数据

政府采购/白志远主编. —北京：经济科学出版社，2016.12（2022.4 重印）
ISBN 978 – 7 – 5141 – 7587 – 5

Ⅰ.①政… Ⅱ.①白… Ⅲ.①政府采购制度 – 中国 – 教材 Ⅳ.①F812.2

中国版本图书馆 CIP 数据核字（2016）第 297714 号

责任编辑：于 源 张 萌
责任校对：刘 昕
责任印制：范 艳 张佳裕

政 府 采 购

白志远 主编

经济科学出版社出版、发行 新华书店经销
社址：北京市海淀区阜成路甲 28 号 邮编：100142
总编部电话：010 – 88191217 发行部电话：010 – 88191522
网址：www.esp.com.cn
电子邮箱：esp@esp.com.cn
天猫网店：经济科学出版社旗舰店
网址：http://jjkxcbs.tmall.com
北京季蜂印刷有限公司印装
787×1092 16 开 14 印张 310000 字
2021 年 8 月第 1 版 2022 年 4 月第 2 次印刷
ISBN 978 – 7 – 5141 – 7587 – 5 定价：55.00 元
（图书出现印装问题，本社负责调换。电话：010 – 88191510）
（版权所有 侵权必究 打击盗版 举报热线：010 – 88191661
QQ：2242791300 营销中心电话：010 – 88191537
电子邮箱：dbts@esp.com.cn）

前　言

　　我国政府采购制度是在20世纪90年代为适应建立社会主义市场经济体制的公共财政管理制度而开始改革，是作为财政支出管理制度的一项内容而提出来的。因此，我国初期的政府采购制度，其基本功能定位在节支、防腐、提效上，是符合当时的经济社会和发展需要的，也是合乎政府采购制度建设初期的发展水平的。

　　经过十几年的改革，我国政府采购制度建设取得了很大成绩。政府采购制度步入法制化管理的轨道，沿着扩面增量和规范管理的主线稳步推进，我国走出了一条从无到有、从点到面、从小到大的政府采购改革之路。

　　随着改革的深入，我国政府采购的政策作用也开始加强，政策成效不断显现。但是我国政府采购的政策作用仍待强化。长期以来，国内对于政府采购的功能认识和定位存在一定偏差。人们普遍认为节支、防腐、提效是政府采购的基本功能，而政府采购政策功能是附加功能。这已经落后于当今国际政府采购发展的现实步伐和新常态下经济社会发展对政府采购提出的新要求。同时，从总体上看，我国政府采购的政策作用仍不突出，现有政策体系不完善且碎片化，有效果但不显著。政府采购作为国家重要经济政策工具的地位尚未确立，与发达国家政府采购所承担的政策工具角色相比差距仍然比较大，与我国经济新常态的需要不相适应。

　　在经济全球化格局深入改变、我国经济进入新常态的今天，需要依据开放程度对等原则，加入《政府采购协议》

（GPA），以市场换市场，开放国内政府采购市场，换取相应的国际政府采购市场对本国企业的开放。

政府采购从业人员具有合格的专业化知识与技术是确保政府采购政策功能实现、财政资金恰当运用的先决条件。我国自 1996 年开始进行政府采购试点工作以来，采购规模不断增长，推动了政府采购职业市场的成长发展，催生了大量的人才需求。特别是近年来政府采购的制度环境、改革重心、工作形势不断变化，帮助我国企业进入国际政府采购市场，致使政府采购人才缺乏的问题越发严峻，政府采购教育投资不足，政府人力资本存量不足的问题逐渐凸显。所以随着加入 GPA 脚步的加快，与我国以结果为导向的政府采购制度与实践的大力推进，使政府采购人才的培养、积累政府人力资本显得更加急需与急迫。

现实需要对教材建设与更新不断提出新的要求。本教材有以下新特点：

一是教材定位侧重于政府采购基础理论的阐述，而非实务管理教程。教材每一部分从基础概念诠释入手，引导初步学习者易于入门政府采购。同时，每章节内容都深化了其理论深度，也有利于有一定理论水平的学习者和有一定实务经验者提高对政府采购的理解，促进相关知识体系和实务能力的提升。

二是教材切入角度为财政理论，因为政府采购涉及公共管理、财政、法律、市场以及国际贸易等多学科的知识，但是从根本上讲，政府采购是以财政理论为核心的公共管理理论；政府通过财政支出管理，发挥主导市场、优化资源配置的作用，政府采购是核心内容。

三是教材结合国际先进的政府采购管理理念，构建了较为完整的政府采购系统，同时结合本国财政管理文化和理念划分了具体章节，更加便于学习者理解政府采购精髓，以及提高政府采购前瞻性。

四是教材把政府采购系统放在整个国家经济社会运行和国际自由贸易环境中阐述其原理和理论，有利于学习者从动态和整体来把握政府采购，避免"孤岛"化。

在教材编写过程中，武汉大学吴俊培教授、中南财经政法大学杨灿明教授对教材大纲和初稿提出了宝贵建议意见；中南财经政法大学财政税务学院教材建设组及相关专家也给予了大力地指导和支持；中南财经政法大学财政税务学院刘京焕教授对教材大纲及结构布局提出了重要建设性建议；博士生刘丁蓉参与部分章节撰写；硕士研究生韩静茹、刘渊、宋莹莹、刘文君、张冬冬、王晨、陶千洁等参与了教材的资料搜集及校对工作；湖北省政府采购协会秘书长宋军主任参与教材实务内容编写；青岛大学公共管理学院吕尧太教授参与了政府采购预算章节的撰写。

美国 FAU 大学著名的政府采购专家 Dr. Thai 教授对于本教材的撰写给予了很大的帮助。经济科学出版社的同志为本教材的出版付出了辛苦劳动！

在此一并感谢大家的付出和支持！

同时，非常感谢为本教材撰写提供参考文献的作者们。

由于教材尚存在许多不足，期待多予以批评指正，也期待大家进一步切磋！

白志远

2021 年 8 月于晓南湖

目 录

第一章 政府采购概述 ... 1

第一节 政府采购概念 ... 1
一、政府采购界定 ... 1
二、政府采购内涵演化 ... 3
三、政府采购双重性 ... 4
四、政府采购特点 ... 5
五、政府采购功效 ... 7
六、政府采购主次系统 ... 8

第二节 政府采购与公共财政 ... 11
一、归属公共财政支出管理 ... 11
二、激发财源持续增长 ... 12
三、公共财政资源配置核心 ... 12
四、积极财政政策重要组成部分 ... 12

第三节 政府采购功能 ... 13
一、节支防腐与政策功能 ... 13
二、政府采购政策作用 ... 14
三、政府采购政策功能体系 ... 15

第四节 政府采购环境因素 ... 18
一、政府采购系统环境 ... 18
二、市场因素 ... 18
三、政治因素 ... 19
四、法制建设因素 ... 20
五、行政体制因素 ... 21
六、金融制度因素 ... 21
七、国际贸易因素 ... 22

第二章 政府采购制度 …… 24

第一节 政府采购原则 …… 24
一、公开透明原则 …… 24
二、公平竞争原则 …… 24
三、公正原则 …… 25
四、诚实信用原则 …… 25

第二节 政府采购制度概念 …… 25
一、制度的定义 …… 25
二、政府采购制度含义 …… 26
三、政府采购制度主要内容 …… 26

第三节 政府采购制度目标 …… 26
一、政府采购制度目标组成 …… 26
二、不同政府采购目标间权衡 …… 28
三、效率目标和政策目标 …… 29

第四节 政府采购制度思想理论 …… 30
一、经济理论对政府采购活动影响 …… 30
二、古典主义自由市场经济思想 …… 33
三、新古典主义市场经济思想 …… 34
四、凯恩斯主义市场经济思想 …… 34
五、现代市场经济思想 …… 34

第五节 西方政府采购制度演变 …… 35
一、现代政府采购制度的起源 …… 35
二、节支防腐与维护政府公信力理念 …… 36
三、干预经济和扩大公民权利 …… 37
四、服务契约化和私有化理念 …… 37
五、政府再造与政府采购战略 …… 38

第六节 中国政府采购制度演变 …… 39
一、政府采购政策功能雏形期 …… 39
二、政府采购政策制度原始形态 …… 40
三、传统政府计划采购 …… 40
四、传统政府采购自由化 …… 41
五、现代政府采购制度试点 …… 41
六、现代政府采购制度全面推行 …… 42

第三章 政府采购组织结构 …… 44

第一节 政府采购组织框架 …… 44
一、国家结构形式与政府采购组织体系 …… 44

二、立法部门在政府采购系统中的角色 …………………………………… 45
　　三、行政部门在政府采购系统中的角色 …………………………………… 46
　　四、财政部门在政府采购系统中的角色 …………………………………… 46
　　五、司法部门在政府采购系统中的角色 …………………………………… 47
　　六、政府采购组织的层级关系 ……………………………………………… 47
　第二节　政府采购组织形式与管理 …………………………………………… 48
　　一、政府集中采购模式 ……………………………………………………… 48
　　二、政府分散采购模式 ……………………………………………………… 49
　　三、部门集中采购或授权采购模式 ………………………………………… 50
　　四、政府采购集中/分散管理 ………………………………………………… 50
　第三节　政府采购主体 ………………………………………………………… 52
　　一、政府采购主体概念 ……………………………………………………… 52
　　二、政府采购主体职责 ……………………………………………………… 52
　　三、政府采购主体权利 ……………………………………………………… 52
　　四、政府采购主体义务 ……………………………………………………… 53
　第四节　政府采购执行机构 …………………………………………………… 55
　　一、集中采购机构 …………………………………………………………… 55
　　二、部门集中采购机构 ……………………………………………………… 57
　　三、社会采购代理中介机构 ………………………………………………… 58
　　四、采购人与代理中介机构的关系 ………………………………………… 58
　第五节　政府采购组织其他相关方 …………………………………………… 59
　　一、政府采购供应商 ………………………………………………………… 59
　　二、政府采购评审专家 ……………………………………………………… 60

第四章　政府采购法规体系 …………………………………………………… 62

　第一节　政府采购法律 ………………………………………………………… 62
　　一、预算法 …………………………………………………………………… 62
　　二、政府采购法 ……………………………………………………………… 62
　　三、招标投标法 ……………………………………………………………… 63
　　四、相关其他法律 …………………………………………………………… 65
　第二节　政府采购行政法规 …………………………………………………… 66
　　一、政府采购法实施条例 …………………………………………………… 66
　　二、招标投标法实施条例 …………………………………………………… 66
　第三节　政府采购地方性法规 ………………………………………………… 67
　　一、地方性法规的概念 ……………………………………………………… 67
　　二、地方性法规立法权限与作用 …………………………………………… 67
　　三、政府采购地方性法规 …………………………………………………… 68
　第四节　政府采购行政规章 …………………………………………………… 68

· 3 ·

一、部门规章 ·· 68
　　　二、地方性规章 ·· 69

第五章　政府采购权利结构 ·· 71

　第一节　政府采购权利概述 ·· 71
　　　一、政府采购权利界定 ·· 71
　　　二、政府采购权利分类 ·· 72
　第二节　政府采购权利级次配置 ·· 73
　　　一、政府采购权利级次配置基础 ·· 73
　　　二、政府采购权利级次配置前提 ·· 74
　第三节　政府采购权利职能配置 ·· 75
　　　一、政府职能 ··· 75
　　　二、政府采购权利配置决定因素 ·· 75
　第四节　政府采购权利与支出责任 ·· 76
　　　一、公共支出结构与政府采购权利 ·· 76
　　　二、政府采购权利与转移支付 ·· 76
　　　三、采购权利与预算管理匹配 ·· 78

第六章　政府采购计划阶段 ·· 79

　第一节　政府采购规划 ·· 79
　　　一、政府规划 ··· 79
　　　二、政府采购规划 ·· 79
　　　三、政府采购促进政府规划实现 ·· 80
　　　四、政府采购规划确立 ·· 80
　　　五、制约政府采购规划因素 ·· 80
　第二节　政府采购预算 ·· 81
　　　一、政府采购预算概述 ·· 81
　　　二、政府采购预算原则 ·· 84
　　　三、政府采购预算需求 ·· 85
　　　四、政府采购预算决策模式 ·· 89
　　　五、政府采购预算基本方法 ·· 93
　　　六、全寿命周期成本预算理念 ·· 97
　　　七、政府采购预算具体内容 ·· 99
　　　八、政府采购预算编制步骤 ·· 100
　　　九、预算管理贯穿政府采购始终 ·· 103
　第三节　政府采购计划 ·· 105
　　　一、政府采购计划界定 ·· 105
　　　二、政府采购计划与预算关系 ·· 105

三、政府采购计划作用 …… 106
　　四、政府采购计划内容 …… 106
　　五、政府采购计划编制时间 …… 107
　　六、政府采购计划编制方法 …… 107
　　七、政府采购计划备案 …… 108
　　八、特殊政府采购计划审批 …… 108

第七章　政府采购招标阶段 …… 110
　第一节　政府采购意向公开 …… 110
　　一、政府采购意向概念 …… 110
　　二、采购意向公开内容 …… 110
　　三、采购意向公开要求 …… 111
　第二节　政府采购需求 …… 111
　　一、采购需求与标准 …… 111
　　二、采购需求种类 …… 112
　第三节　法定政府采购方式 …… 113
　　一、公开招标 …… 113
　　二、邀请招标 …… 114
　　三、竞争性谈判 …… 114
　　四、单一来源采购 …… 114
　　五、询价 …… 115
　　六、竞争性磋商 …… 115
　　七、竞争性磋商与竞争性谈判 …… 115
　第四节　其他政府采购补充方式 …… 116
　　一、定点采购 …… 116
　　二、协议供货 …… 117
　　三、反拍卖方式采购 …… 118

第八章　政府采购合同管理阶段 …… 119
　第一节　政府采购合同概述 …… 119
　　一、政府采购合同概念 …… 119
　　二、政府采购合同形式 …… 119
　　三、政府采购合同类型 …… 119
　　四、政府采购合同特点 …… 120
　　五、政府采购合同分包 …… 121
　第二节　政府采购合同订立与履行 …… 122
　　一、政府采购合同订立 …… 122
　　二、政府采购合同履行 …… 123

        三、政府采购交付跟踪与催货 …………………………………………… 124
　　第三节　政府采购合同暂停或变化 ……………………………………………… 125
        一、政府采购合同暂停 ……………………………………………………… 125
        二、政府采购合同变更 ……………………………………………………… 125
        三、政府采购合同的中/终止 ……………………………………………… 126
　　第四节　政府采购合同验收与资金支付 ………………………………………… 126
        一、政府采购验收 …………………………………………………………… 126
        二、政府采购验收规则 ……………………………………………………… 126
        三、验收中技术检测 ………………………………………………………… 127
        四、接货或拒收证明 ………………………………………………………… 127
        五、政府采购合同资金支付 ………………………………………………… 128

第九章　政府采购风险与救济 ………………………………………………………… 129
　　第一节　政府采购风险 …………………………………………………………… 129
        一、政府采购风险因素 ……………………………………………………… 129
        二、政府采购风险节点 ……………………………………………………… 130
　　第二节　政府采购救济 …………………………………………………………… 132
        一、询问 ……………………………………………………………………… 132
        二、质疑 ……………………………………………………………………… 132
        三、投诉 ……………………………………………………………………… 132
        四、行政复议 ………………………………………………………………… 133
        五、行政诉讼 ………………………………………………………………… 133

第十章　政府采购信息管理 …………………………………………………………… 135
　　第一节　政府采购信息概述 ……………………………………………………… 135
        一、政府采购信息概念 ……………………………………………………… 135
        二、政府采购信息的种类 …………………………………………………… 135
        三、信息管理体现采购执行能力 …………………………………………… 136
　　第二节　政府采购电子化 ………………………………………………………… 137
        一、政府采购电子化概念 …………………………………………………… 137
        二、政府采购电子化条件 …………………………………………………… 138
        三、政府采购电子化运用 …………………………………………………… 138
　　第三节　政府采购信息管理与反馈机制 ………………………………………… 139
        一、政府采购信息管理 ……………………………………………………… 139
        二、政府采购信息库 ………………………………………………………… 139
        三、政府采购信息反馈机制 ………………………………………………… 141

第十一章　政府采购绩效评估 ………………………………………………………… 143
　　第一节　政府采购绩效概述 ……………………………………………………… 143

一、政府采购绩效概念 …………………………………………… 143
　　二、采购绩效与财政支出绩效关系 ……………………………… 144
　　三、采购绩效与部门预算绩效关系 ……………………………… 144
第二节　政府采购绩效评价 …………………………………………… 145
　　一、政府采购绩效评价主客体 …………………………………… 145
　　二、政府采购绩效评价内容 ……………………………………… 145
第三节　政府采购绩效评估标准 ……………………………………… 146
　　一、政府采购效能性评估标准 …………………………………… 146
　　二、政府采购效率性评估标准 …………………………………… 147
　　三、政府采购充分性评估标准 …………………………………… 147
　　四、政府采购公正性评估标准 …………………………………… 148
　　五、政府采购回应性评估标准 …………………………………… 148
　　六、政府采购适当性评估标准 …………………………………… 148
第四节　政府采购经济效益评估 ……………………………………… 148
　　一、政府采购配置效益 …………………………………………… 149
　　二、配置效益评估指标 …………………………………………… 149
　　三、使用效益评估指标 …………………………………………… 150
　　四、经济效益评估程序 …………………………………………… 150
第五节　政府采购工作绩效评估 ……………………………………… 151
　　一、工作绩效评估指标 …………………………………………… 151
　　二、工作绩效评估方式 …………………………………………… 153
　　三、工作绩效评估前期准备 ……………………………………… 154
　　四、工作绩效评估程序 …………………………………………… 154

第十二章　政府采购内外部监督体系 …………………………………… 155

第一节　政府采购内部监督体系 ……………………………………… 155
　　一、政府采购内部监督 …………………………………………… 155
　　二、财政部门监管 ………………………………………………… 155
　　三、采购人内控机制 ……………………………………………… 156
　　四、采购代理机构内部控制 ……………………………………… 156
　　五、采购人和代理机构内部审计 ………………………………… 157
第二节　政府采购外部审计监督 ……………………………………… 157
　　一、政府采购外部审计特点 ……………………………………… 157
　　二、政府采购外部审计内容 ……………………………………… 158
　　三、政府采购外部审计监督程序 ………………………………… 159
　　四、政府采购外部审计主要方式 ………………………………… 159
第三节　其他法定政府采购监督 ……………………………………… 159
　　一、人大监督 ……………………………………………………… 159

二、政协监督……………………………………………………………… 160
　　三、监察监督……………………………………………………………… 160
　　四、公正监督……………………………………………………………… 161
第四节　政府采购社会监督……………………………………………………… 161
　　一、媒体监督……………………………………………………………… 161
　　二、公众监督……………………………………………………………… 162
　　三、供应商监督…………………………………………………………… 162

第十三章　政府例外采购……………………………………………………… 164

第一节　国际贷款资金采购……………………………………………………… 164
　　一、国际贷款资金采购界定……………………………………………… 164
　　二、国际贷款采购管理…………………………………………………… 164
　　三、国际贷款采购违规处理……………………………………………… 165
第二节　紧急采购………………………………………………………………… 166
　　一、自然灾害和不可抗力………………………………………………… 166
　　二、需要紧急采购情形…………………………………………………… 167
　　三、紧急采购采购方式…………………………………………………… 168
　　四、紧急采购应注意事项………………………………………………… 168
第三节　军事采购………………………………………………………………… 168
　　一、军事采购……………………………………………………………… 169
　　二、军事采购法规………………………………………………………… 169
　　三、军事采购的特殊性…………………………………………………… 169
　　四、军事采购基本程序…………………………………………………… 171
　　五、军事常用采购方式…………………………………………………… 172

第十四章　政府采购发展趋势………………………………………………… 174

第一节　国际组织政府采购规则………………………………………………… 174
　　一、联合国《示范法》…………………………………………………… 174
　　二、世界银行《采购指南》……………………………………………… 177
　　三、亚太经合组织（APEC）《政府采购非约束性原则》…………… 180
第二节　政府采购市场国际化…………………………………………………… 182
　　一、《政府采购协议》（GPA）产生背景……………………………… 182
　　二、《政府采购协议》（GPA）形成…………………………………… 182
　　三、《政府采购协议》（GPA）发展…………………………………… 182
　　四、《政府采购协议》（GPA）主要内容……………………………… 183
　　五、开放政府采购"以市场换市场"……………………………………… 184
　　六、政府采购国际义务转化为国内规则………………………………… 185
第三节　政府采购国内发展趋势………………………………………………… 187

一、政府采购专业化发展 …………………………………………… 187
　　二、网络技术提高政府采购执行力 ………………………………… 188
　　三、新技术新业态在政府采购平台体系中应用 …………………… 189
　　四、云计算在"互联网+政府采购"中应用 ……………………… 189
　第四节　创新政府采购模式 …………………………………………… 190
　　一、小型企业创新研究（SBIR） …………………………………… 190
　　二、商业前采购（PCP） …………………………………………… 191
　　三、远期承诺采购（FCP） ………………………………………… 191

参考文献 ……………………………………………………………… 193

第一章

政府采购概述

第一节 政府采购概念

一、政府采购界定

(一) 采购

"采购"是同义复词。《说文解字》："采"，捋取也。从木从爪。《辞海》：摘取、择取等。"购"，以财有所求也。从贝、冓声。《辞海》：买、悬赏、交好、联合、通"媾"。《现代汉语词典》对"采购"的解释：选择购买。

美国采购学者亨瑞芝在其《采购原理与应用》一书中对采购的定义："采购者，不仅为取得需要的原料与物资之行为及其应负职责，而且包括有关物资及其供应来源、计划、安排、决策以及研究与选择，确保正确缴获之追查，及与接受前之数量与品质检验。"

英国采购学者贝雷在其《采购与供应管理》一书中对采购的定义："组织采购是这样一个过程，组织确定它们对货物与服务需要，确认和比较现有的供应商和供应品，同供应商进行谈判或以其他方式同其达成一致的交易条件，签订合同并发出订单，最后接收货物或服务并支付货款。"

中国台湾采购专家叶彬在《采购学》一书中对采购的定义："采购者即是以最低总成本，于需要时间与地点，以最高效率，获得适当数量与品质之物资，并顺利交于需用单位及时使用的一种技术。"

联合国《贸易法委员会货物、工程和服务示范法》对采购的定义：是指以任何方式获取货物、工程或服务。

综上，采购是指购买、租用、租赁或者其他方式购买任何货物、服务或者工程；包括所有与购买有关的职责，例如说明要求、挑选或询价来源，准备和授予合同，以及合同管理的所有阶段。它包括购买、存货管理、运输管理、验收、仓储以及残值利用和清理的综合性职责。

(二) 政府采购

自国家出现以来，各级政府每年都要花费大部分税收收入来购买货物、服务、技术系统、资产改良和其他需要物品以维持政府运转和为其公民提供服务。从简单的办公用品到复杂的武器系统，由公共部门进行的购买代表着相当规模的政府经济行为。尽管在整个人类历史进程中都有政府委托人负责实现采购职能，但是只有从19世纪以来，政府采购才成为法律规范以及政府官员和学者研究的主题。

国外最早对政府采购的内涵予以理论界定的学者是拉塞尔·福布斯（Russell Forbes，1929）。他在对大型工业企业采购经验总结和借鉴美国与加拿大政府采购的基础上，提出了政府采购是采购组织通过招标过程中标准化和标准规范的采用，对所需存货进行采购，为达到降低成本、简化采购程序的目的而采取的经济行为。在此基础上，有学者作了进一步的完善，指出政府采购主体需依据政府采购职能的范围，确定相应的目标，并根据政府所处的不同经济形势，采取不同的方法实现对市场的干预。

在欧洲，公共采购这个术语已被广泛使用。公共购买是指公共实体为了确保为公共事业提供最好的服务，通过可行的竞争性活动，以最低总成本谋求最优价价值和质量的工程、货物和服务的过程。在美国，没有统一的术语来表示政府采购含义，材料或供给管理也被用来表示政府职能。材料管理是指某个特定机构内部的所有综合供给管理，包括购买、储存、存货管理、材料预测、接受、运输、检验和质量控制等职责。换句话说，这几个词可以互换使用。

依据上述定义，政府"购买"只是"采购"和"货物管理"的一部分，因为它没有包含"租赁""租用"或"其他购买"。"材料管理"和"供应管理"意味着强调更狭窄的"材料"或"供给"。在私人部门，供应或材料是一个工厂生产过程的一个至关重要的投入，因而供应管理已经具有战略性的利润创造功能。政府为公民提供货物和服务，因而它不同于企业；除了如监狱产业、受保护企业或者其他资助企业为转售而生产和提供商品活动之外，政府是不为盈利目的生产产品的。所以"材料管理"和"供给管理"已经不常用了；只有在政府组织拥有购买、储存、存货管理、接受和运输等全部职责时，这两个词才用于政府采购活动。

美国联邦政府在法律和法规中使用"采购"，而州和地方政府使用"购买"。2003年《服务采购改革法案》定义"采购"为：为了行政机构职能和目标的实现，根据与该行政机关首席采购官所磋商确定的本机关需求，使用行政单位拨入经费，通过合同购买或租赁财产或服务（包括工程）的过程。它包含了①获得已经存在的，或者是必须创造、开发、论证及评估的财产或服务的过程；②满足机关需求；③招标和选择来源；④授予合同；⑤执行合同；⑥合同资金供给；⑦通过财产或服务最终交付和资金支付来管理和评估合同绩效；⑧直接与通过合同实现机构要求的过程相关的技术与管理职能。

我国现代政府采购制度是从国外引入的，政府采购既有借鉴国外政府采购界定经验，又有本土化的含义。在《政府采购法》未出台以前，学术界基本上是依据财政部印发的《政府采购管理暂行办法》及各省份制定的各级政府采购规章来进行界定的，政府采购是指各级国家机关和实行预算管理的政党组织、社会团体、事业单位，使用财政性资金获取货物、工程和服务的行为。

2003年我国颁布实施《政府采购法》。政府采购是指各级国家机关、事业单位和团体组织，使用财政性资金采购依法制定的集中采购目录以内的或者采购限额标准以上的货物、工程和服务的行为。这里有三层含义对"政府采购"进行界定。首先，是指"各级国家机关、事业单位和团体组织"所进行的采购，而非企业、个人的采购行为。

其次，是指用"财政性资金"所进行的采购。而非其他资金。其三，是指采购"依法制定的集中采购目录以内的或者采购限额标准以上的货物、工程和服务的行为"。不在依法制定的集中采购目录以内的或者限额标准以下的货物、工程和服务的行为都不是政府采购行为。

随着我国政府采购法制的发展，学者依据该规范修改了以往的定义，而采用了与新颁布的法律相一致的定义。政府采购也称公共采购，是指各级国家机关、事业单位和团体组织，使用财政性资金采购集中采购目录以内的或者采购限额标准以上的货物、工程和服务的行为。也有学者从国际规范的角度对政府采购进行定义。政府采购法制的国际规范中我国学者较为熟悉的是《政府采购协议》（简称 GPA），政府采购是指为政府目的而进行的、不以商业销售或转售为目的，或不以商业销售或转售商品或服务的生产或供应为目的而进行的采购。因此许多学者对政府采购定义为一国政府部门及政府机构或其他直接或间接受政府控制的企事业单位，为实现其政府职能和公共利益，使用公共资金获得货物、工程和服务的行为；与 GPA 所界定的"政府采购是指为了公共利益的需要，由政府部门或政府指定的部门实体购买货物或劳务或工程的行为"并没有什么实质性差异。

总之，政府采购主体是代表国家和公众利益的政府及实现政府职能的公共部门，政府采购含有政治的因素。此外，政府采购是包含许多环节的一个过程，而且从领域而言它是政府与私人部门结合最密切的地带。

二、政府采购内涵演化

政府不仅购买货物（包括固定资产）和服务，而且租赁或租用固定资产以及购买之后对这些资产进行管理。在公共部门获得商品活动中，"购买"一词曾经被普遍使用，但是从 20 世纪 80 年代以来，随着对政府购买功效有了更为宽泛深入的认识，"采购"一词的使用频率逐渐高了起来。因此"政府采购"被用来说明政府购买功能，而非简单地购买活动。

政府采购曾一度被理解为以适当服务和适当价格从适当来源（相应可靠的供应商）获得满足量和质的要求并能及时运送到要求地点的所需货物、固定资产或服务，它只是政府的一项简单订货行为或办公室工作。

国际政府采购发生着演变。在从最初确认到合同执行完毕的政府采购过程中增加了领导才能、战略规划和管理元素；政府采购已经成为体现政府成功地供给公共品能力的一个关键要素。

在政府采购中，公众对提高透明度、效率、公平及公正等要求也不断提高。政府采购已经被用于实现当今政策目标，如环境保护、刺激国内或地方经济以及扶持少数民族企业和妇女企业与较大企业竞争。此外，国际贸易协议、新产业技术的快速出现以及可供选择产品的不断增多都增加了公共部门采购的复杂性。由于所有政府实体在严格预算约束下进行采购，各级政府面临着不断上升的"用较少支出做更多的事"压力，同时要努力完成更为宽泛的社会经济目标等多种要求，所以政府采购观念和组织演变进程正在加快。

近年来，美国政府采购成为促进政府改造的主要因素之一。美国通过立法授权采购使政府采购更具有分散采购形式，但是各级政府授权采购主要是在集中采购框架下进行授权。

美国和加拿大立法要求依据竞争性招标仅以低价授予合同已为过时，而且把通过充分竞争以低价授标来谋求资金最大程度的节约视为可能危害政府利益的做法，这使依据所有因素寻求最优价值采购成为发展趋势。这样的进步和演变结果使生命周期成本核算也成为有效的政府采购工具；它为替代方案提供一个经济评估，并考虑每个替代方案在整个生命周期内的重大购置成本。这个过程力图确定在设备或设施使用寿命期间执行既定功能总成本。一旦采购部门确定了具体的采购价格，议价过程成为政府采购的必要过程，政府采购技术组合中也随之增加了谈判技术。因此，现在许多采购活动是行政工作和服务功能的结合，即通过需求分析、市场分析、供应商分析以及采购研究为计划提供关键信息。在采购计划制定中，对货物和服务潜在成本的完全把控与充分认知对于制定政府采购计划也很重要。

政府采购专业人员曾经被认为是办公室守门人，现在却被认为是能给组织带来增加值的策略参与者。政府采购人员追求以税收资金换来最好价值而不是最低出价。现在在美国和加拿大两国政府中，采购战略计划被统一到政府战略规划中。采购部门力求选择优化总购置成本并权衡利弊改进采购活动。即使授权分散采购，政府采购政策及其实现并未被改变。采购部门日益加强对存货控制；许多政府已经淘汰仓库存货，选择与供应商订立恰好够用的采购合同。政府采购对高层管理的影响变得很重大而且显而易见，政府采购官员是战略计划过程中的一部分。

政府采购是各级政府、执行政府职能的行政事业机关以及社会公共团体为了维持政府正常运转及政府政治目的的实现，根据部门及单位预算，通过契约方式使用政府资金购买能给政府或组织带来社会增值效益的工程、货物、技术以及服务的过程。从本质上而言，政府采购是公共资源有效配置的核心机制，从而发挥经济社会政策实现的杠杆工具作用，也是政府战略重要组成部分。

三、政府采购双重性

（一）市场属性

满足政府行政管理的需要是政府采购最基本的功能，即利用财政资金在市场上购买相应的商品或服务，同时利用规模效应节约财政资金的支出。该功能的履行，和私人采购无异，都是在从事等价交换活动。虽然政府采购的制度性和私人采购的随意性有着明显的不同，但是两者本质上都是追求以高效率获得货物和服务，实现采购的经济性和有效性，这无疑是市场属性。

（二）公共政策属性

政府采购的政策目标则决定了其公共政策属性，这也是与私人采购的最大区别。政府采购不仅能够运用市场的"无形之手"，以高效率低成本在市场上获取产品和服务，还能够运用政府调控的"有形之手"，以达到政府宏观调控的目标。政府采购的公共政策属性也就决定了政府采购不同于私人采购的特性：

一是采购主体明确性。政府采购的主体为行使国家权力或从事某种公共职能的国家机关、事业单位和社会团体。国家机关指的是负责国家管理和能够行使国家权力的机关。事业单位通常都是从事教育、卫生等相关活动的组织，如国家机关创建的高等院校、医院等。团体组织包括基金会、行业性社团、联合性社团、学术性社团等，通常分为社会团体和民办非企业单位两类。

二是采购客体公共性。一方面采购的对象是服务于公众的公共商品和混合商品，另一方面是采购所使用资金全部都为财政性资金，来源包括预算内的财政收入和纳入财政管理的其他资金。预算内的财政收入指的是财政预算安排的资金和在预算执行中追加的财政资金。纳入财政管理的资金指的是由政府批准的各类公共管理收费和基金等。在实际工作中，财政性资金通常是指经营收入以外的所有其他资金。

三是采购范围的明确性。我国政府采购法明确规定，采购范围包括集中目录内以及超出采购限额标准的货物、工程和服务。国外政府采购也有明确范围。

四是采购活动的非营利性。私人部门的采购多为了盈利，为卖而买。政府采购则是为了满足政府的正常运作和为公众提供公共服务和公共商品，不以营利为目的。

五是采购过程的规范性。不同于私人部门的采购，政府采购不仅需要满足买卖双方的交易意愿，而且需要符合有关政府采购的法律、法规的规定，根据法定的标准、要求、方法、程序进行，并且相应的过程要满足公开透明原则，接受公众和社会舆论的监督。

四、政府采购特点

公私部门都存在采购活动，然而，公私采购者的工作环境是截然不同的。政府制定了大量的法律、政策及程序界定和规范着政府采购行为。因为政府采购必须考虑公共安全、基本的和紧急（生命危险）等情况，所以政府采购货物和服务的范围必然比大多数私人企业要宽泛得多。政府尽可能地实现政府采购公开和透明，同时确保对于所有供应商平等和公平。投诉对于公共政策进程以及实施采购过程有着重要意义。政府采购机构不存在相互竞争，政府采购官员能够自由分享信息和共同合作改进采购过程。显然，政府采购与私人采购或者产业采购有许多不同特点。具体而言，政府采购的特点包括以下五点：

第一，政府采购具有有效性。现代政府采购制度产生的原政治动力是节支和防腐，所以政府采购与私人部门的采购目标和计划结果相似，它们都强调采购活动的有效性。政府采购要确保政府供给的持续性；通过标准化避免浪费和重复；保证所购买的货物和服务质量符合要求；改善采购与使用机构及部门二者之间的合作环境；通过创新性购买和价值分析技术的运用实现最大程度上的资金节约；通过内在的效率管理实现采购功能；在满足质量、执行和交货要求的同时以最低价格购买商品。同时，政府采购官员也像私人部门的采购负责人一样致力于控制和减少采购成本。节约资金意味着增加了股东或纳税人的机会成本，能够在其他地方发挥更大作用。

第二，政府采购把经济社会政策、绿色环保采购以及国际贸易等政策目标纳入其目标体系。国际上认为过于追求效率目标，对于政府职能的实现存在危害，政府采购应更注重政策目标。但是政府采购无法确定长期首要政策目标，只能依据政府战略来确定阶段性的首要目标，而且通过政府采购实现这些目标，其成效评价往往需要取决于决策者的主观判断，所有政府采购目标更追求社会效益的实现。

第三，政府采购当事人在法律面前是不平等的。政府采购官员以社会效益为重，对设定合同条款、变更或终止合同拥有主权和单边控制权力。

第四，政府采购需要公共监督遵守道德底线。政府采购不仅要求供应商和采购官员遵守法律和道德标准，而且希望和支持公众对财政支出及公共程序、道德观念和信息政策的遵守程度进行监督。政府采购的招标和授标程序、合同条款的文件制作相对复杂，因此在采购过程中采购官员要关注公共决策的公平性、成本合同的使用、社会政策的实现以及公众监督的规范实施。

第五，政府采购具有政治性以及控制、减少制度和政策成本的特点。政府采购范围比以前更为广泛，远远超过政府机构的消费，增加了支持研发或者重大创新货物和服务的采购。由于政府采购有正式陈述、认证、审计、售后服务、分包条款和政策等许多非生产采购和非项目定向制度要求，由此产生了制度成本。由于现代政府采购注重其经济社会杠杆功效，因此其具有政治性以及减少成本的特点。

此外，费伦（1993）等人指出政府采购与私人采购两者根本目标有一致性："采购之根本目标在于识别所需材料的来源，并在需要的时候以尽可能经济的方式按可接受的质量标准获得这些商品。采购部门必须能够快速有效地满足需求，并且采购政策和程序必须同商业惯例相吻合。"但是，二者又存在很大区别。美国学者道布勒和裴季对此做出了最为精辟和详尽的论述。道布勒（1986）在《采购与供应管理》一书中指出这种差别所在："最重要的区别是公共采购部门履行的是管理人的职能，因为受雇的管理员花费的资金是来自于别人的捐助或税收，雇主依靠这些资金代表他们的客户或捐助人提供服务。因此非营利机构或政府的采购职能的履行就成为了一个受管制但却透明的过程，受到无数个法律、规则和条例、司法或行政决定，以及政策和程序的限定和控制。"裴季（1993）区分了政府采购与私人采购的七大区别：第一，政府采购所支出的资金是公共资金，与私人采购的公司业主或法人资金不同；第二，政府采购的程序实现经过了严格的规定，需要通过严格的预算和公共审计来进行约束；第三，政府采购可以而且具有至上的能力；第四，政府采购的对象与私人采购不完全相同，通常不采购用于制造或者转售目的的商品；第五，政府采购的过程应当公开，政府部门有义务披露信息，而私人部门没有必要透露采购的来源、规格、要求、招标条款或支付的价款；第六，政府采购人员没有盈利的动机与目的；第七，政府采购主体受到公众和新闻媒介的广泛监督。

政府采购是使用公共资金在一定的法律规制下采购和分配用于公共领域的商品；采购的政策和程序如同私人采购一样必须满足商业惯例，但是政府采购部门履行的是管理人的职能，政府在政府采购中具有至上的能力。政府采购并非全部按照法律和商业规则进行采购，因为政府代表国家掌管暴力工具，政府采购在一定条件下是为社会整个利益，超然于商业规则和法律的，也就是说政府采购是以政府目标和意图为根本导向的。

五、政府采购功效

（一）政府采购作用

由于政府采购资金主要来源于财政性资金，政府采购是财政支出的物化过程。政府采购处于预算执行阶段，为国库支付采购资金提供依据。政府采购制度改革贯穿预算编制到资金支付全过程，与其他财政预算改革密切相关。政府采购制度改革为预算编制和国库集中支付改革具有不可替代的促进作用。

虽然在改革开放后，市场在资源配置中开始发挥主导作用，但是财政支出的使用缺乏政策目标或与政府的政策目标衔接不够，在支持国内企业发展等方面没有发挥出应有的调控功能，经济效益和社会效益不高。实现政府采购制度是财政支出发挥宏观调控的重要方式之一。例如，通过采购规模的增减可以调节经济运行，促进产业结构调整；通过优先购买本国产品，保护国内企业，支持国内企业发展；扶持中小企业的发展。总之，通过政府采购，发挥财政支出的政策功能，既要约束支出使用行为，又要把支出的效益最大化。

长期以来，我国对财政支出的管理重点放在支出分配上，对其使用管理重视不够，尤其是忽视了对政府采购的管理，割裂了预算分配与支出使用过程、货币与实物之间的有机联系，导致资金使用效率低下。采购支出的执行方式是政府采购，只有预算中安排采购支出，行政事业单位才能开展采购活动；政府采购是采购支出使用的表现形式，但必须按照规定用途开展采购活动。因此政府采购推动了财政预算改革向纵深向推进，改变"重预算，轻管理"的局面。

政府采购制度要求支出安排要向社会公众公开，供应商都能通过统一途径掌握财政安排的商业机会；政府采购活动要按照法定方式和程序进行，全面约束采购行为；财政监督强化，从事前、事中全方位进行。因此，政府采购制度的建立，提高了政府采购活动的透明度，是我国新时期从源头预防和治理腐败的必然要求。

政府采购对单个采购实体而言，是一种微观经济行为，但将政府作为整体而言，政府采购就成为一种宏观经济手段，通过政府采购，政府可以将宏观调控和微观经济行为结合起来，以实现政府的重大政策目标。具体表现就是由政府向广大公众提供公共产品和服务。政府采购制度是建立在市场经济基础上的，实际上是市场经济活动在政府职能中的制度体现，也是政府通过建立规范的市场运行制度改善资源配置方式、提高资源配置效率的有效手段。

（二）政府采购地位

政府采购就是指国家各级政府为从事日常的政务活动或者公共服务等活动，依法利用国家财政性资金购买货物、工程、服务等的行为。它是采购过程、采购政策、采购程序、采购管理的总称。科学、合理的政府采购有利于社会资源的充分利用，有利于提高财政资金的使用效率，因而是财政支出管理的一个重要环节。

当前我国经济发展进入新常态，经济发展方式正从规模速度型粗放增长转向质量效率型集约增长，以前以大投入推动 GDP 快速增长的不可持续方式逐渐弃用，在去量化背景下，国家可运用资源也开始集中在财政上。积极财政政策增加了市场供给，政府采购规模也随之增加。

随着在政府采购中公众对提高透明度、效率、公平及公正等要求也不断提高。政府采购已经被用于实现当今政策目标。国际贸易协议、新产业技术的快速出现以及可供选择产品的不断增多都增加了公共部门采购的复杂性。政府采购在从最初需要确认到合同执行完毕的政府采购过程中增加了领导才能、战略规划和管理。

政府采购在行政部门中对政府基本目标的实现具有战略性作用。政府采购在政府成功地提供公共安全和服务、体现政府能力中日益具有战略性，而且是一个关键性的要素。

政府采购对高层管理的影响变得很重大而且易见，采购策略被统一到政府战略计划中，政府采购官员在采购过程的每个点都发挥着作用，是战略计划过程中的一部分。政府采购专业人员曾经被认为是办公室守门人，现在被认为是给组织带来增加值的战略参与者被统一到政府战略计划中。所以，政府采购不仅是经济社会政策实现的杠杆工具而且是政府战略组成部分。

六、政府采购主次系统

在《政府采购法》的规范和指导下，我国逐步形成了具有本国特色的现代政府采购制度框架。具有较高信息效率和激励约束效率的现代政府采购制度，为加强规范化管理奠定了一定的基础，使得我国政府采购政策功能不断强化。同时，我国政府采购的新一轮改革也处于实质落实阶段，专业化的政府采购管理才能推动政府管理机制的不断完善，其中两项关键性的改革内容就是政府购买服务和PPP模式的引入。

随着政府采购改革的推进，逐步形成了以财政性资金依法进行的政府采购主体系统部分，与政府购买服务和PPP模式等分支系统部分的政府采购组成体系。

（一）政府采购与购买服务

1. 政府购买服务内涵

政府购买服务是指通过发挥市场机制作用，把政府直接提供的一部分公共服务事项以及政府履职所需服务事项，按照一定的方式和程序，交由具备条件的社会力量和事业单位承担，并由政府根据合同约定向其支付费用。

如果可以通过正常商业渠道、从私人企业生产的产品或服务得到政府所需要的商品，政府不再为此启动或进行任何商业活动来提供服务或进行生产。结合公共商品的生产与提供理论可知，纯公共商品诸如国防、外交等，市场或者说私人部门完全无法提供，即经济上的无效性，此类商品必然由政府提供或生产；而对于准公共商品或混合公共商品诸如养老、社区卫生服务等，如果由市场或私人部门能够有效提供或生产，即实现经济上的帕累托效率，则政府应该部分或完全退出此类商品或服务的生产或提供领域，交由市场或私人部门进行提供或生产，以实现经济的有效性及提高行政的效率。

"政府再造"创新，"公私竞争"（public-private competition）是管理竞争，不同于传统上的方法——允许生产公共服务政府部门与私人企业竞争提供政府服务。需要衡量比较分析政府本身提供还是通过契约向私人购买，哪种途径更加经济有效，并选择更加经济有效的方式。当某项服务更适合政府部门生产提供，政府就应当合理整合内部资源，优化内部生产结构，保障服务的有效性和满意度；当某项服务更适合于市场或私人部门生产提供时，政府就可以将该职责转让给市场或私人部门，优化配置内部资源诸如组建监督小组、绩效评估团队等，改变侧重点，创新管理方式，保障服务的高效和质量。

纵观美国政府采购制度的演变进程，从1955年开始实施联邦服务合同政策到20世纪80年代里根执政期间创新公共部门契约和私有化政策，最后发展至20世纪90年代私有化和契约观念成为美国政府采购的主要理念。在借鉴美国政府采购制度基础上，经过数年的探索，我国将公民权利和公民的切实需求放在和效率同等重要的位置上。中央和地方关于政府购买公共服务的相关政策文件数量不断增加，其所涉及的购买项目也逐步详细、具体，规定也更加明晰。

2. 政府采购与政府购买服务的共性

体现立法精神与根本原则。政府采购与政府购买服务都是以宪法为根本原则，确定公共品的供给者、生产者和消费者之间的契约关系，明确购买标准、政府责任，建立健全的竞争机制、绩效评价机制，为社会公众提供最好的公共品和服务。

交易基础即公共信任一致性。政府与社会组织或私人部门实现交易的基础来源于公众对政府机构的信任。政府作为中间人通过向纳税人征收资金，再通过政府采购或政府购买服务向社会购买公共商品和服务，并向社会公众提供运转模式，该模式顺利进行的前提来自公共信任。尽管在政府采购过程中，腐败行为时有发生，也引起公众的质疑，但正是由于公众的质疑更加推动了政府采购的发展，也促进了政府购买服务的发展。

政府购买服务与政府采购追求的目标基本一致。政府是纳税人的"代理"，政府采购一直肩负着对税金负责和合理支出的责任。政府采购的平等、廉正和效率目标是政府采购过程中保持公众对政府信任的关键。政府拓展了契约理念并把它运用服务领域。这样的契约行为也努力达到同样的目标，如提高效率和灵活性。通过与具备条件的社会力量和事业单位签订服务合同并按约定支付费用，将政府的部分服务职能转移给市场，由市场进行生产或提供，政府在此期间进行监督，并对其进行绩效评估，以保障购买服务目标的实现，这样既实现了政府的高效性，又体现了公共服务提供的灵活性，政府与市场相协调，共同实现目标。

政府合同的契约实现。政府采购和购买服务本质上都是政府与社会组织或个体签订合同，完成公共服务的生产和提供。政府购买公共服务体系是指政府将由其直接提供的且适用于市场化的公共服务，以合同方式交由具备资质的社会力量承担，并按照服务数量和质量支付费用的公共服务供给方式；政府采购指的是采购人通过与符合条件的供应商建立合同关系的行为。政府购买服务和政府采购都突出政府合同方式的运用。

3. 政府购买服务不完全等同于政府采购

首先，政府购买服务属于政府采购的范畴。政府采购服务既包括政府自身需要的服务，也包括政府向社会公众提供的公共服务，政府购买服务主要指的是适合采取市场化方式提供、社会力量能够承担的公共服务，具有突出的公益性与公共性。按照国际惯例，购买服务应执行政府采购法律制度规定的通行规则。《政府采购协议》规则中，多数服务项目被列入出价，例外并不多。以美国为例，作为例外的项目主要有：所有的运输服务，包括发射服务；与政府设施或用于政府目的的私人所有设施，包括联邦资助的研发中心的管理与运营服务；公共设施服务；研究与开发。我国 2009 年和 2013 年修订的《政府采购品分类目录》表明，服务类不仅包括政府所需要的后勤服务，还包括越来越多的公共服务，且就《政府采购实施条例》来看，各类专业服务等为公共服务提供了足够的空间。因此，政府购买服务隶属于政府采购的范畴。

其次，政府购买服务与服务采购的内涵基本一致，但强调的侧重点略有不同。政府购买服务强调的是公共服务投入方式，服务采购强调的是公共服务程序规范。政府购买服务应该关注的是政府核心职能与辅助职能区分，分析政府辅助性服务供给项目确定的决策。一旦决定通过外包服务方式，则是通过政府采购活动来实现的，与原来政府采购服务的程序与特点就合二为一了。

最后，从外延上看，二者略有差异，服务采购的主体范围要大于政府购买服务。服务采购是指国家机关、事业单位、社会团体采购的服务。购买服务是行政机关、参照行政管理职能的事业单位、纳入行政编制管理经费由财政管理的群团组织，通过购买服务方式提供公共服务。需注意的是，事业单位不能作为政府购买服务的主体，却可以承接政府购买服务。

我国在政府采购制度构建并实施十余年后，加强"小政府、大社会"理念，提出"政府购买服务"，试图把"回归私有化"的服务采购与已有的政府采购服务相区别。二者之间确实存在区别，但是也存在着密不可分的关联，即政府购买服务是政府采购这一主干的一个分支，政府购买服务是一项综合性改革，其主要政策目标是转变政府职能，创新公共服务供给机制，发挥市场在资源配置中的决定性作用，提高公共服务质量和效率。

（二）政府采购与社会资本合作（PPP）

政府和社会资本合作（Public-Private-Partnership，PPP），是指政府部门与市场化公司或私人组织之间，通过特许权协议合作形式，提供公共产品和服务，以优化项目融资的一种公共品供给手段。PPP 的实质是因为政府特别是地方政府财政资金的短缺，通过让渡公共品的特许经营权和收益权，采取竞争性谈判或公开招投标的方式，获取公共品及服务的加快建设及有效运营。将 PPP 模式引入政府采购，能减轻政府的财政负担，降低政府投资的风险，以良好的资源配置提高资金的利用率从而达到帕累托效率；将政府从繁重的事务中解脱出来，更多地担任监管角色，转变政府职能；将市场机制引入基础设施的建设，更多地运用商业思维，运用现代企业的管理理念和方法，促进投资体制的改革。

1992 年，英国政府开始在基础设施建设领域推行公私合作。2011 年后，英国政府开始寻求改进创新基础设施建设模式。目前，PPP 模式在英国的运用较为成熟，且建立了较为完整的从上到下覆盖各方面的 PPP 监督管理体系，是 PPP 模式的首创者。我国自 2013 年底财政部正式将 PPP 模式作为深化改革的抓手以来，PPP 模式在中央及地方的财政系统中受到广泛关注，实践先行，但 PPP 与现有政府采购的衔接、配套制度安排都需要进一步思考。在采购 PPP 项目的过程中，政府需要深入研究项目，立足现实，科学管控。首先应加强对 PPP 项目采购的法律约束管理，明晰权责界定，合理汇编跨年度预算。其次是确保 PPP 模式的公平性和公开性，搭建 PPP 项目采购平台，完善外部监督，加快政府采购电子化和信息数据化管理。最后是提升政府采购的专业能力，发挥政府引导性作用，实施目标的分级管理、生命周期的管理。

因此，政府购买服务和 PPP 都是新一轮系统性、整体性、重构性、全方位的政府采购制度改革的重要内容，是推动深层次政府采购体制机制改革，推动现代财政制度的构建，提升政府公共服务能力和治理能力的关键手段。

第二节 政府采购与公共财政

公共财政是指政府集中一部分社会资源，用于为市场提供公共物品和服务，满足社会公共需要的分配活动或经济行为。它的最大特点是弥补市场缺陷，所以说，在市场经济条件下，让公共财政这支"看得见的手"去调节市场，是十分必要的。而公共财政这支"看得见的手"又大多是通过政府采购的方式来实现调节职能的。在公共财政中，政府采购是收入分配职能中比较重要的手段，同时它可以起到调整经济结构、调节经济运行的作用。

一、归属公共财政支出管理

在市场经济条件下，国家对经济的管理由直接管理转变为间接管理，由政府配置全部资源方式转变为以市场为主体的配置方式。对"市场失灵"的领域，如国防、外交、社会治安、公共设施、基础教育等，则更需要政府发挥职能，具体表现就是政府向公众提供公共产品和服务，即政府采购活动。在很多市场经济国家，政府采购又称为公共采购。政府采购的调控范围很广，对于各方的利益协调也非常清晰，产生的政策效果超越了其他财政支出手段。同时，政府采购是一个巨大的单一消费者，对于公共商品或服务的需求量是巨大的，因此有能力调控某些领域的产业发展。按照政府公共财政支出能否得到等价物为标准和按照与市场的关系分类，公共支出可以分为购买性支出和转移性支出。购买性支出，又称消耗性支出，这类公共支出形成的货币流，直接对市场提出购买要求，形成相应的购买商品或劳务的活动；购买性支出基本上反映了社会资源和要素中由政府直接配置与消耗的份额，因而是公共财政履行效率、公平和稳定三大职能的直接体现。政府采购就属于购买性支出的一种。很多西方国家，政府采购是它们常用的宏观经济调控手段，采购金额占其国内生产总值的 10% 以上，足以表明这些国家对于政府采购活动的重视。因此，政府采购的每一环节的变动对于社会经济的发展有着非常重要的影响。

我国政府的公共支出主要有两大类：第一类主要是弥补市场缺陷或者说对市场失败领域的支出，如满足社会对国防安全、社会秩序、行政管理、外交事务等方面的需要；满足社会对社会公益事业如社会基础性文化、教育、科技、卫生事业及社会保障等的需要；满足社会对社会公共设施如道路、桥梁、邮电通信、自然资源和生态环境保护等的需要等。在这一类中，处处可见政府采购政策的踪影，如对于生态环境的保护，提倡绿色采购、环保采购。第二类是矫正市场偏差的支出，如调节总量平衡和结构优化的支出；调节地区之间、产业之间和个人之间的利益关系，实现效率和公平兼顾的支出等。这一类支出中，政府采购同样承担了重要的政策，如优化产业结构、扶持边远地区等。政府采购在政府公共支出的购买性支出里的角色是其他的政策手段所不能达到的，其乘数作用巨大。

二、激发财源持续增长

自国家存在，财政即存在，政府购买也相伴而生，但政府购买是为满足政府正常运转的需要，这不是政府采购。政府购买只是政府采购的载体，即政府采购是在此基础上通过立法来体现国家政治意志和实现执政目标，是政府资源分配中的关键"机制"，是通过政府合同这一"装置"给经济社会带来巨大效应。政府采购与以往的政府购买不同的是，它通过政府契约，即政府合同采购和管理着政府所需要的货物、服务、工程。在政府采购货物、服务、工程合同，特别是建筑工程合同中常常包含着经济与社会因素，政府采购合同条款的倾向性可以改变某些行业、企业以及供应商和他们的企业从业人员的经济社会状况。

政府采购政策给予了特定供应商群体优先权。通过改善这些供应商进入政府采购条件，为这些企业创造了更多的商业机会，提供了生存下去或壮大发展的必要条件，同样使这些企业的所有者和从业者获得相应的收入，提高他们的生活水平。除了将政府合同授予能够承担政府目标的供应商外，政府采购可以通过向与二级企业有正式的、独立关系的主供应商提供一定程度的优先权，前提条件是这些二级企业能够实现政府的一个或者多个目标。这个供应链管理的过程也是负责制造或运输末端商品的供应商们向下排列的过程。那么政府通过采购活动把财政资金注入供应商们所处的地方，推动了当地经济的发展。反过来，增加了当地的就业机会和税收收入。

三、公共财政资源配置核心

政府采购具有一定的政治属性，其主体是代表国家和公众利益的政府以及实现政府职能的公共部门。对于单个采购主体而言，政府采购是一项微观行为，而对于政府整体而言，是一种宏观手段，因此，政府采购将微观行为与宏观调控有效结合，从而实现政府目标，为公众提供公共产品和服务。

政府大批量或绝对总量的采购必然带来可观的规模经济，而规模经济产生的专业化和标准化不仅可以产生更大的效率和经济，而且还能够在采购活动中运用统一的、高水平知识，更为有效地控制采购行为，使采购相关部门密切协调，从而使政府采购活动和采购政策实现统一性和一致性。

市场经济基础上的政府采购制度是政府市场活动在政府职能中的具体体现，是政府通过建立规范的市场运行制度改善资源配置方式、提高资源配置效率的有效手段。

四、积极财政政策重要组成部分

巨大的政府支出和宽泛的采购范围使政府可以主导市场。政府主导市场是指政府主动引导市场发展和弥补市场缺陷。政府采购规模效应对经济社会影响深刻，许多国家把它作为有效的政治、社会经济政策杠杆工具，解决诸多经济社会问题，实现社会经济稳定或发展的目的。政府采购被公认为能有效达到的经济目标包括：推动本国产业发展、购买自主创新促进经济发展、购买国货为本国工人提供就业机会、促进落后地区发展、扶持中小企业、强制指定劳动密集型工程方法推动密集雇佣劳动（特别是使用密集劳动替代机器工作）扩大就业以及使用补偿促进经济；社会目标包括：提高弱势群体竞争力、增加落后地区小企业分包合同机会、保证就业机会平等、采购环境友好产品和回收原材料促进环境保护。

第三节　政府采购功能

一、节支防腐与政策功能

（一）节支防腐

节支功能是指政府要通过规范化的管理和市场竞争，提高财政资金的使用效率。通过政府采购产生的最直接、最明显的效果就是节约了大量财政资金，这也是政府采购节支功能的主要表现。具体从两个层面来看：第一层面指政府通过集中采购活动降低交易费用，节约财政资金。政府采购主体作为市场上最大的货物、工程和服务的需求方，对市场价格的形成有着重大影响。随着政府采购买方市场的形成，政府部门总能以较低的价格买到"质优"的货物、工程和服务。并且集中采购节约了政府的签约成本；由集中采购所形成的规模效应也大大降低了采购成本。第二个层面指政府采购提高了财政资金的使用效益，即优化了其性能价格比，在花同样多的钱或少花钱的情况下，政府采购提高了采购货物、工程和服务的质量。另外，政府通过建立和完善供应商市场准入机制，定期评估供应商的履约情况，可有效防止设租寻租，以降低政府采购风险，确保采购的货物、工程或服务的质量和数量，提高财政资金的使用效率。

而政府采购节支功能的发挥受到以下几方面的影响。一是政府预算编制的科学性。节支率的高低取决于实际政府采购金额与政府采购预算金额的比值，该比例越接近于1，节支率就越低。二是社会平均利润率的高低。随着资本有机构成的提高和资本周转速度的减慢，平均利润有不断下降的趋势，直接影响政府采购节支效果。当社会平均利润水平较低时，政府采购通过财政支出安排所能节约的成本也极为有限，节支也受平均利润的制约。

（二）政府采购政策功能

政府采购政策功能是指政府利用政府采购的规模优势，在满足采购基本要求的前提下，实现政府的经济与社会宏观调控目标，是政府采购制度安排作用于社会各个方面所体现出的内在效能。世界各国实践证明，通过他们大规模采购支出对经济社会稳定或发展目标起到杠杆作用。尽管主张自由贸易和公开竞争者认为政府采购政策增加了成本并人为地造成了地方间或国际贸易障碍，但是很多学者和实务界认为一味追求最低价格对于政府职能实现是有危害的。

二、政府采购政策作用

(一) 合理配置资源

因为市场始终是资源配置的基本手段，能够在一定范围内，通过价格竞争机制实现对社会资源的优化配置。在社会主义市场经济条件下，政府采购通过市场化的经济行为参与市场经济的微观调节，以间接调控方式实现资源在产品结构、产业结构和区域结构的合理配置，弥补市场失灵。应该说"市场的事情，市场办"，相比以前政府的直接干预，更符合市场规律，能够规范政府行为，纠正政府"越位"，而且有利于市场和企业发展，因而其效果也更加显著。

政府作为国内市场上最大的消费者，其采购行为会极大地影响私人部门的生产经营行为，影响到其生产的产品品种、数量、质量等。首先，当政府增加对某种产品的购买时，往往导致该类产品生产规模的扩大，从而改变社会经济结构。其次，政府有目的的导向性采购活动，可以成为一支引导社会资源合理配置的"指挥棒"，影响国民经济的产业结构。最后，通过政府采购调节区域结构。由于政府采购公开、公正和公平原则，各地区的资源优势因政府采购而得到充分发挥，使具有资源优势地区的供应商因其能提供"价廉质优"的产品而能在政府采购中中标，促进中标供应商的发展，有利于一些特色经济或地区性产业群的出现，从而有利于该地区资源优势得到进一步利用。

应该注意的是，由于地缘优势，地区性产业群一般具有规模经济。政府采购时应注意避免竞争所带来的不必要的损失和浪费。另外，地方政府对本地产业和产品的保护要满足"适度性"的要求，否则如果地方保护过度，则从长远来看不利于刺激地方发展经济，不利于地方福利提高，也不利于全国性竞争，从而不利于地方经济的长远发展。

(二) 调控宏观经济

市场经济由于其内在的缺陷，使其在宏观经济调控上失当，无法保证整个经济协调发挥。政府采购政策作为公共政策的重要组成部分，在其制定与实施过程中，能够根据经济发展形势相机抉择，并通过参与市场经济活动的方式，使财政资金的使用方向和规模影响到微观经济行为，从而实现既定的宏观调控目标。

政府采购可以根据其采购的数量、品种和频率，实现对整个国民经济的运行状况进行调节。当社会经济不景气时，社会总需求不足，需要制定相对宽松的政府采购政策，增加政府采购规模，从而增加和刺激社会总需求，使总需求与总供给大体平衡。相反，当社会经济过度繁荣时，社会经济出现泡沫，需要制定审慎的政府采购政策，相应减少政府采购规模，从而减少和抑制社会总需求，实现社会总需求与总供给基本平衡。

技术创新是社会进步的重要动力，是经济增长的源动力。通过有目的的政府采购，政府能够增加对欲扶持的高新技术产业产品的需求，提升其产品的价格水平，从而弥补高新技术研发的高成本，降低创新企业成长初期的高风险。

政府采购的生产性支出可以促进经济增长。许多研究表明长期的经济增长率和政府的公共投资呈正相关。因此，通过政府采购扩大生产性支出，优化政府支出结构，充分发挥政府采购对国民经济的拉动作用。

(三) 促进效率与公平

效率与公平是人类社会的永恒命题之一，对任何社会类型的国家都显得尤为重要。通过政府采购实现效率与公平的最优结合，是政府采购政策功能的重要表现。

首先，通过政府采购政策功能的发挥，可以实现整个社会宏观经济效率的提高。效率指投入与产出的对比关系，即所费与所得的关系。政府采购的高效率来自两个层面：一是节约了采购费用或投入的财政性资金；二是通过政府制度安排，发挥政府采购的规模效率、人员效率、政策效率和管理效率，进一步理顺经济关系，实现整个宏观经济增长迅速。第一种高效率是从节约资金的成本角度考虑，属于低层次的范畴，指通过政府采购具体采购活动，要尽可能地节约财政资金，提高财政支出效率，以尽可能少的财政资金取得最大额度的货物、工程和服务。而第二种高效率的实现是从收益的角度考虑，属于更高层次的范畴。政府采购政策功能实现的经济效率提高指的是后一种内涵，有别于通过节支功能实现的微观经济效率。具体指通过政府采购相关政策的实施，实现市场机制与公共政策的最佳搭配，并且切实强化财政支出管理，实现有效地提供公共产品，保证宏观经济稳定发展，实现产业结构、地区结构、就业结构优化调整，促进民族工业发展。

其次，通过政府采购政策功能的发挥，可以实现社会公平。公平主要指政府采购活动要遵循商业公平和市场公平原则，保障所有参加竞标的企业获得平等竞争机会，享受同等待遇，不应该因所有制、企业与政府所辖关系、企业规模等不同，而亲疏有别。政府采购机构可以通过向符合条件的供应商提供一视同仁的供货标准、采购需求信息等，实现参与竞标的供应商公平竞争。社会公平是指通过政府采购，可以实现对弱势群体、少数民族和落后地区利益的保护，保护其能享受到我国经济发展的应得成果，实现社会公平。因此，通过政府采购公平目标的实现，可以解决在经济体制转轨过程中存在的多方利益冲突，充分发挥人们生产的积极性，实现整个宏观经济效率的提高和相对稳定的市场发展环境。

除此之外，政府采购政策功能的发挥有利于实现民族独立，维护政府领导，维护政治安全、经济安全、信息安全；有利于维护我国文化安全，保持精神文明的独立性，实现我国文化的创造性和多样性；有利于在经济全球化进程中维护我国的主权和保护国家利益。

三、政府采购政策功能体系

(一) 政府采购政策功能种类

政府采购政策功能一般分为三大类，即政治、社会与经济。但是各国根据本国政策的侧重点，政府采购分类略有差别。依据我国国情可分为五大类。

（1）经济功能。政府采购政策的经济功能是指在制定政府部门采购货物、工程或服务政策时，要充分发挥其优化产业结构、促进产业经济和区域经济协调发展、促进经济增长方式转变、保护民族产业、扶持少数民族和落后地区发展等一系列的作用，是政府采购政策调节宏观经济的重要体现。

（2）社会功能。政府采购政策的社会功能是指在制定政府部门采购货物、工程或服务时的相关政策时，要充分发挥其保护弱势群体、防止种族歧视和性别歧视等一系列的功能，是政府采购政策的重要功能之一。

（3）政治功能。政府采购政策的政治功能指在制定政府部门采购货物、工程或服务的相关政策时要充分发挥其在维护国家主权、民族独立、政府的领导与权威、国际社会和平等方面的作用。国家安全是关系一个国家生存与发展的基本问题，不仅仅指维护国土安全，还包括经济安全、政治安全、文化安全、信息安全、环境安全、社会安全等在内的综合性大安全观念。维护社会稳定和国家安全的国家职能发挥作用一定程度上取决于保障国家安全的物质基础，包括维护安全所必需的物资资料和技术条件。在市场经济前提下，这些条件的满足主要是通过政府采购渠道获得。

（4）保护传统文化。政府采购政策的文化功能是指通过政府采购活动，引导本国文化产业的发展，弘扬本民族文化，实现一国文化的繁荣以维护本国文化安全。作为经济全球化的一个直接后果，"文化全球化"已经成为资本掠夺的一种新的当代形态，直接威胁着各民族文化产业的生存与发展。一旦以民族文化为代表的国家文化安全受到威胁而导致主权受损、产业受害，就不是简单调整文化政策所能解决的。而政府采购由于具有很强的示范性，因此可以在保护和弘扬民族文化方面发挥重要作用。采购时通过对民族文化产业的扶持、对相关文化产品的优先购买并加以宣传，使民族文化深入人心。发展中国家不仅要取得政治上、经济上的真正独立，更要取得文化上的真正独立，通过各种政策手段实现本民族的文化安全。因为文化安全不仅关系到一个发展中国家的文化危机问题，还关系到发展中国家的生死存亡。通过政府采购政策功能的发挥，实现发展中国家对其文化产品的生产、流通、分配和消费的主权，保持本民族文化的独特性，以抵制西方文化霸权主义的侵略。

（5）外交手段。政府采购政策的外交功能是指通过以国家为贸易主体进行国外政府采购活动，帮助政府采购供应国拉动需求，以此实现供给国对采购国给予经济、核心技术以及国际政治的支持，实现维护国家主权和保护国家利益的目的。外交政策功能体现在通过一定范围内政府采购的选择，实现与他国政治经济关系的调整，即订单外交功能。这种订单外交功能是政府采购各项政策功能的对外延伸，即实现了其经济功能、社会功能、政治功能和文化功能的跨国发展。

（二）政府采购政策功能关系

政府采购政策功能之间也是相互依赖、相互联系的。经济功能和政治、社会、文化、外交功能既相对独立，又有内在的联系，是辩证统一体。在政府采购政策功能这一统一体中经济功能是矛盾的主要方面，决定了其他几个方面，而政治、社会、文化、外交功能则是经济功能的具体体现。五个功能互为条件，在一定条件下可以相互转化。

经济功能是其他四大功能的前提和保障。市场经济提高了政府采购资金使用率，政府采购可以调整市场经济供需关系；政治功能决定了经济功能的发挥效应，而政治功能又可能导致文化功能的强化，外交功能促进政治功能的体现、为经济功能提供支撑。保护民族产业的功能从某个角度看也可视为强化社会功能的一个表现。所以，五个基本政策功能是辩证统一的，具体关系如图1-1所示。但五大政策功能中也存在着一定的矛盾。例如，强化宏观调控、保护民族产业与节约财政支出之间有时难以做到协调一致。

当出现上述矛盾的时候,可以找到一个相对平衡点,使得政府采购所产生的社会效用总和最大,在矛盾中寻求相对平衡,争取使政府采购五大功能发挥到最佳水平。这种平衡还需要结合政府战略目标来确定。

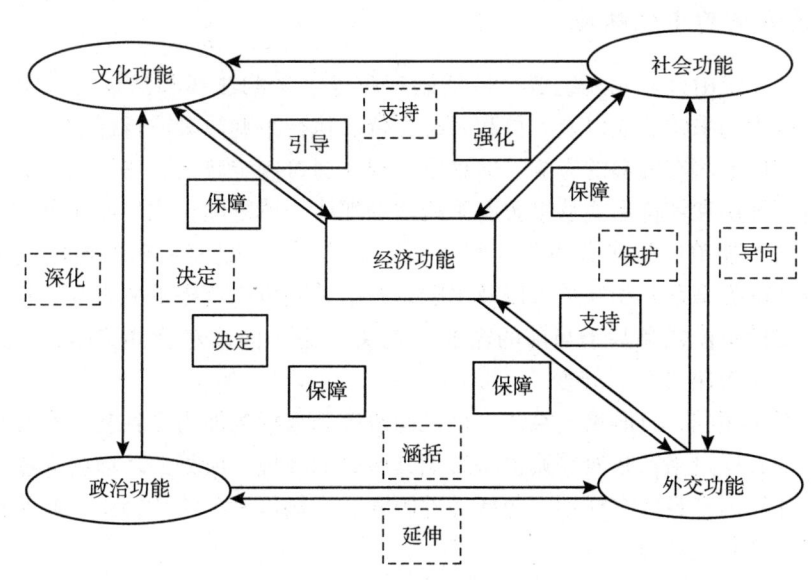

图 1-1 政府政策功能关系

(三) 政府采购政策功能组成体系

政府采购政策是为实现政府目标服务的,其功能组成体系由纵向和横向组成。政府采购政策功能横向组成主要包括经济、社会、政治、文化以及外交等政策功能,通过政府资金的支出效应途径促使政府相应政策目标的实现。由于一个国家管理是通过行政层级实现的,每一层级的行政权力和职能存在差异,决定了政府采购政策权限层级的差异,纵向的政府采购政策功能的内容和侧重点也存在很大的差异。

中央政府作为采购主体,它的政府采购政策必须以整个国家的政治、经济、安全等为中心,具有统一的共性;省级政府作为采购主体,它的政府采购应以中央政府的统一性为前提,以本辖区内的均衡发展和公共意愿为依据;地方政府作为采购主体,其政府采购政策应在中央和省政府统一与均衡前提下,以地方公共选择为主,谋求地方利益最大化。

各部门政府采购政策功能侧重点也有不同。如环保部门的采购政策功能区别于水利部门的政策功能,同时它们之间存在政策功能的交叉。水利部门虽然以水利工程采购为主,但是采购工程时必须考虑环保政策功能,除了采购环保货物、服务,还应包括工程本身的环保以及水土保持与持续发展。每个部门又存在上下级业务管理部门的层级政策功能的差异和侧重。

第四节　政府采购环境因素

一、政府采购系统环境

政府采购系统由许多元素组成，包括制定政策、采购法律和法规、采购授权和拨款、运行范围内的采购职能以及人员和系统评价。执行采购政策或目标的公共采购官员的能力将受到以上所有因素的影响，但集中体现在通过制定政策、法律和法规、授权和拨款、运行、征用和评价形式从事政府采购活动那些个体之间正式的或非正式的相互作用（例如，各职能单位的官员和公共实体所雇佣人员）。政府采购所规定的货物、服务、资本资产的类型及其相互关系以及采购系统中采购机构所提供的服务，将购买的重点从基于历史消费模式和基于当前的需要"购买产品"向以对公共实体具有历史和战略影响的"购买解决方案"转变。

与其他系统相同，政府采购系统贯彻采购政策和目标的能力受到其所在环境内各种作用力的影响；反过来，政府采购也将影响其所处的环境。所处的环境内那些影响政府采购的各种作用因素具有多样性，包括外部因素、市场因素、法律因素、政治因素、社会经济因素以及其他环境因素。

二、市场因素

市场条件对政府采购官员实现最大化竞争具有显著影响。另外，市场好坏决定了采购的社会经济目标能否实现、一个实体是否满足其需求、完成的及时性，以及所采购的货物、服务质量和成本要求。由于世界范围内不同国家之间经济发展水平的不平衡性，工业化国家在市场条件上尤其具有优势地位，而发展中国家的市场条件则处于不利地位。

经济学家将竞争分为三种基本类型：纯粹的竞争、不完美的竞争和垄断。最佳的竞争状态称为纯粹的（或完美的）竞争。而相反最恶性的竞争称为垄断。基于两者之间，存在一种情形称为不完美竞争，例如寡头垄断。

在完美的市场条件下，供需原则影响交易，而且供应商和销售商通过向其提供价格、质量、交货速度以及服务方面的优惠条件，相互竞争与第三方进行交易。在一个完美的交易竞争系统下，采购官员作为买方，仅需要了解到在市场里正在发生的事情并且选择合适的时机采购产品，因为当所有的条件允许所有参与者实现他们的预期利益时，市场将会提供最优价值。介于纯粹的或完美的竞争和垄断之间的竞争领域称为不完美的竞争。不完美的竞争包括两种形式。第一种是具有较少卖方特征的市场，其中的卖方通常被称为寡头。第二种不完美竞争的形式存在于许多卖方生产许多产品的情况下。在此市场类型中售出的大部分产品以具体差异为特征。在此市场类型中采购官员和卖方均不能占主导地位，因此他们以实现某种交易为目的而联合在一起。在这种市场中创造价值的关键是缔约方解决他们自己问题的能力。为取得成功，采购官员作为买方，必须意识到他们所工作的市场环境并且准备与卖家协商最好的交易。

垄断存在于当一家公司能够决定价格、质量和服务的情形。实践中，这些范畴之间并不排斥，甚至可能会相互重叠。即使在近乎完美的竞争条件下，一些供货和服务（尤其是武器系统）仅可以供政府所需而不可以在市场内流通。除了这三种（一个买方和卖方社会运作的环境下）市场类型外，采购系统也会受到市场价格的稳定或不稳定情况的影响。

一般来说，在稳定的市场下所采购的商品往往是标准的或是"现成的"。从长远来看，供应和需求原则将决定这些物品的价格。在经营他们日常的业务时，采购员应当密切关注短期市场情况。从短期来看，标准货架物品的价格似乎并没有较大的波动；然而，采购员应当随时意识到某些原材料价格的上涨和下降以及在特殊商品领域的"价格战争"。每位采购官员都想要利用价格下降的优势，并因此发布一个长期合同保护公共实体，此合同中应包含一个价格调整条款。

不稳定的市场表现为实质的短期波动，尤指石油、矿石、农产品和畜产品主导的这些市场。这些商品的供应经常受到政治力量、天气条件、金融投机行为和其他不在供求法律调整范围内的不可预测的原因的影响。因此，任何一个个体买方或卖方的行为可能不会对市场价格产生任何影响。采购人应当意识到购买的时机并确定价格波动方案。

随着市场全球化趋势以及地区和国际性的贸易协议和条约，公共采购系统变得更加复杂，并且可能需要为政策调整创造灵活性。事实上，政府采购官员面对着额外的挑战，包括交流、货币交换汇率和支付、海关规则、外国政府法规、贸易协定和交通运输。在决定选择国内还是国外的公司时，政府采购官员将努力争取自由贸易协定的好处，这无疑会公开竞争更大的市场。

三、政治因素

在所有的国家里，在私营部门的许多团体和组织，包括贸易协会、专业协会和商业企业或公司，均积极地参与政策决策，特别是在政府采购方面。根据不同的意图和目标，利益相关部门以游说立法机构的方式达到通过或更改采购法规的目的，影响法规的执行以及致力于影响预算授权和拨款流程从而对政府采购系统产生影响。通常地，政府最终所采纳的流程是利益部门、政策制定者和管理者之间不同观点的折中方案。政府采购从业人员面临着艰难的选择，因为他们要解决各种各样的政治压力并作出正确的经济决策。他们应当通过保留一些相对弱势的商业公司从而维护未来的商业竞争，或者他们应该使这些小型弱势商业公司倒闭而留下少数但是实力较强的公司来争夺合同。为公平地授权合同，上述标准很难客观地实施，并且他们将专业采购官员安排在了不方便的位置上。这种情况在发展中国家更为普遍，因为一个完美的竞争几乎不可能存在。大型公司更愿意签订一个较小的利润或通过提供一个特别优惠的价格（或贿赂）以获得合同。小型弱势企业倒闭以后，较大型的企业将享受一个不完美的竞争或垄断的市场。

一些政府部门要考虑利用大型的采购支出以实现社会经济稳定或发展的目的。"购买国货"或"买地方货"计划就是在政府采购中，通过有倾向地选择购买国家或地方企业以促进经济政策的最好例子。然而，自由贸易和公开竞争的支持者认为上述措施会增加成本，并设置了非自然的洲际或国际贸易壁垒且造成不具有成本效益的采购。

政府采购的形成伴随着国家和政府的产生，纵观我国政府采购制度的发展，在封建专制时期，皇权至上，预算约束软化，政府并没有限制自身采购行为的动机。这一阶段的政府采购，主要以消费性采购和调控性采购为主，基本体现在政府干预商品流通、平抑物价、增加财政收入等方面，政府采购方面的制度也主要包括和籴和买制度、均属平准制度等。虽然这一时期的政府采购初步具备了调控物价等政策功能，也涉及一系列水利工程、防御工程的建设，但专制制度下政府采购的目的主要是满足统治者自身物质追求和维护统治需要，在政府采购制度上随意性较大，调整范围不足，规制力度有限。在我国筹备建立社会主义制度初期，政府主导生产与分配，并不存在真正意义上的政府采购行为，政府采购制度的建立也无从谈起，直到改革开放后，伴随着市场机制的引入，政府采购实践的发展也被注入巨大活力，为现代政府采购制度的建立探索了道路。随着我国民主制度的发展以及各类制度设施的完善，政府采购的立法与审批也进入了规范化轨道，使政府采购行为在制度的规制内运行、公众的监督下实施成为可能，司法部门的相对独立性也为政府采购活动中的契约双方寻求有效司法救济提供空间，"服务型政府"概念的出现则加速了政府采购制度的完善，有力助推了政府采购活动在"阳光"下进行的目标。欧美资本主义国家的政府采购制度现代化程度高，体现为政府参与市场活动的行为。在美国三权分立的权力架构中，联邦合同资金最终来源于国会，国会立法直接管理政府采购活动，当总统提交的新一财年预算案未及时通过或总统未能及时授权持续决议案（总统与国会拨款委员会之间的僵局），就可能会导致所谓的"政府停摆"，政府采购活动受到国会的资金约束，在一定程度上限制了政府活动的扩张，也使美国政府采购制度中对采购主体的授权条件更严格，对采购程序与采购形式的要求也更规范、更标准，也更加强调政府采购活动政策目标的实现，同时两党的博弈，也使美国政府采购活动更关注中产阶级的效益。现代政府采购制度建立在委托代理关系上，政府与公众是契约关系，纳税人意识的觉醒提出了对政府采购行为监督的要求，此时制度的设计更倾向于约束政府采购行为。

四、法制建设因素

我国古代的法又称"刑""律"，以严酷刑罚为主要特征，法制常常成为统治者增强威慑力的工具，因此更体现了一种"人治"的特征，往往造成的是强权下的服从，而法的观念并未深入人心，尤其在"国权不下县"的背景下，政府采购各环节的克扣、剥削行为明显，虽有萌芽状态下的政府采购制度，但在实际运用中相对有限，而且由于并未形成完整体系，这一时期的政府采购制度往往强调采购结果，而对采购过程并不过多关注，导致政府采购常常效率低下，采购形式也较为单一。近代以来，由于我国政局的不稳定，法制建设呈现出混乱状态，直到新中国成立后，才逐渐走向正轨，但真正的平稳运行要到改革开放后。邓小平同志在十一届三中全会上提出了著名的十六字方针："有法可依，有法必依，执法必严，违法必究"，我国法制建设自此迎来飞跃期。在1993年"依法治国"的方略被写入宪法，大量成文法出台，在此背景下，政府采购作为政府活动的一部分，经过1995年之后的探索和试点工作，也在2003年迎来了《政府采购法》的颁布，以法制标准规范政府采购行为，明确政府采购行为的边界，完善对政府采购的管理体系，也为政府采购活动的良性运行提供了法律保障。同时，《政府采购法》作为我国法律体系的一员，也与其他法相互配合共同构成社会空间的法律维度（例如《经济法》中对行政垄断的限制要求政府采购活动应当在公平公正的条件下进行），法制体系的完善加速了我国"法治社会"建设。将政府行为纳入法律的规制范围，为政府采购活动的有效实施提供保障，为私人供应商提供的司法救济手段则为政府采购活动的顺利开展建立基础。法制环境的建设过程中，公众的法制意识逐步提高，对政府采购信息的公开透明、政府采购资金的合理运用的要求等为新阶段政府采购制度注入动力，公众维权渠道的多样化、便利化也使得公众对政府活动的监督的加强，有力推动了政府采购活动的规范化。同时，法制建设中对环境保护、科技创新的关注，又要求在政府采购制度中增加新内容以适应新的发展要求。

五、行政体制因素

我国行政体制以纵向分权为主要特征，上级政府对下级政府、上级部门对下级部门往往存在着广泛的领导、指导与监督关系，呈现出中央政府统筹规划、各级政府具体落实的行政运行机制，使得政府目标的实现往往需要上下联动、协同运作，这一方面使得政府采购活动在统筹规划下进行，各级政府的采购活动保持一致，有利于总体目标的实现，但另一方面，各区域的特殊性也要求政府采购活动的灵活实施以满足区域发展的不同要求。

在我国当前一级政府一级财政的安排下，各级政府采购权与采购责任的划分也体现了纵向特征，但由于受到地方政府财力的限制，地方政府的政府采购独立性与灵活性大为受限，也体现了我国集中采购的发展速度较快，而分散采购的制度安排仍需完善。2015年"放管服"概念被首次提出，中央权力的下放也意味着地方政府采购权的扩大，进一步加快了对分散采购的规制与明确的进程，由于分散的采购行为往往难以观测，对制度的要求也更加迫切。

美国则更多地体现出一种横向分权，其各州和地方政府享有高度自治权，如拥有预算编制和行政管理行为的自治权，包括政府采购。在政府采购组织结构方面，各州并没有统一模式，每个政府实体根据自己的规模、采购的需要以及所处环境的不同，都有一个独特的政府采购组织结构。由于各州政府有相对充足的税收来源，政府采购灵活性高，创新空间也很大，各州政府采用更分散的操作方法：他们在联合采购、使用空白支票进行小规模采购（与购买订单一致）、采购卡以及电子商务等创新趋势和实务方面起带头作用，使得美国分散采购模式的发展更为先进。美国行政体制的横向特征使得州政府在制定采购目标时更多基于本州的发展需要。行政体制的不同体现在政府组织结构的差异和行政权分配方式的区别，纵向的行政体制使我国的政府采购制度更追求一种宏观的调节以及资源的整体配置与调度，横向的行政体制则使美国的政府采购制度中州政府和地方政府在集中采购和分散采购的自主空间更大、采购灵活性也更充足。

六、金融制度因素

金融制度最基本的功能在于通过资金的融通实现资源的最佳配置，1929~1933年金融大危机，资本主义世界信用体系崩溃，新的金融制度亟待重建，罗斯福新政在金融改革方面的主要措施为构建财政部监管银行的运行体系，建立联邦贷款以备不时之需，在证券市场上首次建立了管理制度，同一时期政府采购活动也在大规模展开，通过政府主导的资金释放有效缓解了当时的金融机构资金运行压力，而金融制度的完善促进了政府采购制度的发展，尤其是美国1941年《转让赔偿法》的出台，使得对政府的索赔可以转让给金融机构，稳定的金融环境使得政府采购的资金保障在一定程度上得到满足。

在我国四大银行商业化改革之前，国有银行、国有企业、国家财政"三位一体"，利率的高低有时不会成为影响国有企业的融资因素，国有银行和国有企业成为政府的"最终贷款人"，在"棘轮效应"的影响下，预算软约束突出，再加上政府采购制度尚不完善，政府采购的规模并没有受到太大限制，相关部门落实高效节约型采购的激励并不明显，采购形式也较为单一。1994年我国四大银行商业化改革，同期我国政府采购制度的试点工作也如火如荼地展开，由于金融机构的商业性，原先大规模政府采购出现了资金不足的问题，虽然政策性金融理应成为为基础设施建设提供长期资金支持的金融主体，但由于信用机制的不完善，信贷资金往往难以收回，尤其在新《预算法》出台后对地方政府举债行为进行限制，使得地方政府基础设施的长期投融资方面出现"短板困境"，为解决这一困境，开发性金融以新的融资模式取代了传统的政策性金融。开发性金融通过吸收民间资本，以国家信用担保，运用市场化的投融资模式为政府基础设施建设提供保障，同时由于增加了对地方政府基础设施建设的评估环节，有效提高了对基础设施建设现金流的硬约束，主要体现在政府购买服务以及PPP模式的具体实践上。

在政府购买服务的实践中，地方政府按照《政府采购法》和《招投标法》的相关要求选择供应商并签订政府购买服务协议，供应商以政府购买服务协议的回购资金作为还款来源向开发银行申请贷款，同时为支持中小企业的发展，以政府采购合同作为金融抵押物的实践也在稳步推行，对政府采购制度也提出了新要求。在PPP模式中，地方政府通过PPP项目吸收社会资本，社会资本可单独或与当地控股企业合股方式，共同出资设立项目公司作为融资主体向开发银行申请贷款，并以项目经营现金流承担还本付息责任，PPP模式缓解了地方政府基础设施建设上的财政压力，有效利用社会资本以及市场机制的优势。开放性金融为政府采购活动提供了新方案，使我国的政府采购实践更灵活、更高效，也保持了我国政府采购制度与金融制度发展步调的一致性。

七、国际贸易因素

每个国家都有其国家经济利益，并且政府采购可被用作经济增长或发展的工具。为了支持本地经济，各种规模的司法管辖权已明确倾向本地承包商。同样地，一个国家的管理机构，无论是国家、州/省或是地方政府，可以要求国际承包商将经济效益转移到其管辖权作为商品或服务的销售条件，而不是对价格折扣讨价还价。这种实物转移称为"补偿"。尽管很少有那些真正从事补偿实践之外的人意识到这种合同安排，但是它逐渐成为政府采购普遍使用的工具。这种做法对于航空产品和服务是常见的，并且渗透到了国防防御和武器市场。当政府采购电信设备、电脑和不需要体现高科技的大量其他产品时，这些安排也会出现。补偿是国防、航空、电信和在美国具有相对优势和规模的市场中存在的其他高科技产业的通常做法。当采购从业人员开始参与贸易时,加上额外的挑战,他们还面临着在国内采购中遇到的同样的问题。

思 考 题

1. 如何理解政府采购内涵的变化?
2. 简述政府采购的双重性。
3. 简述政府采购的特点。
4. 为什么说政府采购是政府战略实现的重要组成部分?
5. 简述政府采购主从系统。
6. 论述政府采购与公共财政的关系。
7. 简述政府采购功能体系。
8. 论述政府采购体系的环境影响因素。

第二章

政府采购制度

第一节 政府采购原则

政府采购原则是贯穿在政府采购活动中为实现政府采购总体目标而确立的一般性原则。目前，政府采购领域普遍推崇的政府采购的一般性原则为公开透明原则、公平竞争原则、公正原则、诚实信用原则、效益性原则、功能性原则。此外，国民待遇原则和非歧视性原则也是已经加入WTO的《政府采购协议》的成员必须遵循的两个重要原则，但是"三公"原则是国内外普遍的原则。

一、公开透明原则

所谓公开透明原则，就是围绕政府采购活动的一切事项都要公开、透明。政府采购的公开包括三个方面，一是政府采购的法律、法规、实施办法和各类政策性文件以及政府采购的信息都必须公开，任何部门、企业、团体组织或个人都可随时了解和掌握。二是向社会公开采购资金的使用情况必须公开。政府采购资金主要来源于税收和公共收费，政府只是公共资金的管理者，需要对纳税人负责。三是政府采购的项目、数量、质量、规格、要求必须公开，让公众知晓。所谓透明是指政府采购的活动必须透明，政府采购对其操作程序公开的程度就是透明，公开的越多，透明度越大，也便于纳税人的监督，其效果也越明显。同时，透明度高还可使政府采购项目具有可预测性，供应商可以预计参加采购活动的代价与风险，从而提出最有利的价格，让采购主体得到最大实惠。

二、公平竞争原则

公平竞争原则是同一层面的两个不同点，只有公平，竞争才能产生正常结果。所以说先有公平，才有竞争，也才能竞争。政府采购的公平性原则有两个方面的内容，一是机会均等，指政府采购原则上应使所有供应商参加政府采购活动的机会均等，凡符合条件者都有资格参加，这是他们的权利。政府采购的主体无权无故排斥有资格的供应商参与政府采购活动。机会均等包括获取政府采购信息的机会均等和参与政府采购活动的机会均等。二是待遇平等，指政府采购对所有当事人都是平等的，它包括采购人与供应商是平等的，采购人对供应商是一视同仁的，不能有差别待遇，而造成歧视。政府采购竞争是手段，通过竞争，优胜劣汰。通过竞争机制，政府采购可形成买方市场，供应商之间公平的竞争，使政府采购主体能够以最有利的价格条件获取高质量的货物、工程和服务，从而节约财政性资金。竞争原则的实现主要是通过政府采购信息的发布，给予供应商一个公平竞争的平台。

三、公正原则

所谓公正原则是指在政府采购的交易中要公允正当，不管是采购人、还是供应商，不能以自己所处的地位，强压对方接受不合理的条件或者无理要求。政府采购的代理机构也应公正地对待采购人和供应商，不管采购项目如何，也不管采购人是谁，应公正地对待，他们都是服务对象；在同一采购项目中，不管是大供应商，还是联合体，或是自然人，都应一视同仁，平等公正地对待。同时，政府采购监督管理部门在政府采购活动中，特别是政府采购的争议中，更应平等地对待每一个当事人，客观、公正地进行和处理争议、投诉、行政诉讼。

四、诚实信用原则

市场经济从一定意义上讲是信用经济，也就是所谓诚实、信用。诚实是指忠诚老实，言行一致，表里如一；信用是指长时间积累的信任和诚信度。政府采购的诚实信用原则是指在政府采购活动中无论作为采购人、还是供应商，或其他当事人在从事采购、代理或供货与服务中的行为，都应当诚实，讲究信用，不能有任何欺骗和欺诈的情形发生。政府采购的主体在公共管理领域的购买性活动中与一般采购主体相比，更有必要坚持这一原则。这是因为在遵守社会交易规则和道德规范方面，政府比其他社会主体负有更大的责任，所以更应该成为诚实信用的典范。

第二节 政府采购制度概念

一、制度的定义

制度是在一定历史条件下形成的，旨在约束个人、企业或政府等其他组织行为的规范总和。它作用于各个行为主体，并依靠某种力量予以一定的强制性，如法律、道德伦理等。美国经济学家舒尔茨把制度定义为一种行为规则，这些规则涉及社会、政治、经济行为。诺斯则将其描述为"一系列被制定出来的规则、服从程序和道德、伦理的行为规范"。

"制度"是一个宽泛的概念，一般由社会认可的非正式约束、国家规定的正式约束和实施机制三部分构成。

（1）社会认可的非正式约束，也称非正式规则，它是人们在长期实践中无意识形成的，具有持久的生命力，并构成世代相传的文化的一部分，包括价值信念、伦理规范、道德观念、风俗习惯及意识形态等因素。

（2）国家规定的正式约束，又称正式制度，是指政府、国家或统治者等按照一定的目的和程序有意识创造的一系列的政治、经济规则及契约等法律法规，以及由这些规则构成的社会的等级结构，包括从宪法到成文法与普通法，再到明细的规则和个别契约等，它们共同构成人们行为的激励和约束。

（3）实施机制是为了确保上述规则得以执行的相关制度安排，它是制度安排中的关键一环。

二、政府采购制度含义

现代政府采购制度起源于自由市场经济，完善于现代市场经济。政府采购数量巨大，影响深远，完善的政府采购制度在市场经济运行当中发挥着重要作用。在政府采购制度产生、发展、完善的过程中，凸显出两大基本功能：节支防腐和政府采购政策功能。因而，政府采购制度已成为世界各国调控市场、维护本国利益的一项重要制度和基本手段。

广义的政府采购制度涵盖了与政府采购活动有关的所有法律规则和惯例，从最直接的政府采购管理法规、招投标法、合同法到各种与采购活动有关的法律和操作方法、具体规定。如经济法、刑法、民法等也会与政府采购发生关系。

狭义的政府采购制度仅指国家以法律形式通过的具体管理政府采购活动的采购法规，如政府采购法、招投标法、产品购买法等直接约束采购活动的各项法规，即采购的管理制度。日常所说的政府采购制度更多的就是狭义的政府采购制度。它具有公开性、公正性、竞争性，其中公平竞争是政府采购制度的基石，竞争的有效、竞争的成本、竞争的效果、竞争的平等和竞争的保障，是进行当代政府采购制度设计的基本依据。

三、政府采购制度主要内容

具体而言，政府采购制度是指为规范政府采购行为而制定的一系列规章、政策、法律的总称。其通常包括四个方面，即政府采购法规、政府采购政策、政府采购程序以及政府采购管理。

（1）政府采购法规。政府采购法规主要表现为各国分别制定的适合本国国情的政府采购法，该项法规主要包括：总则、招标、决议、异议及申诉、履约管理、验收、处罚等内容。

（2）政府采购政策。政府采购政策即政府采购的目的，采购权限的划分，采购调控目标的确立，政府采购的范围、程度、原则、方式方法，信息披露等方面的规定。

（3）政府采购程序。政府采购程序即有关购买货物或劳务的政府单位采购计划拟定、审批、采购合同签订、价款确定、履约时间、地点、方式和履约责任方面的规定。

（4）政府采购管理。政府采购管理即有关政府采购管理的原则、方式、管理机构、审查机构与仲裁机构的设置，争议与纠纷的协调与解决等规定。

第三节 政府采购制度目标

一、政府采购制度目标组成

从广义上，判断一个实体（采购人）采购所需要的货物、工程和服务是否成功，与政府采购制度目标有关系，而且与参与采购过程的所有当事人所做出努力有关，其中包括需求活动、审计活动以及预算活动。政府采购的基本目标是在保证适当的需要（如质量）和时间要求（如及时）条件下，以一个公平合理的价格获得对需求活动的理想市场响应来满足消费者；同时以最少的商业活动和技术风险实现社会经济目标、竞争最大化以及保持廉洁的标准来为政府长期利益服务。

（一）成本目标

货物和服务成本会大于合同货币价格，因为间接相关成本常常不包括在合同价格中，如运送费用。如果合同提供的是生产地离岸价，采购官员就会要求增加额外运送费和运输期间损失风险补偿。综合成本分析不是只以投标人或出价人提供的价格是否最低，而是整个成本必须表示最优价，它包括了购买价格以及整个使用周期中的产品间接成本净现值。

（二）质量目标

质量目标是指产品必须达到终端使用者的特殊要求。每种供给选择中应该写明质量要求。作为评估有竞争力供应商的标准，可以用过去业绩、先进技术、管理能力、员工素质、以前经验以及计划遵守程度来测量。质量包括在专门领域由专门主体设计的或者由社会长期普遍认定拥有卓越的内在价值或等级的功能；满足使用者需求的所有属性或特征的组合；与规定的要求一致等。

（三）及时目标

就供应而言，及时性是指为了实现终端使用者的目的，在必需时间内把被采购商品送到终端使用者那里。就服务而言，及时性是指按照终端使用者要求的时间完成。就工程和其他固定资产项目如信息技术，及时性是指为满足政府实体（采购人）职责，按照进度计划及时完成这些项目的不同阶段。

（四）风险管理目标

契约合同关系中，政府实体和供应商都希望达到各自所渴望的目标。政府实体（采购人）想在它的预算内实现它的职责，而供应商希望利益最大化。二者意识到存在某种程度的合同风险并努力去管理，当与这些目标相关的风险被认为风险太高或者风险分担不公平时，其中一方或者双方就不愿签订合同。在政府采购领域，对所有政府采购行为风险的理解，是要把风险降到最低或者规避风险，转向管理风险，而且政府采购官员的任务就是管理风险。在本质上，风险是指商业的、资金的或技术的风险。

（五）社会和经济目标

在政府支出量的影响下，决策者已经使用政府采购解决各种社会和经济问题。如规定供应商必须保持公平雇佣行为，提供安全和健康的工作条件，支付公平工资，禁止污染水源，对于来自某些国家、州/省或地方的供应商有优先权，授予小企业或妇女企业/少数民族企业合同，以及促进囚犯改造和严重残疾企业发展。

（六）充分竞争

竞争被定义为是两个或两个以上当事人通过提供最优商品（包括价格）获得第三方业务独立的努力行为。在招标和授予政府合同中，一个良好采购体系需要促进和提供充分的公开竞争。当"充分竞争"使用于合同行为时，其含义是允许所有响应供应商都参与竞争。竞争为企业和政府实体（采购人）减少成本和提高质量提供了主要激励作用。此外，在高技术领域中竞争对于创新是至关重要的。

（七）保持廉洁和透明

政府采购领域的任何官员都应该是有坚定道德标准、诚实和廉洁信念的。在选择供应商阶段，政府采购在政府招标、评估、谈判/授予合同管理中起着很关键的作用。政府采购要对这个过程的廉洁负责；确保采购和招标过程尽可能公开和有益于有效竞争，必须平等和一致地进行评估和谈判。任何最终合同必须充分保护公共部门利益。

二、不同政府采购目标间权衡

因为政府实体（采购人）有许多目标需要实现，不能像私人部门那样为了效率最大化而简单地作出采购决定。当采购工程、货物和服务时，政府采购官员面临着目标冲突和要寻找最可行解决方案的问题。在财政决策中，经济学家在公平和效益两个目标之间权衡。为了协调这两个经济目标，政策制定者花费了许多时间寻找一个理想的政策。很遗憾，政府采购官员没有太多的时间在这些目标之间所有方面的权衡。迫于满足用户的要求，政策决策者和法律实施者经常没有进行纯逻辑性经济分析。

（一）质量与成本权衡

政府采购官员总是面对质量与成本之间的选择困难。他们是选择质量是市场最好商品的 90%、每件商品价格是 25 000 元的企业 A 的产品呢，还是选择质量是市场最好商品的 97%、价格是 27 000 元的企业 B 的产品呢？不顾及成本的质量不能考虑，同样不考虑质量的成本也不能考虑。

（二）及时与成本权衡

假设政府采购过程中有两个供应商为同一个商品出价。企业 A 是当地企业，提出 50 000 元的合同出价并在接到订单后两天内交货。企业 B 是其他省企业，对于同样产品报价为 45 000 元，但是与企业 A 相比要多出两天时间才能交货。哪个企业会被授予合同？

（三）风险与成本权衡

采购官员可能决定选择有责任心企业的高价格产品而不愿冒险选择不能证明它责任心企业的低价产品。同样，政府采购官可能基于相关技术和商业管理优势，以较高价格将合同授予更有能力满足政府采购目标的企业。风险最小化和竞争最大化之间关系可能是相反的。如果技术风险最小化是唯一的采购目标，那么政府采购官员会倾向于把合同只授予那些以前成功完成相似采购合同的企业。

（四）经济社会目标与成本权衡

政府实体（采购人）常常为实现经济社会目标直接或间接支付额外费用。尽管经济社会项目的成本较高，还是被认为有助于其他社会目标的实现。就业、健康、安全以及工资比例规范增加了企业额外费用（导致了较高的合同价格）。虽然采购成本高，但是小企业项目为小企业提供了可观的就业岗位，同时有效地创造新的供给来源，也增加了竞争。

（五）竞争与成本权衡

竞争主要的好处是成功地降低了价格。但是，报酬递减制约竞争收益：政府征集的投标越多，产生的管理成本就越高，因为每个投标都要求增加成本。例如，浏览投标、对标书技术性评估、应用价格相关因素以及与出价人磋商出价的政府采购人员工资支出。理论上，对于任何既定采购竞争都会有一个最优获利程度。换句话说，增加投标/出价数量将会增加竞争收益但是可能增加支出。现在政府越来越重视效率，合同官员在授予合同前必须与出价人谈判来缩小竞争范围。在州/省和地方采购中使用竞争范围也更为普遍。另一个与私人采购相同的实践是通过战略性采购排除那些不能提供最优价值的、长期协议的潜在供应商，缩小竞争范围。

（六）廉政与成本权衡

从短期来看，把一个出价者报价透露给另外一个出价人的策略也许会为政府赢得较低价格，但从长期来看，这样的策略将可能把好企业逐出政府市场，留下不遵守道德规则的企业。所以，从长远来看，公平竞争不仅值得尊重而且能形成良好的商业氛围。

三、效率目标和政策目标

效率目标即有效性目标是指政府采购所购入的商品或劳务，要求做到规格适当、价格合理、品质合乎需要，也就是说，要用尽可能小的投入，获得尽可能大的产出。政府采购的经济性是指节约和合理使用采购资金；政府采购有效性是指采购物品的质量要保证满足使用部门的要求，同时要注意采购的效率，即要在合同规定的合理时间内完成招标采购任务，以满足使用部门的需求。政策目标是指政府通过立法所确立的，通过其采购活动所推行的政治、经济、社会或者环境等体现社会公共利益的政策目标。这种调控性目标不以经济效益为基础，因而又称为非经济目标，也有西方学者将其称为"次级政策"，是指合理经济成本以外的其他政策。"次级政策"在世界各国的政府采购立法和实践中被普遍关注和采纳。

（一）效率目标与政策目标的关系

从统一性来看，一方面，效率目标是政策目标的基础，政策目标的最终实现要以效率的较大提高为基础。另一方面，政策目标是提高效率的重要条件，公平合理的政府采购政策有利于形成稳定的社会环境，从而调动各方面的生产积极性，促进效率的提高。从对立性方面看，两者存在着此长彼消、此消彼长的关系。政府采购活动的初衷是效率和节支，政府采购活动却并不都是效率提高的结果，而其刺激效应达到一定程度后便具有递减的趋势，甚至会出现负面的效应。

政府采购基本目标与政策目标有时是一致的，具有同向性；而有的时候，政府采购的目标与政府采购的社会目标之间存在一定程度的冲突。

（二）效率目标与政策目标均衡状态的实现途径

在政府采购效率目标和政策目标协调一致情况下，实现二者目标只需坚持并举原则，但是现实中政府采购同时实现基本目标和社会目标这种理想模式不可能总是存在的，因为政府采购总是发生在政府与市场的复杂博弈背景下。正如沃尔夫所言："政府与市场间的选择是复杂的，而且通常并不仅仅是这两个方面，因为这不是纯粹在市场与政府间的选择，而经常是在这两者的不同组合间的选择以及资源配置的各种方式的不同程度上的选择。"某种意义上来说，均衡应该说是一种比例关系，政府采购政策目标的实现是指在科学合理和和谐的比例关系上衡量和取舍。两者矛盾的情况下，可能需要让渡一部分效率，来实现政策目标。

政策目标是由数个具体政策目标组成的。依法进行平衡性调整，落实法定政府采购政策目标，设立科学的目标体系。然后，在具体的政府采购行为中将目标依次排列，根据效益再来确定目标的主次。例如，设计如何扶持不发达地区和少数民族地区的政策目标，更加注重诸如发挥环境保护、促进产业技术进步、照顾中小企业发展等政策功能作用，并在此基础上进一步根据实现政府职能的需要，扩大公共政策的适用领域和范围。又如，一些特定的政府采购行为有时需要进行权衡，特定情况下为了实现政府采购的效率目标，不得不违背公平的原则。如一些特殊信息产品的采购以及考虑到政治安全的采购。一般情况下，建立一个以基本目标为前提的，包括支持产业技术进步、促进资源的节约利用和保护环境、促进民族企业发展和区域发展、保护信息安全等多个目标组成的综合政策目标，再在特定行为背景下，赋予某项目标以优先地位，是保持政府采购公共政策的连续性、一致性和构筑科学的政策目标体系的基本要求。

第四节　政府采购制度思想理论

一、经济理论对政府采购活动影响

经济理论的发展推动政府采购的完善，政府采购实践又使得经济理论得到不断补充和创新。从发展看，现代政府采购起源于英国，完善于美国。近现代经济理论的发端可以追溯到 1776 年亚当·斯密《国富论》的出版；在《国富论》出版的第二年（1778年），美国政府采购改革进程开始。

《国富论》中强调市场机制的作用以及竞争对提高资源配置的有效性。在自由市场中，个人和厂商被"看不见的手"引导，通过竞争性资源交易，实现社会效益最大化。基于市场机制的有效性，他提出"最小政府"的概念，主张政府对市场的不干预、不影响。在这个时期，国家职能仅在国防、司法、公共事务与公共工程领域体现，财政支出普遍受到限制，而政府采购仅被视为财政支出的附带品，范围窄、规模小。该理论影响了刚刚成立的美国（1776 年），其 1795 年颁布的《公共货物承包商法案》明确了军事采购的基础，但《民用货物拨款法案》的出台是在半个多世纪后（1861 年）。亚当·斯密的竞争理论认为公共部门的购买行为与私人部门在市场上是平等的，也就是说公共部门也要按市场规则办事，不存在特权，这直接影响政府采购目标的设定以及政府采购方式的应用，这一时期政府采购追求最低的成本，1782 年英国以公开招投标作为政府采购的主要方式，美国 1808 年《政府合同法案》也要求通过竞争授予合同。在亚当·斯密的理论指导下，政府采购的规模受到限制，政府采购的目标与采购方式也被要求符合市场竞争的规则。

1860 年前后，美国自由市场经济体制已基本成型，该经济模式以私有制为基础，通过自由竞争性的价格体系，推动理性经济人自主决策，从而实现资源自主自发地有效配置。市场理论既是对亚当·斯密"看不见的手"的理论的发展，又通过具体实践不断创新改造。"理性人"的认识使得早期的美国国会就通过立法禁止政府官员从自己职权中获得个人利益或从事与他们职位利益相反的活动，虽然这个时期公共选择理论尚未成型，但廉洁的思想已被纳入宪法精神。此后，自由竞争的缺陷、政府干预市场导致的一系列问题使得政府与市场的边界不断被重新定义，这也推动了政府采购的不断发展。

19世纪80年代，阿道夫·瓦格纳提出瓦格纳法则（Wagner's law），该理论认为当国民收入增长时，财政支出会以更大比例增长，也就是说随着国民经济的增长，政府的职能也在不断扩大，在政府采购上体现为采购范围和采购规模的扩大。瓦格纳法则是基于瓦格纳对19世纪美国、日本等国家公共支出增长情况的考察而发现的政府活动扩张规律提出的，可见该理论基于实证分析，是先实践后理论的典型，根据瓦格纳对政治因素和经济因素的分析，这一时期，政府采购已经开始涉及解决外部性问题以及增加公众福利方面。从19世纪美国政府采购发展来看，自1792年美国国会授权国防部和财政部代表国家签订合同到1832年最高法院的判决支持美国政府签订合同是国家的一般性主权的提议，而不再禁止，表明政府的采购权在扩大。自1795年的《公共货物承包商法案》到1861年《民用货物拨款法案》，从军采到民用，公共采购的范围更丰富。1916年的《国防法案》和1941年的《战争权力法案》则体现了政府采购规模扩大的政治因素，而1931年《戴维斯—培根法案》对接受政府建筑合同的企业给付工人最低工资的要求，1938年《瓦格纳法案》要求购买盲人以及其他残疾人所生产的产品的这些规定则在一定程度上说明在这个时期政府采购已初具政策功能的特征，这实质体现了政府采购目标的扩大。

19世纪末20世纪初，帕累托最优理论的出现为资源配置的最佳状态提供了一个评价标准。该理论认为当资源配置达到帕累托最优状态时，无法在一群人福利不变的情况下增加另一群人的福利，而帕累托改进（增加一群人的福利而不损害另一群人的福利）即是实现帕累托最优的最佳路径。这一时期，市场经济理论在西方仍是主流，公共部门的购买行为与私人部门平等地参与市场活动，资源在公共部门和私人部门之间进行配置。政府采购作为一种市场行为，需要考虑到经济效益原则；作为一种政府行为，又要考虑到接受政府购买合同的企业、员工的福利。基于此，政府采购成为政府主导资源配置的手段之一，这不仅意味着政府职能的扩大，也意味着政府采购对帕累托最优的追求。美国1941年《战争权力法案》允许通过谈判协商的方式签订采购合同，以及为寻求多个投标和基于最低价授予合同，法律进行的多次改革皆体现了政府作为市场主体的经济目标，而1933年为了提供就业机会通过的《购买美国产品法案》以及1938年《瓦格纳法案》要求购买盲人以及其他残疾人所生产的产品则体现了该时期美国政府采购时对经济效益和社会效益的权衡问题。

1920年，庇古出版的《福利经济学》提出了"庇古税方案"，提倡对有负外部性的活动强制交税，对有正外部性的活动给予补贴。这一时期庇古税在政府采购方面的影响直接引起了政府采购中政策功能的产生，尤其是对外部性问题的探讨直接将公共产品理论再次推上经济学领域的研究前沿，为政府采购范围的拓展提供了合理性解释，促进了政府采购更关注民生与福利以及社会环境各个方面。

1929~1933年，经济大危机对西方市场经济是一次重大冲击，西方各国对制度产生质疑的同时也在寻求新的理论。1936年凯恩斯发表的《就业、利息和货币通论》中指出经济危机的出现在于有效需求不足，认为通过增加政府开支，以乘数效应能够有效扩大总需求，促进经济的恢复与增长。政府采购作为政府开支的一部分，成为政府干预经济的重要手段，在这一时期政府采购活动、公共工程建设的购买与投资不断增长，政府采购的范围和规模不断扩大，其采购目的也不仅仅局限于对政府活动的维持，而增加了对经济宏观调控的功能性作用，使政府采购成为政府干预经济的手段之一，从财政支出的附属品到积极有效的政策性工具，对采购功能的认识更加深入，同时，这一时期政府采购"守门人"的认知也在逐渐被打破。以美国来看，其1948年《犯罪和刑事程序法案》要求强制采购来自联邦监狱实业公司或有限公司特殊供应商的产品，1949年《联邦财产与行政服务法案》中将协商采购方式引入以及1953年《小企业法案》确保小企业能够获得政府合同中的利益等皆体现了政府意志的引入，政府对市场活动的干预在扩大，而1970年《清洁空气法案》的颁布即是政府采购功能政策的突出表现。

1937年，经济学家罗纳德·科斯在《企业的性质》一文中首次提出交易费用理论。科斯认为企业最显著的特征就是价格机制的替代，在市场上，资源配置在价格机制自动调节；而在企业当中，各种资源的配置则是由企业内部的"权威组织"来完成。企业和市场是两种可以相互替代的资源配置机制，由于存在有限理性、机会主义、不确定性与小数目条件使得市场交易费用高昂，为节约交易费用，企业作为代替市场的新型交易形式应运而生。此后的1960年，科斯在其论文《社会成本问题》中对交易成本内容作了进一步界定，施蒂格勒将其完善，即由搜索成本、谈判成本、签约成本与监督成本构成。科斯的交易费用理论在政府采购实践中同样具有重要意义，在这一时期，集中采购逐渐成为政府采购的主要模式，以美国来看，则体现在1903年宾夕法尼亚州的费城创建了采购部门；1910年多个主要城市政府趋向采取集中采购模式，马里兰州的巴尔的摩市宪章规定把授予委员会作为集中采购机构；1915年纽约市市长在负责为所有部门和办公室授予合作合同两年之后，基于成功经验集中了市政府采购职能。

纵观上述理论发展与政府采购实践，政府职能在不断扩大，政府采购的范围也在不断拓展，伴随着这一进程的是越来越明显的政府失灵，直到公共选择理论的出现将"财政幻觉"点破。

20世纪40年代末，由布坎南等为代表的公共选择理论产生。该理论认为政治市场和经济市场上人们的行为是一致的，人们通过政治选票来选择能给其带来最大利益的政治家、政策法案和法律制度。官僚是追求个人利益或效用最大化的经济人，其目标不是公共利益或机构效用，而是个人效用，这就引起了布坎南对寻租行为的论述。在政府采购上，直接体现在政府官员的腐败以及产品（服务、工程）供应商对超额利润的追求行为的曝光。理性选择理论发展了理性人通过最优策略的选择，以最小代价获得最大利益，尤其是阿罗、西蒙等人对该理论的补充都说明了政府官员追求自身利益最大化的必然性以及规制的必要性。而20世纪六七十年代发展起来的委托代理理论实质上并未跳出"理性人"的圈子，只是更加具体化，也更加接近导致官员腐败行为的必要条件，即分工的出现和个人利益之间的冲突，从而导致委托人利益受到损害。所以在以布坎南为代表的公共选择理论产生后，公众对官员腐败行为的抗议呼声尤为强烈（纳税人意识的觉醒），集中导致了政府采购的私有化，在采购方式的公正平等、采购信息的公开透明。

1940年，美国经济学家尼古拉斯·卡尔德和约翰·希克斯对前人的理论加以提炼，形成了"成本—效益"分析的理论基础，即卡尔德—希克斯准则。而十年后（20世纪50年代），冯·诺依曼等将博弈论引入经济学。经济理论本身是存在连贯性的，博弈论的产生是"理性人"理论、成本效益理论等多个理论发展的必然结果。这一时期，政府采购的"成本—效益"分析从单纯的经济效益分析（最低成本）到更注重社会效益兼顾经济效益（物美价廉）的分析模式。美国从最低成本优先到认为最低成本有害，以生命周期核算方式选择优化总购置成本以及减少仓储费用通过精算选择恰好够用合同。20世纪60年代联邦和州政府开始在许多公共政策领域扩大公民权利和环境保护，以反对就业歧视、确保工作场所安全、消费者事务以及环境保护为主，也体现了社会效益所在。由于20世纪70年代经济"滞涨"现象的出现，"小政府"理念再次出现，竞争机制又一次被强调，政府采购私有化加速，"由国营变民营"，采购模式更灵活，分散采购的效益性重新被认识，灵活性采购也促进了这一时期采购形式的电子化。而伴随着政府与私人供应商之间的博弈致使采购人员的专业性问题受到重视。

2001年诺贝尔经济学奖的获得者斯蒂格利茨以逆向选择、道德风险问题分析市场上普遍存在的信息不对称问题，而强调"政府和其他机构必须巧妙地对市场进行干预，以使市场正常运行"，又一次对政府干预市场进行了合理性解释。这一理论在政府采购实践中体现在政府采购被越发关注的政策功能——对市场活动的引导、指导和示范活动。

二、古典主义自由市场经济思想

古典主义自由市场经济是资本主义市场经济的最原始阶段，也是资本家摆脱封建专制政府压迫而建立资本主义市场经济的第一个阶段。在此阶段，人们将市场经济捧上神坛，高度强调市场的重要性，认为市场可以使资源配置效率达到最大化，无须政府的干预，政府采购的规模应当越小越好，尤其不能够干预市场的运行，只应充当"夜警"形象，维护社会治安、国防和人民生命财产安全即可。

而在市场中，由于理性人假设，经济主体本着获取收益最大化的原则，在竞争性市场中进行自愿交易，这种市场机制可以使其资源配置的效率达到最大化，无须政府做任何干预。政府采购使用的是纳税人的钱，必须在纳税人监督之下，以最经济的方式进行，这就要求政府采购支出必须追求效率最大化。

而市场机制包含了供给需求均衡机制、供求—价格均衡机制和竞争机制。供给需求均衡机制是市场形成的前提条件，供求—价格机制是市场的工具与调节手段，竞争机制是市场的自然属性也是其发展到一定阶段的必然结果。市场竞争机制为政府采购效率最大化提供了一条可行的途径，政府要提高采购效率，必须引入竞争机制，尊重市场规则，在竞争性市场中以竞争性方式进行自愿交易。进一步而言，如果能在竞争性市场中通过竞争机制构建买方市场，就可以使商品的价格下降，降低成本，避免浪费，提高支出的效率，使政府采购的效率达到最大。这种竞争性方式就是公开招投标，公开招投标所产生的商业机会由纳税人在机会均等的条件下进行竞争。政府采购通过招投标的竞争机制，形成买方市场，压低价格，提高产品质量，从而提高政府采购绩效。这些思想共同为以"公开招投标"的竞争机制为主的政府采购制度做了铺垫。此时期政府采购处于自然发展阶段，规模小、范围窄，不具有调节经济的作用，但政府采购要利用竞争机制提高效率，就需要依赖相应的政府采购制度。因此，古典主义自由市场经济阶段的理论，催生了以竞争机制为主的政府采购制度。

三、新古典主义市场经济思想

随着资本主义自由市场的发展，市场的一些弊病逐渐显露，在某些方面呈现出市场失灵的现象。例如市场无法解决外部性问题、市场无法供给公共商品、市场在保证资源配置效率的同时无法兼顾社会福利的公平分配等。由此，新古典主义的学者们逐渐意识到了市场所不具备的功能，同时重审了政府的经济职能，这为政府采购带来了生存与发展的空间，使政府采购制度思想进入了新古典主义市场经济阶段。

新古典主义者认可政府采购的部分经济作用，但仍旧高度支持市场经济，认为政府采购对经济的干预力度应当尽可能地小，不应过分干预市场经济。因此，此时期的政府采购既需要对经济产生调节作用，又需要限制规模，不能过分干预经济，这就需要形成固定的政府采购制度来对政府采购的方式与规模作出监督与调整。

而经济效应为政府采购制度的建立提供了前提，规模设置为政府采购制度的建立提供了具体方法。由此催生出适当调控经济而同时控制规模的政府采购制度。

四、凯恩斯主义市场经济思想

20世纪30年代全球资本主义国家出现了大规模经济危机以及"滞胀"现象。在高通货膨胀率、高失业率与经济停滞增长三大灾难同时降临的时候，人们纷纷意识到，市场不是万能的，仅通过市场机制，无法实现充分就业与经济稳定增长，市场由于其自身的缺陷会在很多领域出现市场失灵的现象，甚至最终导致经济崩溃。在"滞胀"现象出现以后，政府需要对经济进行干预以解决就业与总需求不足的问题，政府采购就成为政府干预经济的一种手段。在此时期，政府采购要对市场起到主导作用以弥补市场的缺陷。政府通过大规模增加开支来刺激社会总需求，使经济尽快摆脱衰退的状态。大部分政府支出都用在公共工程建设和采购物品上，政府采购规模迅速扩大并逐渐形成制度。凯恩斯的政府干预理论与萨缪尔森的乘数——加速数模型都指出政府要主导市场，解决市场失灵下的就业与总需求不足的问题。政府采购也应相应扩大规模，在市场中占据主导地位。人们对于政府采购主导市场调节经济的预期，直接催生了政府采购制度的建立。必须有相应制度的产生，来对政府采购的行为、过程和规模进行规范，以使政府采购按照正确的方式进行，不仅使纳税人的资金使用效率达到最大化，还要充分完成调节经济的任务。

五、现代市场经济思想

随着凯恩斯主义的盛行以及各国政府都加大对市场经济的干预，政府的弊端也逐渐显露出来。人们发现，不仅市场会在某些领域出现失灵现象，政府也会在某些领域失灵。市场失灵主要表现在七个方面：①市场无法解决收入分配不公平问题。②市场无法解决外部性问题。③市场无法解决垄断问题。④市场无法解决公共产品供给不足问题。⑤市场无法解决公共资源的过度使用问题。⑥市场无法解决区域经济不协调问题。⑦市场无法解决失业问题。而政府失灵主要表现在寻租和腐败。政府失灵的出现，会导致政府对经济的调节效率下降，具体表现在资源配置效率低、资源分配不公平、经济不稳定。政府失灵的产生催生了政府活动的法治化与制度化，迫使人们通过法律制度来提高政府干预经济的效率。

寻租会导致政府采购效率低下，最终损害纳税人的利益，而消除寻租就要保持政府的廉洁，做到公平、公开、公正的竞争。政府进行公开招投标，就是一种保证政府廉洁的举措。而法制化可以保证公平、公开、公正的竞争，进而提高效率。因此，政府需要建立现代政府采购制度，从法治化的角度做到公平竞争，提高效率。同样也需要通过制度来保证公开招投标的进行，进而避免寻租现象和腐败的发生，确保政府的廉洁。虽然委托代理关系的建立可以提高效率，但信息不对称产生的逆向选择和道德风险又会降低效率，这需要政府采购建立起相应的制度与法律，通过制度固化政府采购流程，通过法律约束和监督政府采购行为，以解决信息不对称所造成的不良影响，提高效率。对政府采购的规模范围的现实需求，同样催生出政府采购的法制化与制度化。也就是说，政府采购从规模到过程，需要制度化与法治化可以提高效率，保持政府廉洁。同样政府干预经济，也应当依据制度干预，既不是无所作为，也不是过分干预。现代市场经济与思想着重强调了法治化、制度化，对政府采购效率起到了提升的作用。

第五节　西方政府采购制度演变

随着国家的产生，从某种意义上说政府采购就已经存在。但近代规范的政府采购制度起源于18世纪末，从简单到复杂与完善，已有两百多年的历史。随着经济的发展，国家和社会富裕程度的提高，政府采购的功能也不断扩展。许多市场经济国家政府采购已由单一的财政支出管理手段，演变为兼有财政支出管理和国家宏观调控双重功能的重要工具，是政府介入经济运行的最直接方式之一。

一、现代政府采购制度的起源

英国从18世纪60年代开始工业革命。1755年英国关税超过150万英镑，消费税超过350万英镑，与1688年相比，关税增加近一倍，消费税增加5倍。1694年成立了英格兰银行，标志着中央银行的产生，推动了公债制度的发展。1749年英国国债达到8 100万英镑，在七年战争（1756～1763年）开始时，国债达12 200万英镑。1782年英国政府设立文具供应局（Stationary Office），作为政府部门所需公共用品采购和管理投资建设项目的机构，并采用公开招标的方式进行采购，即超过一定金额的政府采购必须经过公开、竞争的程序，规定了一整套政府采购的程序及规章，开政府采购制度之先河。该机构逐步发展成为国家物资供应部，专门负责对政府部门所需物资的采购工作。

随着富裕程度的增加，必然导致公共开支增加，大规模的公共部门是发达经济的特征。当国家随着工业化和都市化进程而达到更高的富裕程度时，公共部门扩展是必然的趋势。在一个贫穷的国家中，人们忙于满足自己最基本的温饱和居住需要；而在一个发达的经济中，人们在满足了这些最基本的需要之后，就有可能转而追求实现其他"更高级的"需要：教育、健康、文化。在经济运行过程中，政府应该创造良好的基础结构，在推动富裕程度的提升和不断满足人们新的"更高级"的需要这两方面扮演一个重要的角色。公共开支与GDP之间具有良好的相互适应关系，随着GDP的增加，不仅在相对意义而且在绝对的意义上会导致公共部门规模的扩大；同时，政府官员和工作人员同样存在个人利益最大化的行为倾向。这些都会造成扩大财政开支的倾向，财政支出规模扩大，就要求财政提高支出效益，而实施政府采购是其方法之一。

尽管政府采购制度起源英国，但是完善于美国。在不同政府采购发展历史阶段政府所表现出来的采购目标侧重点不同，但是体现宪法精神、合理有效地使用纳税人资金和为公众提供最好的公共品和服务的根本原则一直没有变。所以政府采购要始终保持公共信任，它的基础是公开、公正、竞争、有效使用公共资金以及创新和灵活。

二、节支防腐与维护政府公信力理念

早期的美国政府历史上，国会通过立法禁止政府官员从自己职权中获得个人利益或从事与他们职位利益相反的活动。管理过程中制度设计者头脑里装满了公众希望的公平和平等对待。

由于政府采购腐败，1809年《采购法案》（Procurement Act）确立了把正式公告作为一般性采购要求的规定，但它也允许选择其他采购方式，如公开采购和公告征集报价。1831年和1832年最高法院的判决支持了美国政府签订合同是国家的一般性主权而法律不再禁止的观点。

在第二次世界大战期间美国放弃了对于公开招标的强制性要求，1941年《战争权力法案》（The War Powers Act）允许总统授权某些部门和机构不依照法律进行授予、执行、修正或更改合同，通过谈判协商的方式签订采购合同可以进行采购。

1941年美国议会成立调查国防项目的特别委员会，它的主席是来自密苏里的无名议员杜鲁门。这件审查国防建设中的腐败工作把杜鲁门推向了国家政治舞台，后入住白宫。

直到1898年，伊利诺伊州的芝加哥市政府首创了一定程度上"自由为所有部门集中采购"的办法。1903年宾夕法尼亚州的费城创建了采购部门。1910年许多主要城市政府趋向采取集中采购模式，包括明尼苏达州的明尼阿波利斯市依据1911年12月法令建立采购部门；俄亥俄州的克利夫兰市在1913年宪章中规定集中采购；加利福尼亚州的洛杉矶市依据其宪章授权于1916年建立供应部门；马里兰州的巴尔的摩市宪章规定把授予委员会作为集中采购机构，在1916年1月1日，由该委员会任命一个助理负责几个部门的采购；1915年纽约市市长在负责为所有部门和办公室授予合作合同两年之后，基于成功经验集中了市政府采购职能。1910年俄克拉何马州第一个建立起负责州所有部门和机构集中采购委员会。随后,州和地方政府逐渐普遍建立了集中采购机构。

在19世纪和20世纪,美国政府采购经历和体验着消极和陈词滥调。政治性任命的采购官员为了其政治目的提供服务进行采购,而他们的廉政和公共服务意识通常被忽略,政府采购总是充满了浪费和丑闻。政府采购中的腐败和受贿伤害了公众的感情,损坏了政府公信力。政府采购立法最初是为了防腐,公众希望公平、公正以及法律能够控制采购中的不良行为,其后,也采取了许多阶段性措施来解决特别惊人的公共腐败。为了寻求多个投标和基于最低价授予合同,法律进行了改革。第二次世界大战期间的采购经验也表明,采购程序应更具灵活和建设性。美国政府采购功能一般被认为是财政或资金支付者的附带品,因为采购官员们对于采购记录比如何采购更感兴趣。采购人员发送订货单和支付凭证,这样工作只需要很少的教育或培训就行了。

在1778~1947年这个阶段显然是追求节支防腐和追求经济高效采购,但是已经出现社会公平和促进就业目标的立法。

三、干预经济和扩大公民权利

第二次世界大战后美国总统杜鲁门直接监管战争财产,保持着他对政府采购改革的兴趣而且建立了联邦总务管理局。直到1947年的《军事采购法案》和1949年的《联邦财产与行政服务法案》通过之前,1861年的《民用货物拨款法案》(The Civil Sundry and Appropriations Act)一直规范着联邦采购。1947年和1949年的立法规制着采购政策和实务,后依据这些立法制定了《军事采购条例》和《联邦采购条例》分别用于军事和民用采购。

由美国法律协会和全国行政长官参加的统一州法律会议在美国律师协会支持下,发布了"统一商业规则"(UCC)并于1951年秋实施。宾夕法尼亚州是第一个实施《统一商业规则》的州。20世纪60年代开始,联邦和州政府开始在许多公共政策领域扩大公民权利和环境保护。政府采购领域也制定立法反对就业歧视、确保工作场所安全、消费者事务以及环境保护。

以上可以看出从第二次世界大战后,1945年~1971年,虽然也进行成本和经济目标的规制,但更侧重于政府意志在采购中体现,政府采购政策目标突出。

四、服务契约化和私有化理念

在1972年~1990年美国政府拓展了契约理念并把它运用到服务领域。这是以前从没有过的。这样的契约行为也努力达到提高效率和灵活性的目标。

1955年联邦政府开始实施联邦服务合同政策,即如果可以通过正常商业渠道、从私人企业生产的产品或服务得到政府所需要的商品,那么联邦政府不再启动或进行任何商业活动来提供服务或进行生产。

1969年著名的管理专家彼得·德鲁克(Peter Drucker)在《不再继续的时代》(the Age of Discontinuing)中认为政府规模的不断扩大归因于没有认真考虑私人部门的作用,而且没有考虑"制造或者购买"的决定,但是每次面对新的需求就是官僚机构扩张的机会。他第一次使用"国营改民营"(Reprivatization),后来缩写为"私有化"。此后私有化理念逐步深入政府采购制度设计者的思想，也逐步为公众接受。

20世纪80年代国家层面的公共部门契约和私有化成为里根总统执政的主要政策创新。20世纪90年代私有化和契约观念已深入政府官员和公民头脑中。"公私竞争"是管理竞争，不同于传统上的方法，即那些允许生产公共服务的政府部门与私人企业竞争提供政府服务。

五、政府再造与政府采购战略

1993年，克林顿政府发布电子商务简化政府采购令。在《联邦采购条例》中也相应地列出了撤销规制的目录，以及不高于门槛价采购项目的简化采购方法。这简化了商品购买程序，把小额采购限额提高到10万美元，鼓励在选择供应商中考虑其过去的业绩。尽管这部分程序和方法规定鼓励竞争，但是并不强制执行，而且这些程序和方法本身就加大了各单位采购的自主权。

在修改后的《联邦财产与行政服务法案》中又规定了联邦总务管理局可以向行政机构授权采购，并允许行政机构授权或委托其他机构采购，或者几个机构联合或授权采购。这又从采购权限角度明确了联邦总务管理局集中采购的权力走向分散的趋势。

2000年克林顿总统签署了《全球和国家贸易中电子签名法案》，使电子签章与手写签名具有同等约束力，并宣布"在线合同与纸质合同具有同等法律效力"，这个法案加速了在美国各级政府中使用电子化采购。

布什政府在任内着手建立了一体化政府采购环境。它是建立在联邦采购数据系统、联邦商业机会网、集中的承包商注册信息库[①]、已承包项目建设情况数据库[②]四大信息系统的基础之上的。

在联邦体制下，州和地区享有高度的自治权。州和地方政府拥有预算编制和所有行政管理行为的自治权，包括政府采购。在政府采购组织结构方面，没有统一的模式；在联邦、州或地区，每个政府实体根据自己的规模、采购的需要以及所处环境的不同，都有一个独特的政府采购组织结构。

政府采购职业领域包括来自公私部门的购买者、采购管理者、供给专家以及合同管理者。他们需要有突出的沟通能力，必须是好的作者、谈判者、演讲者、市场拓展者、消费服务代理，同时他们也必须有较强的适应能力、管理能力、团队精神和政治性。这些需要采购专业人员有丰富的专业技术知识。

近年来，美国政府正在努力改变国防采购过程。政府更多职能外包存在好处也存在缺陷。"演进采购"（EA）日益受到关注。依据演进采购论，通过长期的试验和检验不断提出精确要求来完成国防的硬件和软件采购。观察家认为美国国防部的需求不仅是简化采购程序，而且是对整个采购文化的全新界定和对商业模式的全新设计。军事采购改革历来走在民用采购之前。

美国在这两百多年的演变过程中逐步制定了5 000多个政府采购相关法案，其中有

---

① 现在已经被更名为商业伙伴平台（Business Partner Network，BPN）。
② 现在已经被更名为已承包项目建设溯源数据库（Past Performance Information Retrieval System，PPIRS）。

30个法案在政府采购活动中发挥着核心作用,特别是《联邦财产与行政服务法》和《军事服务采购法》规制着政府采购过程的总体方案,集中体现在《联邦采购条例》(FAR)中。美国联邦层面上对政府采购规制与管理要先于州及地方政府。联邦政府采购法律和条例是州和地方采购法律的基础。尤其在特殊环境下州和地方没有采购法律规制采购时,它们的采购活动要经常依赖联邦采购法律。

第六节 中国政府采购制度演变

政府采购有着悠久的历史,而且政策功能和目标是我国古代政府采购产生的原动力。政府采购制度理念的演进有着迂回发展的特点。

一、政府采购政策功能雏形期

在我国古代财政思想中,早有政府采购思想的萌芽,而且政府实物性财政支出需主要通过贡纳和赋税来满足,但并不是所有的实物都可以通过贡税来取得,不排除有一部分支出所需的物资通过政府在市场上采购来满足。这可以说是政府采购的雏形。

在西周时期的二百多年间,我国的工商业发展已达到一定的规模,政府为了稳定经济,在市场上收购一些多余的物资,既可以用于财政支出,又可以用于调节物价。早在《周礼》中就重视商品价格的管理,"使有恒价"即要求商品价格稳定在一个习惯的水平上,其理由之一便是出于政府部门在市场上采购所需商品或出售官府物资的需要,可见政府部门的采购活动已受到重视。

《周礼·地官·廛人》记载:"凡珍异之有滞者,(廛人)敛而入于膳府"。"敛"指管理市场的官员大量低价收购积压的珍禽异兽,集中到膳府,这样既解决了商品积压的问题,又降低了膳食成本。另据《周礼·地官·泉府》记载:"泉府掌以市之征布(币),敛市之不售、货之滞于民用者,以其贾买之,物楬而书之,以待不时而买者,买者各从其抵"。

春秋战国时代,政府购买行为日益影响到社会的方方面面。《太平御览》记载:"秦始皇四年七月,立太平仓,丰则籴,欠则粜,以利民也。"而真正的政府大量采购——均输制度始于汉代。

《汉书》记载:"弘羊以诸官各自市相争,物以故腾跃,而天下赋输或不偿其僦费,乃请置大农部丞数十人,分部主郡国,各往往置均输盐铁官,令远方各以其物如异时商贾所转贩者为赋,而相灌输"。均输是官府把各地贡物运到卖价高的地方出卖,钱交给中央或购买所需物资。后汉时,均输平准的对象已由粮食扩大到所有货物,采购的时间、对象相当复杂。《后汉书》记载:"开委府于京以笼货物,贱即买,贵则卖,是以县官不失实,商贾无所贸利,故曰平准。"还设立"常平仓"进行实物周转。

唐朝时,和籴思想则比较明显的具有政府采购思想的雏形。所谓和籴,是政府对所需用的物品在市场上按照流行价格予以收购。和籴制度始于后魏,南齐时也曾用和籴方式收购米谷丝绵。唐初在市场上已有专门行政机构、官员来从事政府采购活动。虽然在采购活动中有许多贪污舞弊现象,但在财政思想中已向前迈进了一大步。陆贽也坚持和市政策，主张将国家所需的许多物资按照市场价格收购，连所需用劳动也采用雇佣劳动方式，并强调"交易往来，一依市利，勿令官吏催遣。"他举凡军事运输、收购草料、供应军粮、调节民食等措施，主张斟酌市价，进行和市。他还提出不惜用"加倍之价"收购官府所需物资，借以刺激生产，这也可谓政府采购实施的一个目的。

二、政府采购政策制度原始形态

发展至宋代，政府购买已经成为当时政府消费物资的供应方式之一。可以说，随着商品货币经济的发展，政府购买在当时已经占据了主导地位，并形成了一整套初具体系的管理制度。在宋代实行市易制度，"选官于京师置市易务，商旅物货滞于民而不售者，官为收买。赐内藏库钱一百万缗为市易本钱。"

例如，确立了政府购买的预算计划制度，当时购买预算主要有三种形式："年额"购买即年度定额的购买计划，"泛抛收买"即经常性下达的采购指令，"非泛抛买"即不经常、临时性安排的购买任务。其中，以"年额"购买和"泛抛收买"为基本常态，这可以反映出宋朝力求将政府购买活动尽可能纳入经常性预算管理的制度取向；此外，还设立了一些职司购买的决策执行机构，建立了价格反馈系统，采取了多种付款方式，实行了招标承包的买扑制等。具体来说，当时的中央财政分为"左藏""内藏""朝廷封桩"三大系统。

熙宁以前，左藏和内藏并立，归三司支配的左藏为政府购买拨款的主渠道。熙宁之后，朝廷封桩系统发展起来，成为一个非常重要的政府购买拨款主体。而购买资金的调拨则是采取了实物运输、信用汇兑、异地结算、截留上供、动用系省封桩钱物等多种手段，并且分别表现出了实物调运的"轻赍"化，便钱汇兑和异地结算的信用化，截留上供、动用系省封桩钱物的本地化等趋势性特点。

这些情况，已经体现出当时财赋周转过程中降低成本、提高效率的制度取向。虽然古代政府采购发展至南宋，情况就愈来愈差了，但以后历朝历代也都有此类与政府采购行为相关的制度。

三、传统政府计划采购

自1949年新中国成立至1979年改革开放，这一时期的政府采购完全实行计划控制。政府采购行为是通过国家的计划予以安排和规范的。采购实体的资金实行定额管理，没有多余的资金，市场上也没有多余的物资。在这种体制下，由于没有竞争机制，一切经济活动都是按照计划执行，计划是政府实施经济管理的主要方式。

在计划经济体制下，供需双方的经济活动都是按照国家计划安排进行的，国家通过计划安排同时控制了买卖双方的活动，掌握了供需双方充足的信息，并进行相关资源配置，因此信息效率的简单高水平是受到当时特殊经济体制模式的历史约束的。

由于在计划经济时期企业采取的是统收统支的财务结算方式，寻租收益并不能转化为企业或个人的直接收入。同时对于那些掌管资源分配权的官员，在国家高度控制的政策安排下，接受着统一的道德教化与精神激励，强有力的意识形态运动已经较好地抑制了寻租和追求个人收益最大化的动机及其行为。此时期国家政府采购行为的激励约束效率也简单偏高，主要是当时比较特殊的计划经济体制的制度安排及其对人们意识形态所形成的约束机制所造成的。

四、传统政府采购自由化

1979年~1995年，我国的政府采购处于无序状态。改革开放以后，计划手段的作用在不断弱化，经济也发生了很大变化，政府采购资金迅速增加，采购规模不断扩大。同时，市场商品日益丰富，企业所有制形式呈现多样化，竞争的条件也日益成熟。但是，由于当时我国政府的财政改革重点放在理顺财政收入管理体制上，没有及时根据形势变化，制定出关于政府采购的法律或者规章制度，导致计划体制遗留的弊端在政府采购实践中日益凸现，不仅造成了采购资金效益的低下与腐败现象的增多，而且使数额巨大的采购支出缺乏政策目标，未能发挥政府采购对国内产业的支持和促进作用。此外，在当时的政府采购领域，信息技术手段极其落后，采购活动又大都采取分散的方式，透明度低，政府采购信息也未曾统一正式公开，造成采购方与供应商的信息搜寻成本与信息获取成本都较高，导致了当时政府采购信息效率比较低下的现象。

1994年我国才将财政体制改革的重点日益转移到财政支出领域，并针对政府采购支出存在的问题，迅速将建立我国的现代政府采购制度提到了议事日程之上。上海市财政局于1995年，对部分行政事业单位大额财政拨款的设备购置，实行了集中采购，并在市级卫生系统试行招标采购，还制定了我国第一个政府采购管理办法，此举成功地拉开了我国政府采购试点的序幕。

五、现代政府采购制度试点

1996年~2002年，是我国现代政府采购制度的试点阶段，又可具体划分为制度摸索期与制度初创期。

1996年~1997年，我国的现代政府采购制度主要是处于制度摸索期，其信息效率与激励约束效率还未得到明显的提高。1996年，上海市又将试点扩大到教育、科研等系统和区、县级政府。行政事业单位使用财政专项资金购置设备开始实行招标制度，并取得了良好的效果。从1997年开始，我国现代政府采购的试点范围开始逐步扩大，深圳市在1997年1月，采用邀请招标及服务竞争的方式，并首次以立法的形式颁布并实施了《深圳经济特区政府采购条例》，这也是我国的第一个政府采购地方性法规；到了1997年11月，重庆市对市级行政事业单位的65辆机关公务车，采取向社会公开招标的方式由政府统一采购，这比原来的财政安排节约了约350万元，节约率达19.7%[①]。但从全国范围看，政府采购的效率情况较以往变化不明显，信息效率与激励约束效率也仍处于较低水平。

1998年~2002年，我国的现代政府采购制度主要是处于制度初创期。1998年，全国实行公开竞争采购方式的采购规模达31亿元。中央和地方财政部门也大多建立了专门机构，负责履行政府采购的管理职责。到1998年年底，全国共有29个省、自治区、

---

① 财政部国库司政府采购管理处统计资料。

直辖市和计划单列市，都不同程度地开始了政府采购试点工作，取得了较为明显的效果。到了1999年，全国政府采购规模迅速扩大到130亿元。财政部颁布了《政府采购管理暂行办法》《政府采购招标投标管理暂行办法》和《政府采购资金财政直接拨付管理暂行办法》《政府采购货物和服务招标投标管理办法》《政府采购信息公告管理办法》《政府采购供应商投诉处理办法》《政府采购品目分类表》《政府采购合同监督暂行办法》《政府采购公证处公告管理暂行办法》《政府采购运行规程暂行规定》等一系列规章制度。全国各地都根据地方政府采购工作的实际要求，制定了大量有关政府采购的法规或行政规章。截至1999年年底，全国已共有28个省、自治区、直辖市和计划单列市建立了政府采购机构，中央机关的政府采购工作也选择了国家卫生健康委员会、国家机关事务管理局、民政部、海关等部门作为试点。2000年，我国政府采购试点工作已经在全国范围内铺开，各地政府采购机构建设已基本完成，绝大多数地方政府设立了政府采购管理机构和执行机构。

由于我国政府采购范围的不断扩大，财政部开始对电子政府采购进行尝试。通过对电子政府采购的尝试和信息技术的应用，不仅可以更及时、向更多的受众提供大量的信息，使此阶段政府采购的信息效率得以提高，而且也可使其激励约束效率有所提高。

此外，我国由于在2001年年底加入了世界贸易组织，已承诺尽快启动加入世贸组织《政府采购协议》（GPA）的谈判。在这种背景之下，我国逐步开始了对政府采购相关立法的准备工作。

六、现代政府采购制度全面推行

法律体系的建立。《政府采购法》于2003年1月1日起正式实行，这表明我国的现代政府采购活动已经走上了规范化和法制化管理的轨道。财政部起草了《政府采购法实施条例》《政府采购评审专家管理办法》《集中采购机构监督考核管理办法》；2005年起草了《政府采购代理机构资格认定办法》《政府采购非招标采购方式管理办法》《软件政府采购管理办法》和《节能产品政府采购实施意见》等办法；2006年进行了《中华人民共和国政府采购法实施条例》的研究制定工作；2007年修订《政府采购货物和服务招投标管理办法》《政府采购供应商投诉处理办法》，制定《政府采购非招标采购方式管理办法》《政府采购分散采购管理办法》等几个具体管理办法。各地区也根据《政府采购法》制定了本地区的政府采购管理实施办法，有些地区还制定了一些专项内容的管理办法。随着从中央到地方政府采购法律法规的逐渐完善，全国初步形成了以《政府采购法》为基本法的一套法律法规体系。

集中采购稳步运行。2003年以来，全国各地区都根据法律要求，制定并颁布了本地区政府集中采购目录和政府采购限额标准，同时，集中采购机构也注意加强自身建设，并开发了相关操作系统，使得运行机制逐步完善，服务意识有所增强，采购质量和效率得到了提高，集中采购效果更加显著。2003年全国集中采购规模占采购总规模的60%以上，其中，地方约有690亿元，占到了地方采购总规模的近70%。这种格局基本确立了集中采购在现阶段作为政府采购主要形式的地位。

还有一些地方在加强政府集中采购的同时，适度实施了部门集中采购。中央国家机关集中采购规模增长也较快。政府采购信息披露增多，在财政部指定媒体上发布政府采购信息公告的数量成倍地增加。管采相互制约，到2006年年底全国36个省份和计划单列市中，绝大部分完成了集中采购机构与政府采购管理机构分离工作，建立了相互制约机制。与此同时，管理机构与采购人以及集中采购机构三者之间的工作职责日趋合理，初步实现了职能划分清楚、运转协调的工作目标。

人员管理更加规范。2003年以来，财政部即按照"统一条件、分级管理、随机抽取、管用分离"的原则，建立了中央单位政府采购评审专家库，许多地方也建立和完善了政府采购专家库，加强了对采购评审活动的管理，评审专家执业行为也进一步得到了规范，跨地区抽取专家的人次也明显增加，提高了政府采购评审工作质量。

电子化已成为趋势。由于政府采购资金支付涉及的数据繁多，依靠原有的手工记账管理办法已无法满足当今工作效率的要求，因此，各地借鉴上海浦东经验，通过网络管理，在建立和完善政府采购网站和定点、协议采购的基础上，加紧研制开发在内部局域网上运行的政府采购管理信息系统，并本着"循序渐进、逐步到位"的原则，将现有的政府采购网和会计集中核算程序两者合一，以达到科学管理、资源共享的目的。

随着《政府采购法》的实施，我国逐步形成了具有本国特色的统一政策，分级管理；集中采购和分散采购相结合；公开招标为主，其他采购方式为辅；管采分离、职能分设的我国现代政府采购制度。

思 考 题

1. 简述政府采购制度主要内容。
2. 简述政府采购的主要理论依据。
3. 简述政府采购原则。
4. 简述政府采购制度目标。
5. 比较中外政府采购制度理念阶段性差异。

第三章

政府采购组织结构

组织结构是组织在职、责、权方面的动态结构体系,其本质是为实现组织战略目标而采取的一种分工协作组织以及各部分排列顺序、空间位置、聚散状态、联系方式和各要素之间相互关系。

第一节 政府采购组织框架

一、国家结构形式与政府采购组织体系

现代国家结构形式主要包括单一制和联邦制两种。从根本上讲,单一制与联邦制的区别要看主权权力,即在国家生活中一定的国家机关对某一方面公共事务的最终决定权是由全国性政府独占还是由层级政府的采购组织执行同一套法律、法规条例和采购程序。如果由全国性政府独占主权权力,那就是单一制;如果由全国性政府同区域性政府分享主权权力,那就是联邦制。在一个联邦制国家中,地方政府或多或少在一些公共事务上拥有自主决定权,也就是说,联邦制国家中全国性政府和区域性政府之间必然存在着主权分享关系,否则就是单一制。在不同的国家结构形式下,政府采购权利及结构配置也有很大的区别。在单一制国家,政府采购往往实行中央集权管理。

（一）联邦政体与政府采购组织体系

近年来,美国国家结构已经发生重大变化,所在联邦制下存在单一制的政府管理模式,即单一制存在于联邦制之中。在单一制下,美国中央政府对州或地区等地方政府拥有绝对的控制权。州和地区政府是中央政府的次中央单位。所有政府职员都归国家人事系统管理,由中央政府聘用、解雇、晋升和支付工资。所有的州和地区政府执行中央政府的政策、法律和法规,由国家预算供给经费,直接向中央政府汇报并且受中央政府的严格监督。所以,在这种体制下,政府采购实行中央集权管理,而且所有层级政府的采购体系执行同一套法律、法规条例和采购程序,也就是只有唯一的政府采购制度。采购官员们要向财政部门的主管报告;财政部门通过采购管理办公室依据合同与供应商资料获得需要的信息。联邦采购政策办公室负责协调各行政机构采购活动,联邦审计署负责合同授予与签订的监督审计,财政部采购管理办公室负责采购管理工作。

在联邦制下,州和地区享有高度的自治权。每个次中央实体都有自己的人事制度、经选举产生的立法机构、制定的法律、法规、管理制度和预算。美国有50个州、5个

地区和哥伦比亚行政区以及 89 000 多个地方自治政府。每个州有自己的宪法、自己经选举成立的立法机关、自己的司法机关和自己的经选举产生的地方长官。同样，所有的地方政府特别是城市议会、学校董事会或者地方委员会等都有一个经选举产生的立法机构，和一个由人们推举的或者由经选举的立法机构任命的首席行政长官。每个州和其每个地方政府拥有预算编制和所有行政管理行为的自治权，包括政府采购。所以，在政府采购体系结构方面，没有统一的模式。在联邦、州或地区，每个政府实体根据自己的规模、采购的需要以及所处的环境的不同，都有一个独特的政府采购体系结构。

（二）单一制与政府采购组织体系

我国是单一制国家，人民行使国家权力的机关是全国人民代表大会和地方各级人民代表大会。中央和地方国家机构职权的划分，遵循在中央的统一领导下，充分发挥地方的主动性、积极性的原则。各少数民族聚居地实行民族区域自治制度，设立自治机关，行使自治权。各民族自治地方都是中华人民共和国不可分离的一部分。国家行政机关、监察机关、审判机关、检察机关都由人民代表大会产生，对它负责，受它监督。各级行政机关是同级国家权力机关的执行机关，要依照权力机关制定的法律、作出的决议，依法行政。各级审判机关、检察机关要在审判、检察工作中适用权力机关制定的法律，公正司法。因此，我国是人大统一行使国家权力。在这个前提下，对于国家的行政权、监察权、审判权、检察权有明确的划分，使国家权力机关和行政、监察、审判、检察机关等其他国家机关能够协调一致地工作。

国家结构决定了政府采购的采购人为各级政府，并且行政权威主要来源于行政层级，下一级政府绝对服从上级政府的领导；决定了各级政府的政府采购要遵守统一法规，服从国家统一的监管制度。

二、立法部门在政府采购系统中的角色

不同的国家有着不同的采购权和职责的分配。例如美国，在立法、行政、司法部门之间有着显著的权力划分。立法机构制定政府采购法律，行政机构执行这些法律，司法机关解释这些法律并且处理采购活动中的纠纷。相反在其他的一些国家，立法机构并不能制定采购法律，政府采购结构、权限和职责是由行政命令所决定。例如，澳大利亚没有全国性的采购法。但是，谁也不能下结论说立法部门在澳大利亚的公共采购中没有任何职能。事实上，它在采购决策的制定过程也十分活跃。立法者会在每年的预算拨付期间制定众多的采购决策。

在美国和加拿大，除了每年的政府采购预算决策之外，立法部门还在公共采购中有直接且活跃的表现，它制定法令并且对采购实践实施监管。美国的立法部门，如国会、州立法机构、地方议会以及众多委员会。它主要通过法律来影响政府采购系统（制定采购政策和规章），并且通过授权和拨款计划（程序）来引导采购。然而，在许多小的行政区，如镇/市/郡的委员会是通过批准个人合约的发布来行使采购权。加拿大的政府是由议会成员来管理，他们为各大机构的部长服务并且执行立法机关通过的法律。

此外，大的行政部门的立法部门设有监察机构，他们审计和调查行政部门的计划和管理，包括政府采购。

我国的立法机构为各级人民代表大会。全国人大颁布全国性依据宪法制定的下位法，例如，《预算法》《政府采购法》《招标投标法》等，是规制全国范围内的政府采购活动的依据，同时也是下级省级人代会制定法规的依据，行政部门制定执行命令的依据。

三、行政部门在政府采购系统中的角色

我国政府采购领域中，由总理、省长或者市/县长领导的行政部门在实行政府采购政策时，在管理和技术上有广泛的权责，包括依据行政命令补充和扩大法定采购政策和程序，发展和维护法定采购政策和程序，根据合约内外表现决定是否符合计划需要，发布政府采购组织架构，向采购组织分配资源，管理采购人事活动等。

财政部门负责制定政府采购制度并监督管理。审计、监察等部门的监督侧重于事后监督，可以起到预防和威慑作用。具体分工上，审计部门主要行使财务、工程决算等方面的监督权，重点对政府投资中重大投资项目、重点专项资金使用情况进行审计，防止采购资金的挪用和浪费；监察机关重点对采购人、采购代理机构、采购供应商在采购活动中的法律、行政法规和规章的执行情况、采购的方式和程序的合法性进行监督。

同时，行政部门作为政府采购的最终用户，也有采购人的角色。

四、财政部门在政府采购系统中的角色

财政部门被确定为政府采购的监督管理部门，是由其财政职能决定的。财政的四大职能相互联系、相互制约，其中分配职能是基本职能，调节职能和监督职能是由分配职能所派生的。政府采购是财政支出管理的一项制度，政府采购资金主要来源于财政支出，可以说没有财政支出就没有政府采购行为。政府采购行为是财政支出由货币形态向实物形态的转变过程，因此，实行政府采购制度是财政管理职能由预算分配延伸到支出使用的过程，由货币形态延伸到实物和其他形态，通过采购资金的管理规范采购行为，通过采购行为的规范促进采购资金的管理，提高采购资金的使用效益。其职能主要包括：

（1）制定政府采购制度。依据《政府采购法》及其有关行政法规，制定政府采购管理规章制度，制定政府采购监督管理的具体办法、程序和政府采购的操作规程。

（2）政府采购预算管理。拟定本级政府集中采购目录或限额标准以及公开招标数额标准；负责参与、审核和批复本级政府采购预算以及政府采购资金的管理。

（3）政府采购信息管理。指定政府采购信息发布媒体，管理政府采购信息发布，审核相关政府采购信息；维护、管理政府采购网络，统计、分析政府采购信息。

（4）政府采购方式管理。审批采购人因特殊情况需要采用公开招标以外的采购方式，国务院政府采购监督管理部门还可在政府采购法规定的五种方式之外，认定其他采购方式。审核进口产品政府采购，负责审核下达政府采购计划。

（5）政府采购合同管理。主要包括由财政部有关部门制定合同必备条款，规定政府采购合同样式，监督执行政府采购合同条款，以及各级政府采购监督管理部门受理政府采购合同备案，同时，制定政府采购的委托程序、委托书格式。

（6）政府采购行政救济。受理和处理政府采购投诉；处理政府采购的行政复议。

（7）政府采购监督检查。监督检查政府采购法律、行政法规和规章的执行情况；监督检查政府采购范围、方式和程序的执行情况；监督检查政府采购项目的采购活动；监督检查政府采购从业人员的业务素质和专业技能；处理政府采购活动中的违法违规行为。

（8）对集中采购机构的考核。规定并实施对同级集中采购机构业绩考核的内容、标准、方式，并定期如实公布考核结果；监督检查同级集中采购机构的采购活动和内部机构设置、管理制度执行情况。参与同级集中采购机构的预算管理以及政府采购经费的管理。

（9）负责《政府采购协议》谈判以及协调工作。加入《政府采购协议》是一个长期的过程，同时，负责加入《政府采购协议》之后的组织、宣传、协调和落实工作。

五、司法部门在政府采购系统中的角色

司法部门是行使司法权的国家机关。在政府采购工作中，司法机关主要行使司法权。如果政府采购中的违法行为已触犯刑法，则由检察院提起公诉，实现更有力的监督。法院是管理与政府相关的所有法律案件，它并不直接参与政府采购法律规章和政策的制定，这些案件包括合约纠纷。法院的决议是依据政府采购规则、惯例和规章来进行裁决的。

六、政府采购组织的层级关系

（一）中央政府的政府采购组织

我国中央政府的政府采购组织有其特殊性，其采购人为中央一级的政府组成机构，以及其垂直管理的部门。按财政预算管理划分，其一级预算单位为中央政府组成机构，中央政府还有二级预算单位、三级预算单位等。我国有时也将预算单位称之为采购人，所以，一般是有多少个预算单位就有多少个采购人。

由于政府采购改革发展的特殊性，我国中央政府没有设立政府集中采购机构，其集中采购任务分别由中央直属机关采购中心、国家机关采购中心、人大采购中心和政协采购中心以及各部、办、委、局设立的政府采购中心代行职能。

（二）地方政府的政府采购组织

我国地方政府有四级，省（市、自治区）、市（州）、县（市、区）、乡（镇、街道办事处）。按照一级政府、一级财政的管理体制，地方也有四级财政。

省级政府一般有90多个一级预算单位，有1 000多个二级预算单位。市级政府一般有80个左右一级预算单位，县级政府一般有60个左右一级预算单位，乡级政府近几年实行综合改革，有些地方推行"乡财县管"，所以依据改革的程度不同，目前，乡级政府的一级预算单位在30~40个，依据法律要求，每级政府相关的行政事业单位及社会团体都是采购主体。

设区的市、自治州以上人民政府根据本级政府采购项目组织集中采购的需要设立集中采购机构。所以，市州以上人民政府基本设立自己的集中采购中心，履行集中采购职

能。但由于我国地区经济水平发展不平衡,有些东部地区的县级政府集中采购的规模还大于西部地区的市级政府,于是,各省根据采购规模的实际情况,在县一级也设立集中采购机构,统一称为"政府采购中心"。

(三) 中央与地方政府采购组织间关系

国际政府采购活动中,通常将政府采购主体称为政府采购实体,类似我国政府采购中的采购人。国际上将政府采购实体分为中央实体、次中央实体和其他实体。其中,次中央实体为中央政府以下的地方政府,其他实体包括了国有企业但是我国尚未有国有企业类采购主体。中央政府的采购人和地方政府的采购人都是一级独立的法人组织,按照行政管理权限,只有垂直部门和组织才有相应的隶属关系,上一级政府的采购人有责任指导下一级政府的采购人的政府采购工作,督促下级政府的采购人依法进行采购。同时,上级政府部门的采购人为了规范采购行为和发挥规范效应,有权组织整个部门和系统的采购活动,实行批量集中采购。下级政府部门的采购人应服从上级政府主管部门采购人的统一管理。但是,我国中央采购实体与次中央实体及地方采购实体间的采购活动一般是平行管理的。例如,省财政厅不负责监督其下属市采购活动。

第二节 政府采购组织形式与管理

所谓政府采购组织形式又称为政府采购模式,是指政府采购管理与执行的一种主观理性形式。我国政府采购制度改革之前,政府的购买行为是一种分散式的操作形态,其购买的决策权、管理权、操作权分散在每一个独立的行政事业单位。无序的分散购买行为,不仅不利于管理,也不易形成规模效应。作为一种调节经济手段的政府采购行为,必须充分发挥其规模效应,支持经济的发展。同时,也应考虑采购人购买的特殊性和发挥采购人的主观能动性,为此,我国政府采购组织形式是实行集中采购和分散采购相结合的模式,其中集中采购的范围由省级以上人民政府公布的集中采购目录确定。

一、政府集中采购模式

集中采购是一种采购模式或方法。集中采购模式是指采购人将列入集中采购目录的项目委托集中采购机构代理采购或者进行部门集中采购的行为。集中采购是一个采购系统,在这个采购系统中,采购人所有的采购权利、责任和缔约活动的管理被集中于一个机构。在一个集中组织内有多种集中形式,集中采购有机构负责所有采购活动而且不允许使用单位有任何采购决定权的完全集中采购,也有集中采购机构负责政策制定、合法监管以及允许所辖范围单位行使特殊操作权力和职责的部分集中采购。例如作为部分集中,集中采购机构有制定政策和控制在限额标准以上对于该机构至关重要的某些货物和服务的集中采购权力,而对于该使用单位而言不十分重要的采购被给予了授权采购权力和责任。在完全集中结构中权利和职责界定得很清楚。集中采购机构在所辖范围内对于货物和服务采购权限有限的用户和项目实施部门有权获得信息、进行协调、发布采购决定以及控制采购操作。这个模式是清晰地模仿了层级命令和控制模式。

集中采购目录包括集中采购机构采购项目和部门集中采购项目。

对于技术、服务等标准统一，采购人普遍使用的项目，列为集中采购机构采购项目；对于采购人根据本部门、本系统业务需要有特殊要求的，可以统一采购的项目，列为部门集中采购项目。

2020年前，我国的集中采购目录其制定权在省级以上人民政府。为了规范并逐步在全国统一集中采购目录，构建全国统一的政府采购市场，建立集中采购机构竞争机制，财政部于2019年12月制定和发布了《地方预算单位政府集中采购目录及标准指引（2020年版）》（以下简称《地方目录及标准指引》），该《地方目录及标准指引》对集中采购机构采购项目、分散采购限额标准和公开招标数额标准等作出相应规定。取消了市、县级集中采购目录，实现集中采购目录省域范围相对统一，从而充分发挥集中采购制度优势，不断提升集中采购服务质量和专业水平。

各级政府应依据《地方目录及标准指引》，结合本地区实际确定本地区货物、服务类集中采购机构采购项目，可在《地方目录及标准指引》基础上适当增加品目，原则上不超过10个。还可结合本地区实际自行确定各品目具体执行范围、采购限额等。政府采购工程纳入集中采购机构采购的项目，由各级政府结合本地区实际确定。

《地方目录及标准指引》规定，省级单位政府采购货物、服务项目分散采购限额标准不应低于50万元（人民币，下同），市县级单位政府采购货物、服务项目分散采购限额标准不应低于30万元，政府采购工程项目分散采购限额标准不应低于60万元；政府采购货物、服务项目公开招标数额标准不应低于200万元，政府采购工程以及与工程建设有关的货物、服务公开招标数额标准按照国务院有关规定执行。

各级政府可依据《地方目录及标准指引》确定的品目范围、限额标准等，结合本地区实际情况，将本地区集中采购目录及标准逐步调整到位，确保2021年1月1日起按照本通知规定实施。

集中采购目录内的采购项目必须委托给集中采购机构代理采购，不得委托给非集中采购机构或集中采购机构再委托给其他采购代理机构代理采购。

二、政府分散采购模式

分散采购是指赋予单位内部负责采购和签订合同的权力。分散采购有完全分散和部分分散采购两个层次。完全分散采购也是一种制度，除了立法机构指定采购法规和政策和政府实体行政负责人发布规章外没有集中采购权利或干预控制机构。使用机构要对他们采购行为的成功和失败负责。从根本上说，在分散采购体制下不需要集中采购官员和职员，因为项目实施经理就是政府实体采购代理人。采用完全分散采购的所有部门有同等和完全的制定政策和采购货物、服务和工程的权利，不需要由外界额外控制、批准或监督。它是完全集中采购的另一个相反极端制度。在部分分散采购中，使用机构是政府实体的采购机构，但是依据采购法规和政策，它们的采购行为被限制在专门范围内。例如，一个负责设施建设和维护的部门对于设施建设和维护有着对政策、控制、订货和监督的完全权力，但是其他所有采购活动都属于集中采购权利范围。

当分散采购运行适当可以产生诸多收益。如部门内部更容易协调，便于获得地方供给来源，便于自治，加快采购过程，对于使用部门的特殊优先需要反应快，有利于划清计划管理责任。

尽管分散采购有潜在的优势，但是也有很大的风险和缺点。如人员配备和精力重复；采购实践随意；较高运输费用；由于缺少购买合并或订单增加了处理成本；减少购买数量导致折扣减少；缺少有效的库存管理；缺少采购专家导致错误发生；项目和机构的目标和目的存在冲突。

缺少集中采购控制的危害不是来源于采购功能的部分分散，而是缺乏有效地监督。但是有些分散采购是必要的也是提倡的。主张采购权利更加分散者认为集中采购耗费时间太长，不能反映项目单位的特殊需要。他们认为负责项目预算管理的单位对于如何支出经费应该有完全控制权，不应该受到不具有为机构提供服务义务的集中采购机构的干涉。

分散采购也指采购人将采购限额标准以上的未列入集中采购目录的项目自行采购或者委托采购代理机构代理采购的行为。分散采购的组织主体是采购人，采购人有能力组织采购活动的，可以自行组织，否则，可委托给集中采购机构或社会采购代理机构代理采购。

三、部门集中采购或授权采购模式

现在许多采购组织和活动受制于某种集中权力形式。这种集中权利是授权或把特殊采购活动或门槛价指定给特殊项目部门。可以通过多种途径在集中权利内委托职责。部门采购或采购机构与进行采购行为的集中采购机构之间的关系应该是相互依赖的伙伴关系。所有当事人都是依据统一法规、政策以及程序指南进行操作，而且集中采购机构仅把有限采购权利授予使用机构或部门。在政府管辖地理范围广，为了便于与用户协调、加快采购过程、有效使用地方供给来源、使用机构和部门规模大到足以在采购需要商品中产生经济效益、完全集中采购将很难处理且会产生更多成本、不要求采购的详细规定、集中采购机构不能回应采购要求、被授权机构有足够的接受过采购培训的职员和专家、专业和技术性很强的采购能力等情况下才使用授权委托。

应该努力通过最可行的采购模式确保集中采购绝大部分优势的实现。如果承担过多责任和控制将会取代允许适当授权、充分利用集中与分散采购两个制度所带来的最大优越性。理想状态为被授权单位可以进行充分的独立采购活动，同时集中采购机构拥有采购规则和采购政策决定权。

我国的部门集中采购是指采购人需要采购部门集中采购目录以内的项目时，由部门集中统一组织采购的一种采购行为。财政部关于《中央单位政府集中采购管理实施办法》对部门集中采购的解释为：是指主管预算单位（主管部门）组织本部门、列入本系统目录及标准的部门集中采购项目的采购活动。实行部门集中采购是法律要求，也就是说，在部门或系统内不允许采购人单独实施采购。

四、政府采购集中/分散管理

政府集中或分散采购是采购人或采购代理机构进行采购活动的组织形式。集中采购在资金使用和采购商品的单次采购数量相对分散采购而言较大，是改变各预算单位的采购权利和采购行为，把整个采购单位的采购活动集中进行和集中管理的方式。各预算单位成为集中采购机构的用户，可以在集中采购相对统一的标准和要求的框架内，根据本单位的职能和事业发展的需要提出个性要求。

政府采购主体作为市场上最大的货物、工程和服务的需求方，对市场价格的形成有着重大影响。随着政府采购买方市场的形成，政府部门总能以较低的价格买到"质优"的货物、工程和服务。由集中采购所形成的规模经济大大降低了采购成本与交易费用，也有利于打通项目预算资金使用，减少预算资金不必要的重复采购，从而节约了预算资金。这是政府采购节资功能的重要表现。政府采购基于政府购买支出"乘数效应"也易形成政府采购规模效应。因为"乘数效应"反映投资变动对国民收入变动的倍数影响，相应地，政府采购乘数指的是国民收入变动额与政府采购支出变动额之间的比例。根据凯恩斯的三部门经济模型，Y即国民收入，C即居民消费，I即居民投资，G即政府购买支出，$Y=C+I+G$。消费需求$C=a+b(1-t)Y$，其中，a代表自发性消费，b代表边际消费倾向，固定税率为t，进一步可得$Y=\frac{1}{1-b(1-t)}(a+I+G)$，政府采购乘数$K_G=\lim_{\Delta G\to 0}\frac{\Delta Y}{\Delta G}=\frac{1}{1-b(1-t)}$。由于$0<b<1$，$0<t<1$，因此政府购买支出乘数始终大于1，这说明在封闭环境中，每增加1单位的政府购买性支出，引起国民收入增加$\frac{1}{1-b(1-t)}$倍，且增加倍数大于1。由此表明，政府采购具有扩张能力，对国民收入的促进作用大于1，即1单位的政府采购支出带动大于1单位的国民收入，这样会形成政府采购政策功能实现所需求的巨大规模效应，政府采购政策通过政府采购规模效应，发挥促进经济社会、环保及科技发展的杠杆作用。因此，集中采购便于集中管理极易形成规模经济和规模效应。

集中采购和集中采购管理并不是同一概念。集中采购一般实行的是集中采购管理，但是，进行集中采购管理的采购活动不一定是集中采购方式。

集中采购管理是相对分散采购管理而言的。对于分散采购有两种不同的管理模式，即集中采购管理和分散采购管理。分散采购管理是指各单位的采购活动完全由本单位采购机构完成。例如，在单位预算内，一次需要采购的质和量、采购方式、采购时间及地点有较大的自主性和独立性。分散采购管理难以形成规模经济以及价格折扣。分散采购管理只是对分散采购的松散型或者自主型管理。

分散采购的集中管理是对分散采购活动的另一种管理形式。虽然各预算单位可以分别依据单位预算，通过采购管理部门的审批，按照批复的采购计划和方式及采购政策进行单个的采购活动，采购完成后应按规定向管理部门报告并接受管理部门的监管及处理意见。但是如果把政府采购作为一个整体机制来看，它的资源配置就可以以共同目标和整体规划为核心，通过一定的采购组织形式把不同的采购人联系一起，从而实现分散采购形式下的集中管理，也就形成了"形散而神不散"的采购规模效应。

第三节　政府采购主体

一、政府采购主体概念

政府采购主体又称为采购人。我国"采购人"是一个集合概念；在采购活动中，是买方。

采购人是指依法进行政府采购的国家机关、事业单位、社会团体。它包括了我国各级政府中由财政性资金供给的所有党政机关、司法部门、事业性单位以及党团组织等。

依据我国《预算法》等法律的规定，我国是有五级财政。按照财政预算管理体制，一般将一级政府的独立预算单位称为采购人。

二、政府采购主体职责

作为政府采购活动的购买者——采购人，它的职责与其行政管理方面的职责有很大的区别，因此，不管是中央一级的预算单位，如农业部，还是县一级的预算单位，如农业局，其职责基本相同，所不同的是上级部门有指导下级机关做好政府采购工作的义务和组织实施部门集中采购的权力。

那么在政府采购活动中，采购人的职责主要有贯彻落实政府采购的法规和各项政府采购管理制度；按规定及时向社会公布政府采购信息；认真编制政府采购预算和计划；接受政府采购监督管理部门的管理以及相关部门的管理、监督和检查；平等地对待供应商；按规定回答和答复供应商的询问和质疑；按要求规定供应商应具有的特定条件，对供应商的资格进行审查，按时签订合同，并对采购对象进行验收；实施特殊项目的集中采购。

三、政府采购主体权利

作为《政府采购法》调整的对象——采购人，它的权利和义务与其在行政管理方面的权利和义务有很大的区别。

（一）自主或自行地选择采购代理机构

采购人有权自行选择采购代理机构，任何单位和个人不得以任何方式为采购人指定采购代理机构。采购人自主或自行地选择采购代理机构也是相对的，一是属于政府集中采购目录以内的采购项目，采购人只能在政府集中采购机构中，即政府采购中心中作选择；二是非政府集中采购目录以内的采购项目，采购人可以选择在中国政府采购网上进行登记的且信誉良好的采购代理机构。

（二）按照采购需要与集中采购机构签署委托协议

在现实生活中，委托是一种司空见惯的现象，也是市场经济条件下市场细分、专业分工的表现，在政府采购工作中委托也普遍存在。采购人在法律规定的框架下自主地选择采购代理机构之后，必须与受托人签订委托代理协议，在委托协议书中约定双方的责、权、利。

(三) 要求采购代理机构遵守委托协议约定

委托代理协议是委托合同的一种，在委托代理协议中，采购人可以委托采购代理机构处理其中一项或数项事务，也可全权委托采购代理机构处理一切事务，也就是部分委托或全部委托均可。采购人委托采购代理机构办理采购事宜，应该遵循的有关规定，委托之后不得干预采购的具体活动。同时，作为受托人、代理人，政府采购代理机构也必须遵循有关规定。采购人有权要求采购代理机构遵守委托协议的约定，及时报告委托事项的进行情况，在委托人没有同意的情况下，不得进行再委托，当委托合同终止时，采购代理机构应当报告委托事务的结果。

(四) 对供应商资格要求

规定供应商的特定条件，对供应商的资格进行审查，并要求其提供相应证明材料。为了保护采购人的利益，采购人可以根据采购项目的特殊要求，规定供应商的特定条件，并根据政府采购法规定的供应商条件和采购项目对供应商提出特定要求并对供应商的资格进行审查。但采购人规定供应商的特定条件前提是不得以不合理的条件对供应商实行差别对待或者歧视对待。

(五) 对评标规定要求

依据采购标准和评标标准，对评标委员会提出的采购结果和中标建议有最终确定权。采购人应当在收到评标报告后五个工作日内，按照评标报告中推荐的中标候选供应商顺序确定中标供应商；也可以事先授权评标委员会直接确定中标供应商。

(六) 授予和管理合同

平等自愿地签订政府采购合同，主持对供应商提供的货物、服务和工程履约情况的验收工作。政府采购的公平原则体现在采购活动的各个阶段，由于我国采购人具有行政权力，特别是当形成买方市场时，采购人往往不能认识到市场经济的买卖公平、平等的基本原则。同理，当形成卖方市场时，或采购人面对供应商是大企业时，也应平等地对待，与供应商平等自愿地签订采购合同，未经采购人许可，中标供应商不得分包履行合同。同时，要认真地履行验收权，因为市场经济条件下，商人总是追求利润的最大化。采购人或者其委托的采购代理机构应当对供应商的履约情况的进行验收。大型或者复杂的政府采购项目，应当邀请国家认可的质量检测机构参加验收工作。验收方成员应当在验收书上签字，并承担相应的法律责任。

(七) 对特殊项目申请实施部门集中采购

由于采购对象的多样性，采购人可能对采购项目或供应商有特殊要求，而政府集中采购部门对特殊项目不是十分了解。为了方便采购人，灵活地运用政府采购政策，高效快捷的采购到所需采购对象。对于本部门、本系统有特殊要求的项目，应当实行部门集中采购；属于本单位有特殊要求的项目，经省级以上人民政府批准，可以自行采购。为规范部门或自行采购行为，防止违规操作，同时不得以不合理的条件对供应商实行差别对待或者歧视对待。

四、政府采购主体义务

权利和义务总是对等的。采购人作为政府采购市场主体应当承担相应的义人的务。

（一）执行政府采购法和各项管理制度

作为政府采购当事人，首要义务就是要遵守和执行政府采购的法律与法规，按照政府采购相关的法律、法规、规章和制度办事，认真落实政府采购的政策功能，按照政府采购的操作流程进行采购活动。

（二）编制政府采购预算和对采购意向进行公开

政府采购预算是政府采购的基础工作，也是部门预算的重要组成部分，采购人应按部门预算和政府采购预算的相关规定编制政府采购预算。之后，采购人应依据批复的政府采购预算编制采购项目的采购意向。并及时在政府采购监管部门指定的媒体上公开采购意向。

（三）编制实施计划

在采购任务执行前，采购人应按照集中采购目录的规定，编制政府采购项目的实施计划，并向同级政府采购监督管理部门备案。

（四）接受监督

接受政府采购监督管理部门的管理以及相关部门的监督、检查。作为政府采购的当事人，除了要接受政府采购监督管理部门的监督管理外，还要接受审计部门、监察部门的监督，有责任、有义务积极支持与配合政府采购管理和监督部门的工作。

（五）尊重和保护供应商的合法权益

市场经济实行的是公平交易，因此，在采购活动中，采购人应平等地对待每一个供应商，不管是上市公司的大供应商，还是以自然人身份出现的小供应商，采购人都应一视同仁。同时，还有保守供应商商业秘密的责任与义务。

（六）按规定接受、回答或答复供应商的询问和质疑

在采购活动中，采购人是采购活动的发起者，占有主动地位，供应商是响应者，处于被动地位。供应商可能对采购标的、采购需求参数、评标标准、交货时间与地点、付款方式等问题提起询问，采购人以及采购代理机构在不涉及商业秘密的前提下，都应一一回答。当供应商认为采购文件、采购过程和中标、成交结果使自己的权益受到损害的，并在规定的时间质疑时，采购人以及采购代理机构也必须认真答复。

（七）授予及执行合同

在规定时间内平等地与中标供应商签订政府采购合同，并按合同约定支付政府采购资金。在供应商投标中标或被确定为在成交供应商以后，采购人必须按照《政府采购法》的规定，在中标、成交通知书发出之日起30天内，按招标文件所确定的有关要约，平等地与供应商签订采购合同，并按采购文件或合同约定的时间与方式支付采购资金。

（八）将政府采购信息按规定向社会公布

实行政府采购制度改革，就是要将政府采购活动公开化、透明化。所以采购人有义务和责任将政府采购信息按规定向社会公布。其主要包括：政府采购预算、政府采购需求、政府采购方式、政府采购评标文件及标准、评标委员会成员、评标结果等，在政府采购监督管理部门指定的媒体上公开。

采购人在自行组织采购活动时，是招标采购单位，所以也应遵守采购代理机构应该遵守的各项管理规定。采购人自行采购必须具有独立承担民事责任、编制招标文件和组

织招标的能力，有与采购招标项目规模和复杂程度相适应的技术、经济等方面的采购能力和管理人员；采购人员经过省级以上人民政府财政部门组织的政府采购培训。采购人在自行组织采购时，也应按照政府采购法的规定实施采购。采购人可以自行采购如下：

一是采购未纳入集中采购目录的政府采购项目，可以自行采购。二是采购未纳入集中采购目录的政府采购项目，但超过了公开招标数额标准的项目时，应按《政府采购货物和服务招标投标管理办法》第九条的规定，符合以下条件即：有编制招标文件、组织招标能力和条件；有与采购项目专业相适应的专业人员，可以自行组织开展招标活动。三是采购纳入集中采购目录的政府采购项目，但属于本单位有特殊要求的项目，经省级人民政府批准，达到了《政府采购货物和服务招标投标管理办法》第十二条（采购人根据价格测算情况，可以在采购预算额度内合理设定最高限价，但不得设定最低限价）规定条件的，可以自行采购。四是采购纳入部门集中采购目录的政府采购项目，达到了《政府采购货物和服务招标投标管理办法》第九条规定的条件的，可以自行采购。

第四节　政府采购执行机构

我国政府采购实行的是集中采购与分散采购相结合的模式。集中采购有两种组织形式和对应的执行机构，集中采购机构代理采购和部门集中采购。采购人对非集中采购目录以内的采购项目，可以自行组织，当自己不能组织或不愿组织的情况下，可以自行决定将其采购权委托给政府集中采购机构或社会中介机构代理采购。分散采购有两种组织形式和对应的执行机构，自行组织采购和委托采购代理机构代理采购。

所以，在我国的政府采购中，采购代理机构一般包括两类：一类是由政府出面组成的政府集中采购机构；另一类是非由政府设立的采购代理机构，即社会采购中介机构。

一、集中采购机构

（一）集中采购机构界定

政府集中采购机构在政府采购活动中是一座沟通采购人与供应商的桥梁，它受采购人的委托办理采购事宜，与采购人是一种委托代理关系，在政府采购活动中起着至关重要的作用。集中采购机构的全部采购活动包括决策者、采购人目标、服务等方面。采购活动范围包括计划、购买和授予合同、合同管理、供应商关系、质量保证、多余财产处理、采购培训、资料管理、技术管理以及组织内部的采购磋商。

集中采购机构为采购代理机构，这是《政府采购法》给集中采购机构的基本定性。集中采购机构是设区的市级以上人民政府依法设立的非营利事业法人组织，是代理集中采购项目的执行机构。

关于设立集中采购机构的问题，我国《政府采购法》作出了"三原则"规定，即一是地域性原则。设区的市、自治州以上的人民政府可以设立集中采购机构，也就是地市级以上的人民政府可以设立集中采购机构。二是非强制性原则。地市级以下的人民政府是否设立集中采购机构，应当根据本地的集中采购规模具体确定。如果集中采购规模不大，也可以不设专门的集中采购机构。三是独立设置原则。政府采购监督管理部门不得设置集中采购机构，不得参与属于集中采购的活动，采购代理机构与行政机关不得存在行政隶属关系或者其他利益关系。也就是说集中采购机构不得设立在行政机关内，它没有行政主管部门，应当独立设置，保护其独立性。

政府集中采购机构的工作人员必须具备相应的素质。这种素质包括两个大的方面：一是必须有公正廉洁的思想作风。政府采购是一个阳光事业，也是一个高风险职业，它的工作人员主要是与各种各样的供应商打交道，所以必须有高尚的人格与品德才能顶得住各种利益诱惑。二是必须是综合性人才。从事政府采购的工作人员，必须熟悉国家的有关政府采购的法律、法规、政策；必须掌握市场经济的相关知识，同时还应了解采购对象的基本情况，一旦我国签署和加入世贸组织的《政府采购协议》，还必须熟悉和了解国际组织的政府采购规则。在政府集中采购机构人员中还必须有相应比例的中、高级技术职称的专业人才。

（二）政府集中采购机构的职责和权利

一是接受采购人的委托，组织承办政府采购项目的采购事宜。包括采购人委托纳入集中采购目录以内、限额标准以上的项目，公开招标限额标准以上的项目。采购人委托的部门集中采购目录以内或限额标准以下的政府采购项目以及政府采购监管部门委托或交办的其他采购项目。

二是建立政府采购的信息网络系统，收集和整理供应商、产品和服务信息，调查市场行情，建立各类信息库，为提高政府采购质量和效率服务。

三是组织具体采购活动。包括发布政府采购信息，在政府采购监督管理部门指定媒体发布政府采购招标公告、中标公告等有关采购信息。按照政府采购监督管理部门提供的采购文件范本格式编制招标文件，组织谈判或招标活动。

四是接受采购人的委托，确定中标供应商和与成交供应商签订采购合同，并监督采购合同的履行，代理采购人对采购结果进行验收。

五是对采购人提交的采购项目采购需求进行审核，防止采购人以采购需要为名，提出歧视性条款。同时按照采购人的要求对供应商的资质进行审核。

六是有权拒绝采购人或供应商的非法要求，有权拒绝和防范任何单位或个人对采购活动的非法干预；有权按标准收取采购人委托的非政府集中采购目录以内的采购项目的代理费（关于此问题，有争议，有人认为不该收费，对于非政府集中采购目录以内的采购项目，政府集中采购机构接受委托是非职责范围内的工作，按标准收取一定的代理费是应该的）。

（三）政府集中采购机构的义务与责任

一是必须接受采购人政府集中采购目录以内的采购项目的委托。接受委托后在政府采购监督管理部门指定的媒体上，全面、真实、准确、及时地发布各类政府采购信息。

二是接受社会各方面的监督。首先是接受政府采购监督管理部门的监管，政府采购监督管理部门有权对政府集中采购机构进行培训和业务指导，对出现的问题有权进行调查、追究和处罚，在规定的程序内还可将采购活动暂停或终止。政府集中采购机构要及时将有关采购信息等资料报送政府采购监督管理部门审核或备案。其次，作为特殊的事业单位，还应该接受审计部门、行政监察部门的监督、审查。最后，作为特殊公共部门和焦点部门，还应该主动接受新闻媒体等社会的监督。

三是建立健全内部监督管理制度。科学设置内部机构，制定内部工作管理办法。负责内部工作人员的教育、培训，定期考核采购人员的专业水平、工作业绩和职业道德状况。

四是受理和处理供应商的询问或者质疑。在采购活动中当供应商对采购文件、采购过程和中标、成交结果提出询问或者质疑时，政府集中采购机构有责任和义务在委托的范围内给予回答或答复。

五是按规定保管政府采购的采购文件及相关信息资料。政府采购文件包括采购预算、采购计划、招标文件、投标文件、评标标准、评标报告、定标文件、采购活动记录、合同文本、验收证明及报告、询问与质疑的说明与答复、投诉处理决定等。这些资料保存期至少是15年。

六是接受同级政府采购监督管理部门的业绩考核。按照《集中采购机构监督考核管理办法》的规定，政府采购监督管理部门每半年对政府集中采购代理的业务进行定期考核，并将考核结果公之于众。

七是建立供应商的诚信档案和对评审专家进行考核并建立相关使用与业绩档案。供应商的诚信直接关系到政府采购合同的履行、采购项目的完成，也就是关系到公众的利益。所以政府采购的合同必须授予给那些诚信经营、对公众利益负责的供应商。对于供应商在政府采购活动中的情况政府集中采购代理机构有义务和责任进行记载，并建立供应商的诚信档案。评审活动之后，使用者，即政府集中采购机构都要将评审专家参与活动的情况进行记载和评价，最终形成评价报告，报监管部门，作为对评审专家进行考核、评聘的依据。

上级政府集中采购机构与下级政府集中采购机构间的关系。我国《政府采购法》规定，集中采购机构不隶属于任何行政管理部门，因此，在我国上级集中采购机构与下级集中采购机构没有隶属关系，也不是上下级的关系，相互独立运作，各自受同级采购人的委托，组织本级政府集中采购目录以内的采购项目的采购活动。虽然，没有一定的隶属关系，但上级集中采购机构可以指导下级集中采购机构开展政府采购活动。一般情况下，上级集中采购机构也可以接受下级采购人委托的政府采购活动。

二、部门集中采购机构

我国《政府采购法》第十八条规定，纳入集中采购目录属于通用的政府采购项目的，应当委托集中采购机构代理采购；属于本部门、本系统有特殊要求的项目，应当实行部门集中采购；属于本单位有特殊要求的项目，经省级以上人民政府批准，可以自行采购。

部门集中采购机构是指由部门（一般是指各级政府的一级预算单位）依据自己的采购执行情况而设立的专门从事采购活动的操作机构。目前，对于部门集中采购机构的管理，还是一个空白，没有出台相关的管理办法。

从目前的执行情况看，部门集中采购机构是一个特殊的机构，按法律要求，应不与行政机关有隶属关系，而实事并非如此。其人员、编制、干部的任命、经费来源，都由部门或系统负责。而且有些部门集中采购机构没有按照《中央单位政府集中采购管理办法》所规定的专门设立"明确内设机构牵头负责政府采购工作",并且"政府集中采购实行监督管理与操作执行职能相分离的管理原则"等规定进行,部门集中采购机构兼有管理职能,其情形如同政府采购制度改革推行之初的做法。

按法规规定,部门集中采购机构的性质为采购代理机构,那么其职责、权利与义务,应与采购代理机构一样。

三、社会采购代理中介机构

政府采购代理机构是指集中采购机构以外、受采购人委托从事政府采购代理业务的社会中介机构。所谓中介机构,是指在中间起媒介作用的组织。中介活动系指中介人(自然人或法人)居于中间帮助甲、乙双方达成某项协议、契约或合同的活动,在中介过程中,涉及中介人与委托方(甲、乙方或双方)签约、发布和传递信息、寻找委托方合作者、协调甲、乙方签约、帮助完成签约和追索并获得报酬等活动。中介活动的基本特征是"居间",中介人的任务是为委托方找到合作者,扮演了传递信息和临时协调人的角色,而不是甲、乙任何一方渴望与之成为实质性合作伙伴角色或买者和卖者角色。中介人也可称"中间人"(middle man)或经纪人(broker)。而政府采购代理中介机构依法接受采购人委托,从事政府采购货物、工程和服务的招标、竞争性谈判、询价等采购代理业务,以及政府采购咨询、培训等相关专业服务(以下统称代理政府采购事宜)的社会中介机构。

由于政府采购活动实行的是委托代理制,在采购活动的组织中,采购代理机构是被委托人,它是在委托的范围内开展采购活动,因此,一般而言,采购人在组织采购活动中的职责,也是采购代理中介机构的职责。

社会代理中介代理机构是我国政府采购特色。由于缺乏满足现代政府采购制度需要的专业人才,所以政府及其预算单位等需借助社会中介力量来完成政府采购活动。但是,社会中介代理机构将随着政府采购专业队伍的发展而消失。

四、采购人与代理中介机构的关系

(一)采购人与部门集中采购机构关系

从广义概念上讲,采购人是一级政府的独立部门,在财政预算管理上讲是指一级预算单位,是一个统称,采购人包含了部门采购机构。从狭义概念上讲,采购人与部门采购机构是同一独立机关干部的两个不同的具体执行采购任务的部门。在部门集中采购活动中,部门采购机构是采购人的具体操作采购活动的专门机构。

在具体实施采购活动时,采购人将活动任务直接下达给部门采购机构,部门采购机构按照《政府采购法》规定的采购方式、采购程序,在政府采购监管部门和采购人的内设监管部门的监督下,独立地开展采购活动。部门采购机构的采购活动直接向采购人负责。

(二)采购人与集中采购机构关系

采购人是国家机关、事业单位和团体组织,是一级法人或称预算单位,从事着法律赋予的职责。而"集中采购机构为采购代理机构",与"行政机关不得存在隶属关系或者其他利益关系"。"采购人采购纳入集中采购目录的政府采购项目，必须委托集中采购机构代理采购；采购未纳入集中采购目录的政府采购项目，可以自行采购，也可以委托集中采购机构在委托的范围内代理采购"。"采购人依法将有权自行选择采购代理机构，任何单位和个人不得以任何方式为采购人指定采购代理机构"，同时，采购人依法委托采购代理机构办理采购事宜的，应当由采购人与采购代理机构签订委托代理协议，依法确定委托代理的事项，约定双方的权利义务。因此，采购人与集中采购机构的关系是委托代理关系，并按委托代理协议各自履行自己的权利与义务。

（三）采购人与社会代理中介机构关系

采购人在组织非集中采购目录内的采购项目和部门有特殊要求的项目采购，而采购人没有能力或不具备条件组织采购活动时，应按法律要求委托给社会代理机构组织采购活动。在采购活动中，双方按签订的委托代理协议履行权利和义务。表面上，采购人与社会代理机构是委托代理关系，实质上是政府购买服务，是通过购买专业机构的采购服务，为采购人完成采购任务。

第五节 政府采购组织其他相关方

一、政府采购供应商

政府采购供应商是为社会提供公共需要，即货物、工程和服务。因此，供应商只有满足了采购人的基本要求和特定条件之后，才有资格参与政府采购的活动，获得政府采购合同，成为政府采购的供应商。采购行为是采购人与供应商交易双方互为目的的活动。采购人与供应商是对立的统一体，采购主体的不同，相对应的供应商也不同。

供应商是指向采购人提供货物、工程或者服务的法人、其他组织或者自然人。规定供应商参加政府采购活动的资格条件是国际上通行的做法。供应商作为交易卖方，在政府采购活动中是另一重要当事人，是政府采购的合作者。由于政府采购供应商有别于其他供应商，所以在政府采购活动中供应商享有相应的权利也要承担一定的义务。

1. 政府采购供应商的权利

（1）知情权。采购人应当公布有关信息，必须让供应商有充分的机会了解政府采购的采购活动。

（2）参与权。只要符合《政府采购法》第二十二条所规定具备条件的国内供应商，不论大小，不论经济结构，一律平等参与政府采购活动。

（3）询问及质疑权。在政府采购活动中，采购人往往处在主动地位，而供应商则相对比较被动。为了保护供应商的权益，在政府采购活动中，供应商有疑惑的地方拥有询问权。其权益受到损害时，可以以书面的形式向采购人质疑。

（4）投诉权。投诉权是供应商保护自己合法权益的最后一道"防火墙"（包括行政复议和诉讼），国际上称之为救济途径。有的国家和地区由独立的采购仲裁机构负责处理，也有不少国家和地区则由地方法院负责裁决。在我国是由政府采购监督管理部门负责。

（5）监督权。虽然《政府采购法》没有直接明确规定供应商有监督权，但可以从两个方面得出供应商对政府采购活动有监督权。一是供应商作为一个合法的纳税人、其他组织、自然人，有权对政府行为进行监督；二是作为供应商既是监督者，也是被监督者，具有双重身份，特别是可以监督采购人的采购行为是否遵纪守法。

（6）选择权。所谓选择权是由《政府采购法》派生出来的权利。对选择权可以理解为，供应商拥有，一是对评委及相关人员进行回避选择的权利；二是对生产供应商进行选择的权利，即分包的选择。

（7）表现权。表现权也可称之为展现权。在政府采购活动中每一个供应商都有平等表现或展现自己的权利，如在大型招投标活动中，一般安排有讲标时间。讲标时间应对每个投标供应商是一样的；还有如对供应商业绩的考查，是供应商展现企业实力的大好机会，应一视同仁。

2. 政府采购供应商的义务

（1）接受资格审查。供应商参加政府采购活动实行资格管理是国际上通行的做法。《政府采购法》对供应商的准入作了基本的规定。也就是说供应商想进入政府采购市场，必须按采购人提出的要求办，提供相应的资质证明，接受采购人的审查。同时，在政府采购活动中还应接受评委的质询。对于评委的质询，供应商应如实回答。

（2）公平参与竞争。供应商参与竞争是权利，同时公平参与竞争又是应尽的义务。

（3）平等签订合同。供应商获取中标后，应有义务平等地与采购人按照规定签订合同。同时，供应商还不能随意放弃中标和成交项目。

（4）按时保质履约。供应商保质保量地按照合同履约是供应商应尽的最基本的义务。

（5）接受监督检查。接受政府采购监督管理部门的监督检查，接受采购人的监督。

（6）提供售后服务。政府采购供应商服务的对象是政府部门，而政府部门又是为公共大众服务的，供应商为政府采购部门提供优质的售后服务，可以促进和提高政府部门的服务水平。所以，供应商应尽自己最大努力搞好售后服务。

（7）报送相关信息。政府采购信息资料是政府采购监督管理部门制定有关政策的基础，所以政府采购供应商有别于向企业和私人提供服务的供应商，应及时、准确地向政府采购监督管理部门报送有关信息资料，为决策提供依据。因此，政府采购供应商有义务报送相关信息资料。

二、政府采购评审专家

我国《政府采购法》没有明确将政府采购评审专家纳入为政府采购的当事人，而评审专家在政府采购活动中的地位却十分特殊，随着政府采购制度越来越完善，话语权也越来越高，他们决定着采购结果、决定着财政的购买性支出多少、决定着中标供应商的命运等，甚至于决定着整个政府采购的形象。

我国评审专家实行"统一标准、管用分离、随机抽取"。由于政府采购评审专家是一个松散的群体，没有严谨的组织结构，因此它的管理有别于其他组织的管理。对于它的管理可实行自愿申请、部门审核、制度约束、奖惩分明。

评审专家的管理与使用实行相对分离,各级财政部门要建立专家库维护管理与使用抽取相互制约的管理制度,即政府采购专家库的维护管理与使用抽取工作分离。并根据行业和专业实行分类管理。评审专家应依据自己的学识和能力,只接受并提供自己熟悉专业,能够胜任的项目的评审、咨询和论证服务,不得主动要求参与某个具体项目的评审工作。评审专家接受评审工作邀请后,应按时参加评审活动,不得无故缺席、擅离职守或中途退出。因故不能参加评审的,应及时通知邀请单位或财政部门。

为了保证政府采购活动的公平性,政府采购法规定评专家的回避制度。各级财政部门政府采购监督管理工作人员,不得作为评审专家参与政府采购项目的评审活动。

思 考 题

1. 简述我国政府采购组织框架组成及其作用。
2. 简述政府采购组织的层级关系。
3. 简述政府采购模式。
4. 论述分散采购与采购集中管理矛盾统一性。
5. 简述政府采购当事人组成及其权责。

第四章

政府采购法规体系

我国的政府采购法律法规建设经过二十多年的探索与发展，形成了以《政府采购法》为统领、以部门法规为依托、以行政规章和部门规章为主体、以地方性法规为基础的政府采购法律框架体系。

第一节　政府采购法律

一、预算法

为了规范政府收支行为，强化预算约束，加强对预算的管理和监督，建立健全全面规范、公开透明的预算制度，保障经济社会的健康发展，根据宪法的规定，第八届全国人民代表大会第二次会议于1994年3月22日通过了《中华人民共和国预算法》，并于1995年1月1日起施行。根据2014年8月31日第十二届全国人民代表大会常务委员会第十次会议《关于修改〈中华人民共和国预算法〉的决定》对其进行修正。根据2018年12月29日第十三届全国人民代表大会常务委员会第七次会议《关于修改〈中华人民共和国产品质量法〉等五部法律的决定》第二次对其进行修正。同时，2020年8月3日，依据修改后的预算法修订《预算法实施条例》。

《政府采购法》第六条规定，政府采购应当严格按照批准的预算执行。预算法是政府采购法的上位法，政府采购预算是部门预算的重要组成部门，因此，政府采购活动必须执行预算法。

二、政府采购法

《政府采购法》是规范我国政府采购活动的"根本大法"，是制定其他政府采购法规制度的基本依据。

为加强财政支出管理，规范政府采购行为，财政部在1999年后先后颁布了一些关于政府采购的部门规章，对政府采购的范围、管理机构、采购体系、实施形式、采购方式、招标投标程序、采购合同签订等有关问题作出了原则性规定，为依法开展采购活动提供了制度保证。经过多方周密细致的工作，《政府采购法》于2002年6月29日由全国人大常委会审议通过，自2003年1月1日起施行。该法的颁布，是我国政府采购市场管理走上法制化轨道的重要里程碑，标志着我国政府采购进入依法采购时代。随着执政理念的转变，政府更加简政放权，2014年8月31日，经第十二届全国人民代表大会常务委员会第十次会议通过,对《政府采购法》有关条款进行了修改,取消了相关资格的认定审批。

政府采购应当遵循公开透明原则、公平竞争原则、公正原则和诚实信用原则。在这些原则中,公平竞争是核心,公开透明是要求,公正和诚实信用是保障。

法律的调整范围是指法律调整和规范的社会关系。政府采购法的调整范围是指它的适用范围。

调整的空间范围。政府采购法的空间效力只限于中华人民共和国境内进行的政府采购行为,在我国境外进行的采购活动,不在《政府采购法》约束的范围之内。由于我国特殊的历史背景和原因,我国的香港、澳门特别行政区以及台湾地区的采购行为按其自身的法律规定执行。鉴于政府采购客观上存在一些特殊情况,《政府采购法》在确定调整范围时,在其他条款中做了必要的例外规定。如军事采购、采购人使用国际体系和外国政府贷款进行的政府采购、因严重自然灾害和其他不可抗力事件所实施的紧急采购和涉及国家安全和秘密的采购等。

调整的主体范围。政府采购的主体范围是指政府采购的采购人。采购人是指各级国家机关、事业单位和团体体系。根据我国宪法规定,国家机关包括国家权力机关、国家行政机关、国家审判机关、国家检察机关、军事机关等。

调整的资金范围。按照《政府采购法》规定,采购人按照《政府采购法》规定开展采购活动的采购项目,其项目资金为财政性资金。财政性资金是指纳入预算管理的资金。以财政性资金作为还款来源的借贷资金,视同财政性资金。

国家机关、事业单位和团体组织的采购项目既使用财政性资金又使用非财政性资金的,使用财政性资金采购的部分,适用政府采购法及本条例;财政性资金与非财政性资金无法分割采购的,统一适用政府采购法及实施条例。

调整的对象范围。采购对象是指采购人采购所指向的标的物。按照国际惯例,目前各国及国际体系将采购对象确定为三大类,即货物、工程和服务。

货物是指各种形态和种类的物品,包括原材料、燃料、设备、产品等。对工程的界定为:工程是指建设工程,包括建筑物和构建物的新建、改建、扩建、装修、拆除、修缮等。对服务的界定为:服务是指货物和工程以外的其他政府采购对象。这个定义是一个概括性的表述,也是国际通用的做法。实际上服务包括极为广泛的内容,如金融保险、交通运输、医疗保健、会议接待等。

调整的形式范围。政府采购所采用的采购形式是指通过合同方式有偿取得货物、工程和服务的行为。包括购买、租赁、委托、雇用等。

三、招标投标法

随着市场经济体制改革的不断深入,各经济主体自主地参与市场经济活动越来越多,我国于20世纪80年代初在相关领域的采购活动中试行招标投标制度。为了规范招标投标活动,保护国家利益、社会公共利益和招标投标活动当事人的合法权益,提高经济效益,保证项目质量,自2000年1月1日起施行《中华人民共和国招标投标法》。

《政府采购法》要求政府采购工程进行招标投标的,适用招标投标法。政府采购法此条的规定，表明政府采购的工程项目在采用招标方式采购时，政府采购法不再另行规定招标投标的程序，按招标投标法规定的程序进行。而政府采购货物和服务的招标采购以及政府采购工程项目不采用招标采购的也不适用招标投标法。

采购空间范围。在中华人民共和国境内进行的招标投标活动适用招标投标法。该法适用于我国境内进行的招标活动，而不适用于境外机构进行的招标活动。"我国境内"界定了招标投标法适用的空间效力。当然，这一界定只是从法律适用意义上而言，并非领土意义上的空间。根据我国有关法律及惯例，招标投标法的适用空间效力并非涉及和覆盖我国的香港和澳门两个特别行政区以及台湾地区。同样我国驻外机构在境外进行的招标采购则不适用招标投标法，即使他们使用了公共资金。

采购主体范围。招标投标法对主体范围没有明确规定，这源于招标投标法对采购人的自愿招标和强制招标的适用上。前者为只有在采购人采用了招标投标法所规定的招标方法时才适用招标投标法，如果采购人采用其他采购方式则不适用招标投标法。后者为采购人必须采用招标投标法所确定的采购方法、操作程序进行。

由于招标投标法在适用上有强制招标，所以，其主体范围也与调整对象范围相关。凡属于必须强制招标的对象范围，其采购人不管是政府采购法所称的采购人范围，还是包括企业、个人等业主，只要是在中华人民共和国境内（香港、澳门特别行政区和台湾地区除外）的"工程建设项目，包括项目的勘察、设计、施工、监理以及与工程建设有关的重要设备、材料等的采购"都要强制执行招标投标法。

其实，依据项目建设的有关规定，基础建设项目一般都要确立项目法人，因此，实际上强制招标主体是实施该工程的项目法人。在确定项目建设时，可能项目法人已经存在，也可能为进行项目建设而新组成部分项目法人，因此，招标投标法只能根据项目的性质来确定强制招标的主体。而确定主体的依据是项目的公共利益或公众安全标准和项目的资金性质，也就是双控标准，即只要达到上述一个方面的标准就是调整的范围。

采购对象范围。招标投标法调整的对象范围主要是工程，它包括了完成工程的几乎所有方面，即勘察、设计、施工和监理以及与工程建设有关的重要设备、材料的采购。

采购资金范围。招标投标法调整的资金范围包括两个方面，一方面它不考虑项目的资金来源，也就是说无论这些项目资金为何性质，只要是招标投标法调整的项目范围，即使是采用私人融资形式建设的项目，也要强制采用招标方式确定承包商。另一方面它又用概括式的方式对项目的资金来源其调整范围进行了规定。

使用国有资金投资项目的范围包括：使用各级财政预算资金的项目；使用纳入财政管理的各种政府性专项建设基金的项目；使用国有企业事业单位自有资金，并且国有资产投资者实际拥有控制权的项目。

国家融资项目的范围包括：使用国家发行债券所筹资金的项目；使用国家对外借款或者担保所筹资金的项目；使用国家政策性贷款的项目；国家授权投资主体融资的项目；国家特许的融资项目。

使用国际组织或者外国政府资金的项目的范围包括：使用世界银行、亚洲开发银行等国际组织贷款资金的项目；使用外国政府及其机构贷款资金的项目；使用国际组织或者外国政府援助资金的项目。

除此之外，还对与工程相关的项目招标进行限额标准调整，即包括项目的勘察、设计、施工、监理以及工程建设有关的重要设备、材料等的采购，达到下列标准之一的，必须进行招标：施工单项合同估算价在 400 万元人民币以上的；重要设备、材料等货物的采购，单项合同估算价在 200 万元人民币以上的。勘察、设计、监理等服务的采购，单项合同估算价在 100 万元人民币以上的。单项合同估算价低于上述规定的标准，但项目总投资额在 3 000 万元人民币以上的也必须招标。

采购形式范围。招标投标法对采购形式范围没有具体和明确的规定，因此，依据依法行政的原则，那么，其采购形式则为购买。

四、相关其他法律

政府采购涉及的领域较多，作为一种经济手段，政府采购与相关领域必然联系密切。

（一）民法典

2020 年 5 月 28 日，十三届全国人大三次会议表决通过了《中华人民共和国民法典》（以下简称《民法典》），自 2021 年 1 月 1 日起施行。民法典是新中国成立以来第一部以"法典"命名的法律，也是第一部直接以"民"命名的法典。《民法典》不仅广泛确认了各类主体的财产权，以满足人们的物质生活需要，还广泛确认了人格权，以满足人们的精神生活追求。

《政府采购法》要求政府采购合同适用《民法典》。采购人和供应商之间的权利和义务，应当按照平等、自愿的原则以合同方式约定。随着《民法典》的施行，政府采购活动中在合同的签订、权利与义务、履行、争议处理等都需要依据《民法典》进行。

（二）中小企业促进法

《中华人民共和国中小企业促进法》于 2003 年 1 月 1 日起施行。中小企业是推动国民经济发展，构造市场经济主体，促进社会稳定的基础力量。要求政府采购应当优先安排向中小企业购买商品或者服务。政府采购促进中小企业的发展是政府采购法所规定的法定责任。《政府采购法》规定政府采购应当有助于实现国家的经济和社会发展政策目标，促进中小企业发展。

（三）环境保护法

《中华人民共和国环境保护法》于 1989 年 12 月 26 日颁布并实施。《政府采购法》规定政府采购应当有助于实现国家的经济和社会发展政策目标，包括保护环境等。这就规定了我国的政府采购应该起示范作用，采购绿色环保产品，支持循环经济的发展。环保产品政府采购品目清单是指由国家权威部门认定的符合环保标准的准许纳入政府采购产品的目录。财政部分别与发展改革委、生态环境部联合出台《节能产品政府采购品目清单》。

（四）节约能源法

《中华人民共和国节约能源法》于 2008 年 4 月 1 日起施行。政府采购法规定政府采购应当有助于实现国家的经济和社会发展政策目标。政府作为最大的单一能源消耗主体，有责任率先节能减排，并起到示范作用。《环境标志产品政府采购品目清单》是由财政部和生态环境部负责制定。国家将利用政府采购的政策功能来促进节能减排的推进。

(五)行政复议法

《中华人民共和国行政复议法》于1999年10月1日起施行。行政复议是指行政相对人认为行政主体的具体行政行为侵犯其合法权益,依法向该行政主体的上一级机关或法律规定的其他行政主体提出复查该具体行政行为的申请,受理申请的行政主体依照法定程序对被申请的具体行政行为进行审查,并作出相应决定的法律活动。《政府采购法》规定当政府采购当事人的权益受到侵害时,经投诉处理不服或者政府采购监督管理部门逾期未做处理的,可以依法申请行政复议。

(六)行政诉讼法

《中华人民共和国行政诉讼法》于1990年10月1日起施行。行政诉讼被称为行政审判,指公民等一方对行政机关的违法侵害行为,请求专门的行政法院通过审判程序给予救济的手段。政府采购法规定投诉人对政府采购监督管理部门的投诉处理决定不服或者政府采购监督管理部门逾期未做处理的,可以依法申请行政复议或者向人民法院提起行政诉讼。

第二节 政府采购行政法规

政府采购法的颁布实施,对促进我国政府采购工作走上法制化、规范化轨道发挥了重要作用。但是,有一些条文较为抽象,人们在理解上发生了分歧,操作上产生了难度,影响了法律的贯彻落实。为了进一步规范政府采购行为,完善政府采购制度,迫切需要制定政府采购法实施条例,对一些条款进行细化和明确的规定。

一、政府采购法实施条例

为了进一步规范政府采购行为,完善政府采购的法律制度体系,按照《中华人民共和国政府采购法》的规定,财政部在总结政府采购法实施经验的基础上,经征求有关部门、集中采购机构和地方有关政府采购管理部门的意见,形成了《中华人民共和国政府采购法实施条例(征求意见稿)》(以下简称《实施条例》)。

《实施条例》对政府采购法中的有关专业术语作了规范的界定,对有关条款作了进一步的解释,对相关问题进行了一定的补充说明,对相关条款进一步细化,为今后执行政府采购法律,规范政府采购行为具有重大的意义。《实施条例》从2004年开始立项,历经十余年,经国务院第75次常务会议通过,于2015年1月30日以国务院令第658号的形式发布,并于2015年3月1日施行。该《实施条例》分总则、政府采购当事人、政府采购方式、政府采购程序、政府采购合同、质疑与投诉、监督检查、法律责任和附则9章79条。

二、招标投标法实施条例

为了规范招标投标活动、规范招标投标行为的管理,根据《中华人民共和国招标投标法》的规定,国务院于2011年11月30日第183次常务会议通过了《中华人民共和国招标投标法实施条例》,并以国务院令第613号的形式发布,自2012年2月1日起施行。后根据 2017 年 3 月 1 日中华人民共和国国务院令第 676 号《国务院关于修改和废止部分行政法规的决定》第一次修订。根据 2018 年 3 月 19 日中华人民共和国国务院令第 698 号令《国务院关于修改和废止部分行政法规的决定》第二次修订。根据 2019 年 3 月 2 日《国务院关于修改部分行政法规的决定》第三次修订。该《条例》分总则，招标，投标，开标、评标和中标，投诉与处理，法律责任和附则 7 章 84 条。

第三节　政府采购地方性法规

各省、直辖市以及省政府所在的市和国务院批准的较大的市的人民代表大会及其常委会制定的关于政府采购的规范性法律文件，它们不得同宪法、政府采购法及政府采购行政法规相抵触，如《湖南省政府采购管理办法》等。

一、地方性法规的概念

地方性法规，即地方立法机关制定或认可的，只能在地方区域内发生法律效力的规范性法律文件。地方性法规的效力低于宪法、法律和行政法规，按照制定主体的不同，可分为一般地方性法规和特殊地方性法规，一般地方性法规即指由各省、直辖市以及省政府所在的市和国务院批准的较大市的人民代表大会及其常委会制定的规范性法律文件，不得同宪法、法律相抵触。除去由各省、直辖市以及省政府所在的市和国务院批准的较大市的人民代表大会及其常委会制定的规范性法律文件，都可以视为特殊地方性法规，存在前提是不得与宪法、法律相抵触。地方性法规大部分称作条例，有的为法律在地方的实施细则，有的为具有法规属性的文件，如决议、决定等。

地方性法规的制定机关有两类：一是由省、自治区、直辖市的人大和人大常委会制定；二是由省会所在地的市以及国务院批准的较大市的人大及其常委会制定，但同时应报省一级人大常委会批准，还要报全国人大常委会备案。地方性法规的效力低于宪法、法律和行政法规，其包括一般地方性法规与特殊地方性法规。

二、地方性法规立法权限与作用

（一）地方性法规的立法权限

《中华人民共和国立法法》第六十四条规定："地方性法规可以就下列事项做出规定：一是为执行法律、行政法规的规定，需要根据本行政区域的实际情况作具体规定的事项；二是属于地方性事务需要制定地方性法规的事项。除本法第八条规定的事项外，其他事项国家尚未制定法律或者行政法规的，省、自治区、直辖市和较大的市根据本地方的具体情况和实际需要，可以先制定地方性法规。在国家制定的法律或者行政法规生效后，地方性法规同法律或者行政法规相抵触的规定无效，制定机关应当及时予以修改或者废止。"

（二）地方性法规的作用

一是地方立法对维护社会主义法制统一做出了贡献。我国地方性法规具备了必要的数量和质量，维护了法制的统一，有力促进了门类齐全、内部和谐的法律体系的形成。

二是地方实施性立法有助于国家立法的原则、精神在本地区得到有效贯彻与实施。实施性的地方性法规促进了国家立法的延伸和完善，以及法律体系各层级上下衔接、结构严谨的实现。三是地方立法的先行先试为国家立法的完善积累了经验。除实施性立法外，地方人大及其常委会也为解决本地区事务开展了创制性立法和自主性立法，一些尚不具备条件制定全国性法律的，通过制定地方性法规开展一些探索，积累了经验。

三、政府采购地方性法规

目前，我国各地都依据自身政府采购的实际与特点，依据政府采购法和行政法规，制定了一系列的管理制度。例如，1998年10月27日深圳市第二届人民代表大会常务委员会第二十七次会议通过了《深圳经济特区政府采购条例》，2011年12月27日深圳市第五届人民代表大会常务委员会第十二次会议对其进行了修订，2019年4月24日深圳市第六届人民代表大会常务委员会第三十三次会议《深圳市人民代表大会常务委员会关于修改〈深圳经济特区医疗条例〉等二十七项法规的决定》再次对其修正。2009年11月26日广东省第十一届人民代表大会常务委员会第十四次会议通过了《广东省实施〈中华人民共和国政府采购法〉办法》，该办法自2010年3月1日起施行。

第四节 政府采购行政规章

政府采购行政规章指财政部及法律授权的其他行政机关根据《政府采购法》和相关行政法规制定和发布的规范性文件。政府采购规章包括由财政部和国务院相关部门颁发的有关政府采购的部门规章和由地方人民政府颁布实施的地方性政府采购规章。

一、部门规章

财政部作为政府采购的监管部门，根据《政府采购法》的规定制定了一系列有关政府采购的办法和规定，其中较为重要的有《政府采购货物和服务招标投标管理办法》（财政部令第87号）、《政府采购非招标采购方式管理办法》（财政部令第74号）、《政府采购信息发布管理办法》（财政部令第101号）、《政府采购质疑和投诉办法》（财政部令第91号）、《政府购买服务管理办法》（财政部令第102号）。政府采购行政规章指财政部及法律授权的其他行政机关根据《政府采购法》和相关行政法规制定和发布的规范性文件。财政部作为政府采购的监管部门，根据《政府采购法》的规定制定了一系列有关政府采购的管理办法和规定，用以规范政府采购的管理和执行。

（一）政府采购货物和服务招标投标管理办法

为了规范政府采购招标投标行为，保护招标投标当事人的合法权益，促进公平竞争，2004年8月财政部专门针对货物和服务招标采购颁布了《政府采购货物和服务招标投标管理办法》（财政部令第18号），并于2004年9月11日在全国施行。后修订为新的《政府采购货物和服务招标投标管理办法》（财政部令第87号），并于2017年10月1日起实施。货物和服务招标投标的基本程序大致分为招标、投标、开标、评标和定标五个阶段。货物和服务招标采购的评标方法分为最低评标价法、综合评分法。最低评标价法适用于标准定制商品及通用服务项目。该办法对政府采购货物和服务招标采购的程序及招标、投标、开标与评标、合同授予、当事人的法律责任进行了规定。

（二）政府采购非招标采购方式管理办法

政府采购方式分为招标采购和非招标采购。非招标采购方式包括竞争性谈判、单一来源采购和询价。为了加强对采用非招标采购方式活动的监督管理，财政部于2013年12月19日发布《政府采购非招标采购方式管理办法》（财政部令第74号）。该管理办法对竞争性谈判、单一来源采购和询价三种采购方式的适用条件、信息发布、供应商的选择、采购程序、特殊情况的处理以及法律责任进行了规定。

（三）政府采购信息发布管理办法

实行"三公"和诚实透明原则，必须首先坚持政府采购信息公开。为了规范政府采购信息发布行为，提高政府采购透明度，根据《政府采购法》和《政府采购法实施条例》等有关法律、行政法规，财政部于2019年11月27日，发布了修改后的《政府采购信息发布管理办法》（财政部令第101号），该办法自2020年3月1日起施行。财政部2004年9月11日颁布实施的《政府采购信息公告管理办法》（财政部令第19号）同时废止。该办法重点对政府采购信息发布主体、媒体、发布时间、相关责任进行了规定。

（四）政府采购质疑和投诉办法

为了规范政府采购质疑和投诉行为，保护参加政府采购活动当事人的合法权益，根据《政府采购法》《政府采购法实施条例》和其他有关法律法规，财政部于2017年12月26日发布了修改后的《政府采购质疑和投诉办法》（财政部令第94号），财政部2004年8月11日发布的《政府采购供应商投诉处理办法》（财政部令第20号）同时废止。该办法对政府采购质疑、投诉的当事人的界定、质疑提出的前提与答复时间、投诉的提起与处理以及各当事人的法律责任进行了规定。

（五）政府购买服务管理办法

为规范政府购买服务行为，促进转变政府职能，改善公共服务供给，根据《预算法》《政府采购法》《合同法》等法律规定，财政部于2020年1月3日发布了《政府购买服务管理办法》（财政部令第102号）。该管理办法对政府购买主体、承接主体、购买内容与目录、购买活动的实施、购买合同及履行以及监督管理与法律责任进行了规定。

二、地方性规章

各省级地方人民政府根据《政府采购法》的要求，也出台了一系列的政府采购规定办法。如江苏省政府办公厅发布的《关于政府集中采购有关事项确定公布权限的规定》《关于省级政府采购工作实施意见》等文件。

省级政府采购监管部门还可以根据《政府采购法》及省级地方法规的有关规定，出台相关政府采购监管制度。如湖北省财政厅颁布的《湖北省省级政府采购预算管理执行程序暂行规定》、江苏省财政厅颁布的《江苏省省级政府采购分散采购管理规定》等。

为了规范政府采购管理。财政部还以通知的形式，下发了一系列的管理规定，目前还在执行的主要有《集中采购监督考核管理办法》《政府采购竞争性磋商采购方式管理暂行办法》《政府采购评审专家管理办法》《政府代理机构管理暂行办法》《政务信息系统政府采购管理办法》等。

思 考 题

1. 政府采购的法律体系的主要内容有哪些?
2. 政府采购法的基本原则有哪些?
3. 政府采购法调整的范围包括哪些?
4. 在政府采购中财政性资金是如何界定的?
5. 我国目前颁布的政府采购行政规章有哪些?
6. 试论政府采购法与招标投标法的关系。

第五章

政府采购权利结构

第一节 政府采购权利概述

一、政府采购权利界定

权利要素说是从构成权利的相关要素的角度来对权利的含义进行界定的。权利主要包含五个要素，这些要素中的任何一个都可以用来阐释权利概念，表示权利的某种本质。

第一个要素是利益（interest）。一项权利之所以成立，是为了保护某种利益，是由于利在其中。在此意义上，也可以说，权利是受到保护的利益，是为道德和法律所确证的利益。利益既可能是个人的，也可能是群体的、社会的；既可能是物质的，也可能是精神的；既可能是权利主体自己的，又可能是与权利主体相关的他人的。

第二个要素是主张（claim）。一种利益若无人提出对它的主张或要求，就不可能成为权利。一种利益之所以要由利益主体通过表达意思或其他行为来主张，是因为它可能受到侵犯或随时处在受侵犯的威胁中。

第三个要素是资格（entitlement）。提出利益主张要有所凭据，即要有资格提出要求。资格有两种，一是道德资格，二是法律资格。专制社会里的民众没有主张言论自由的法律资格，但是具有提出这种要求的道德资格，这种道德资格是近代人权思想的核心，即所谓人之作为人所应有的权利。同时，这个时代的一些思想家又对国王和贵族所具有特殊的法律资格，给予道德上的否定。

第四个要素是力量。它包括权威（power）和能力（capacity）。一种利益、主张、资格必须具有力量才能成为权利。首先力量是从不容许侵犯的权威或强力意义上讲的，其次是从能力的意义上讲的。由法律来赋予权威的利益、主张或资格，称法律权利。人权在获得法律认可之前是道德权利，由于仅具道德权威，侵害它，并不招致法律处罚。在获得法律确认后，人权就既是道德权利，也是法律权利。因而，侵犯人权会导致法律后果。除了权威的支持外，权利主体还要具备享有和实现其利益、主张或资格的实际能力或可能性。

第五个要素是自由。在许多场合，自由是权利的内容，如出版自由、人身自由。这种作为某些权利内容的自由（或称"自由权利"），不属于作为权利本质属性之一的自由。因为奴役权利、监护权利并不以自由为内容，但其本身的确是权利。作为权利本质属性或构成要素的自由，通常指权利主体可以按个人意志去行使或放弃该项权利，不受外来的干预或胁迫。如果某人被强迫去主张或放弃某种利益、要求，那么就不是享有权利，而是履行义务。

根据《政府采购法》第十四条规定，"政府采购当事人是指在政府采购活动中享有权利和承担义务的各类主体，包括采购人、供应商和采购代理机构等。"则广义的政府采购权利就是指法律所认定为正当的采购人、供应商和采购代理机构的利益、主张、资格、力量或自由。

根据研究对象的界定，这里政府采购权利是指采购人，尤其是中央和省级采购人的被《政府采购法》及相关法律法规所认定为正当的利益、主张、资格、力量或自由。若无特别说明，本书中"政府采购权利"一词，均为前述含义，亦可称为狭义的政府采购权利的含义。

政府采购权利是指各级采购人，尤其是中央和省级采购人的被《政府采购法》及相关法律法规所认定为正当的利益、主张、资格、力量或自由，包括采购人在行政管理活动中为履行职责使用这些权利要素以达到绩效最优，以及采购人在采购操作中与采购代理机构和供应商基于上述权利要素进行的实现物有所值采购目标的活动。

二、政府采购权利分类

伴随着政府采购制度的发展和完善，采购权利也逐渐由单一的基础性向复杂的多元化转变。政府采购作为一种制度出现之前，其主要是满足和实现政府行政管理的需求权利。随着政府采购以一种制度的出现，其不仅为满足政府行政管理的需求，更表现为规范政府采购活动，监督国家的财政支出，提高财政资金的使用效率。随着凯恩斯主义的诞生和盛行和政府采购理论和实践的不断深入，政府采购的经济调节功能开始得到重视。此后，政府采购逐渐成为政府的一项政策工具，为了实现相关的经济目标而承担起更多的政策权利。当前政府采购权利主要表现：一是为满足政府行政管理的需要，政府采购的首要目的是满足政府正常运转的需要。政府要实现其职能，必然需要消耗资源，而政府无法自行生产或提供的，则必然需要向市场采购。二是实现体现政府意志的采购政策。随着政府采购制度的发展和政府职能的扩大。赋予政府采购更多的作用，例如保护民族企业、促进中小企业发展、购买环保节能产品等，利用政府采购对国民经济进行总量调控、结构调整、促进经济发展和转型、自主创新等，以实现特定的政策目标；利用政府采购对特定产品或企业的倾斜采购政策，实现调节收入分配、环境保护等目标，以及利用政府采购购买国货和对外开放政府采购市场等政策，协调国家关系，维护国家利益。在实现政府采购权利实现同时节支防腐，有效降低腐败和寻租行为，提高财政资金的使用效率。所以，政府采购权利应包括购买权利和政策权利。

（一）政府购买权利

购买权利是指购买主体可以根据自己需要在市场上购买商品。政府购买权利是政府采购主体维持政府及其本身基本正常运转，作为市场消费主体追求物有所值，在市场上用货币获得货物、服务及工程的经济行为。这与私人购买根本目标的一致性，即"采购之根本目标在于识别所需材料的来源，并在需要的时候以尽可能经济的方式按可接受的质量标准获得这些商品。采购部门必须能够快速有效地满足需求，并且采购政策和程序必须同商业惯例相吻合。"

购买权利包含了基本购买和提供公共品购买。我国推行政府采购制度之前，财政支出中就包括购买支出，采购主体基本行使的购买权利。政府购买支出乘数效应影响基本上是不具有政策导向的。

但是，现代政府采购更多地成为政府影响经济社会的工具。也就是在实现政府购买权利的同时，推行政府政治意图并制定出一系列采购政策，通过政府采购政策权利的实现达成政府影响经济社会目标。在实现政府购买权利过程中承载着政府采购政策权利的实现。

（二）政府采购政策权利

政府采购政策权利是指政府利用政府采购的规模优势，在满足采购基本要求的前提下，实现政府的经济与社会宏观调控目标，是政府采购制度安排作用于社会各个方面所体现出的内在效能。世界各国实践证明，通过他们大规模采购支出对经济社会稳定或发展目标起到杠杆作用。尽管政府采购政策可能会增加成本和造成人为的地方之间或国际贸易和物有所值障碍，但是很多国家纷纷采用政府采购政策来实现它们的政府目标与战略。

第二节　政府采购权利级次配置

一、政府采购权利级次配置基础

一个多级政府的国家必然存在各级政府事权划分的问题。如何划分各级政府的事权，一般依据公共产品收益范围的不同。公共产品具有层次性。在公共产品中，不是所有的公共产品都是在一国范围内共同受益和消费的，某些公共产品尽在限定的特定区域内收益或消费，这些公共产品可称为地方性公共产品。理查德·A. 马斯格雷夫认为公共产品的关键特征是受益归宿的空间范围。部分公共产品的受益范围是覆盖全国的，例如国防、太空探险、最高法院等，而另一些公共产品的受益范围则受到地理范围上的限制，例如当地消防车或者路灯。按照受益范围或效用溢出的程度进行划分，公共产品可划分为全国性公共产品、准全国性公共产品和区域性公共产品。其中，全国性公共产品的受益范围为整个国家范围之内，而地方性公共产品的受益范围为地方政府管制下的特定地区。公共产品的范围既有全国性的，也有区域性的，因此，中央政府无法包揽所有公共产品的供应，无法有效满足不同范围和层次的公共需求。所以，应当考虑公共产品覆盖范围以及外溢性问题，来划分各级政府的支出范围和职责。即中央政府安排全国范围内受益的公共产品支出，地方政府安排本区域内受益的公共产品支出。

同时，需要依据中央政府与地方政府间职能的分工层次标准。在各类职能的实现上，各级政府的比较优势不同，所承担责任的侧重点也是各不相同的。马斯格雷夫将政府职能划分为三大类：第一大类是经济稳定职能，比如运用财政政策和货币政策来控制失业率、治理通货膨胀之类的经济稳定职能，中央政府在运用财政政策和配合运用货政策方面处于有利地位，通常是由中央政府来承担这方面的责任；第二大类是收入再分配职能，由于地方政府进行收入再分配的努力会因纳税人和受领人的流动而受阻，从而使得收入再分配的效果非常有限，因而由中央政府来履行收入再分配职能通常也会更加有效；第三大类是资源配置职能。资源配置职能是各级政府共有的职能。理论和实践证明，由中央政府统一提供公共产品会产生福利损失。全国性公共产品应由负责全国性事务管理的中央政府负责，地方性公共产品应该由负责地方事务并代表地方利益的地方政府负责。

二、政府采购权利级次配置前提

针对划分事权的原则，英国学者巴斯特布尔提出了受益原则、行动原则和技术原则。所谓受益原则，是指如果政府支出的受益对象是全国民众，就属于中央政府的公共支出，如果受益对象是某一区域内的居民，就属于地方政府的公共支出。所谓行动原则，是指如果提供某一公共服务需要全国统一地进行，就属于中央政府的公共支出，而如果该项公共服务在行动上需要因地制宜，则属于地方政府的公共支出。所谓技术原则，是指如果政府的某项活动需要很高的技术才能完成，地方政府可能无力支持，则属于中央政府的公共支出，否则就属于地方政府的公共支出范围。美国学者赛里格曼则提出了政府间事权划分的效率标准和支出规模标准。

市场经济国家的事权划分方式可归为三类：中央推定法、共同列举法以及中央列举法。中央推定法是将法律未列举属于地方的事权推定为中央事权，即地方列举，中央推定，因此中央事权远多于地方，如南非；共同列举法是指中央与地方同时列举事权的具体内容，二者都不包含的则按照事物的属性确定，如加拿大；中央列举法是由法律列举中央或联邦的事权，而地方政府负责其他事权，因此地方事权远多于中央，如美国、日本都采用这种方式。

政府间事权的划分原则主要有受益范围原则、信息不对称性原则以及成本效率原则。依据受益范围原则，全国性受益的事权由中央政府来提供；地方性受益的事权应由地方政府来提供；跨区域的事权由中央政府和地方政府共同提供。依据信息不对称性原则，一般来说，地域性强的事权和财政支出责任由地方政府来承担责任，因为地方政府具有明显的信息优势，可以更好地提供各种公共物品或服务来满足本地公共需求。依据成本效率原则，需要考虑中央与地方政府提供公共产品的效率。对于全国性的公共物品或服务，地方政府承担事权和财政支出责任往往心有余而力不足，应该交由中央政府承担；而对于中央政府不甚了解的地方需求，如果由中央政府提供必然会导致效率低下，因此，此类事权应交给地方政府。

由于政府职能部门实现其职能，拥有各自的采购权利。同时多层级的事权伴随着相应的多层级的财政支出责任组成，这就要求每级政府都有自己的政府采购权利。只有科学界定了各级政府间的事权范围，才能明确划分中央和地方政府的支出责任，使得公共支出既能保证各级政府履行其职能的需要，同时使得中央政府能够进行宏观调控。所以合理的事权划分是优化政府间政府采购权利结构的重要前提。

第三节 政府采购权利职能配置

一、政府职能

虽然政府采购作为一种制度的出现只有200多年的历史，但是政府采购实际上伴随着政府的诞生而出现。政府采购的根本目的是为了满足政府职能的实现。关于当代市场经济政府基本职能，理论界有不同的论述。我国学者张成福（2010）认为市场经济条件下，政府经济职能表现为七个方面，包括提供经济发展的基础结构、组织各种各样公共物品和服务的供给、共有资源和自然资源的保护、社会冲突的调节和解决、保护并维持市场竞争、收入和财产分配的调节、宏观经济的稳定。梁仲明（2009）认为市场经济政府的主要职能包括维护国家安全、维护市场竞争秩序、提供公共物品和公共服务、提供宏观协调、提供社会保障、提供资源和环境保护。

综合国内外学者观点，可以将当代市场经济政府的基本职能归纳为三个方面：第一，政治职能，这是政府最原始的职能，体现了政府存在的价值。一般包含两个方面，对外主要表现为提供国防以抵御外敌入侵、维护国家安全和主权完整，对内则表现为实行政治统治，维护公共安全，如我国的警察和武警。第二，经济职能，亚当·斯密在其《国富论》中将市场比作"看不见的手"。虽然市场机制可以进行高效的资源配置，但是市场机制不是万能的。1929年爆发的世界性的资本主义经济危机充分验证了市场失灵的存在，这场经济危机的持久性和危害性也动摇了经济自由主义理论的统治地位，凯恩斯主义应运而生，其指导思想正是主张政府积极参与经济调控。可以说市场失灵是政府介入经济活动的根本原因。具体来说，政府的经济职能包括：一是制定经济规范和维持市场秩序，市场机制有效作用的一个前提是充分竞争，即自由经济，然而各经济主体在从事经济活动时都以谋求自己利益最大化为目标，难免会破坏市场秩序，比如垄断造成的市场混乱，所以必须制定和实施公平交易和公平竞争的规则。如果由个人势力或民间组织为规则的制定者，不仅社会成本很高，而且势必造成社会的极大的不公平，激化社会矛盾，因此制定经济规范和维持市场秩序只能由政府来承担。二是宏观经济调控职能。市场经济运行，其不可避免地出现周期性经济波动，需要政府在宏观上调控社会总需求，以弥补市场机制的不足。第三，进行收入再分配实现社会公平，社会分配不公就会造成贫富差距过大，进而激化社会矛盾，造成社会的不稳定，最终破坏市场效率。市场机制追求的效率，如果完全按照市场机制进行分配，势必造成巨大的收入差距。所以需要政府调节收入分配，对社会财富进行再分配，保证社会公平，促进地区间的平衡发展；第三，社会职能，政府的社会职能随着社会的发展而不断扩大，必然承担更多的社会责任，例如公共教育、医疗、社会保障、环境保护等。

二、政府采购权利配置决定因素

政府为了有效地实现其职能，需要大量政府机构和人员，要确保这些政府机构的正常运转就需要消耗社会资源，然而政府本身不能进行生产，只能向私人部门进行采购，因此对政府职能的定义也就直接影响着政府采购。继亚当·斯密提出政府应该做一个"守夜人"之后，著名法国经济学家巴蒂斯特·萨伊继承和发展了这一思想，他在所著的《政治经济学概论》中提出，政府只是公共财富的托管人，任何公共消费中的浪费行为都不能被容忍。因此萨伊认为应实施"小政府"和"小财政"。在自由经济时期，针对政府采购中所出现的大量徇私舞弊行为，很多经济学家都和萨伊持相同看法认为应尽可能地减少政府采购。1929年西方资本主义国家爆发经济危机，各国都束手无策，美国也不例外。1933年美国的罗斯福总统采取新政，并最终帮助购买美国国货渡过了危机。新政开创了政府大规模干预经济的先例。凯恩斯主义从此成为经济学界的主流。凯恩斯主义为政府干预经济提供了理论基础，也促使了政府采购制度的完善。

在市场经济条件下，理顺政府与市场的关系，明确政府应该干什么，不应当干什么，找到了政府活动的边界，也就明确了政府的事权。市场机制虽然有效率，但是仍然存在固有缺陷，会发生市场失灵的现象，如信息不对称、公共物品、外部性、收入分配不公、垄断和经济波动等，这就为政府干预经济提供了必要性。按照西方经济学的理论，由于政府行为发生在市场失灵的领域，政府经济活动的范围包括提供公共物品和劳务；矫正外部性；维持有效竞争；调节收入分配；稳定经济等。明确了政府职能范围，有利于优化配置政府采购权利，避免政府采购权利的"越位"和"缺位"问题的出现。

第四节 政府采购权利与支出责任

一、公共支出结构与政府采购权利

公共支出的结构是指在公共支出总额中各类支出的组合关系。一个国家公共支出的职能结构受到多种因素的影响：一是受到经济体制的影响。在不同的经济体制下，政府职能及财政资金的供给范围是不同的。在计划经济体制下，政府的基本建设支出较大；在市场经济体制下，政府的经济建设支出比较小，政府主要着力经济的宏观调控。二是受到经济发展水平的影响。马斯格雷夫和罗斯托的公共支出增长发展模型认为，公共支出的结构在经济发展的不同阶段是不同的。在经济发展早期阶段，政府投资在社会总投资中所占的比重比较大；在经济发展中期阶段，政府投资成为私人投资的补充；在经济发展的成熟阶段，公共支出的重点是教育、社会福利。三是公共支出结构受到政府在一定时期的社会经济发展政策的影响。公共支出反映了政府的政策意图，也就是说，政府发展什么、支持什么、限制什么，在公共支出结构中可以得到清晰的体现。

政府公共支出结构的优化要做到严格控制一般性支出，着重保障政府履行提供公共服务、市场监管、经济调节和社会管理等职能。可以说，公共支出结构的现状与合理与否，直接影响到了政府采购权利的配置合理与否。

二、政府采购权利与转移支付

（一）采购权利与转移支付

在多级财政体制条件下，无论是发达国家还是发展中国家，在一个国家内各地区的经济发展和收入水平都会存在一定程度的不均问题。然而，这一客观的财政能力不均与履行同样的公共职能之间存在着明显的矛盾，因此，中央需要通过建立补助金来进行地区间的财政能力调节。在现代市场经济条件下，在各级政府间财力分配中，中央政府所拥有的财力往往超过了其承担事权所需的支出，因此，中央政府会通过规范化的转移支付的形式，将一部分财政资金转移给地方政府，弥补地方政府的财力缺口，为实现地区间财力均等化提供财力保障。特别是在实行分级分税制的情况下，规范化的转移支付作为规范政府间财政关系的核心，一方面能够实现财政调节，另一方面有利于实现财政的横向与纵向平衡。政府间转移支付是中央和地方为实现政府采购权利，特别是政府采购政策权利建立的合作机会。

（二）采购权利与一般性转移支付

一般性转移支付，又称无条件转移支付，即上级政府对下级政府的所拨资金不限定使用范围、具体用途和要求，这种转移支付更多体现其社会性功能，下级政府可以统筹安排、灵活使用。一般性转移支付有助于提高受援助的地方政府基本财政能力，是实现各地区协调发展以及财政能力均等化的主要形式。中央对地方的一般性转移支付，无异于是对地方政府的赠款，赋予地方政府较大的自由度，地方政府可以根据本地的实际情况，灵活地安排资金投向，上级政府一般不加过多干预。一般性转移支付资金用于政府采购支出，中央的行政干预少，更多地体现了地方政府的政策意图。

（三）采购权利与专项转移支付

专项转移支付，又称为有条件转移支付。即上级政府对下级政府所拨的、明确规定了使用方向具体用途，地方政府必须按照规定使用、不得挪作他用的资金。这是中央政府为了实现特定的政策目标、促进特定公共事业发展、解决公共产品区域外溢性的手段。专项转移支付可分为无配套补助、有限额配套补助和无限额配套补助等形式。相较于一般性转移支付，专项转移支付更利于提高财政资金的配置效率。专项转移支付资金用于地方政府采购支出，更多地体现出了中央政府政策意图。

（四）采购权利与横向转移支付

横向转移支付表现为同级政府之间财政资金的互相转移，一般是由财力富裕地区向财力不足地区的财政资金转移。横向转移支付发生的原因是由财政分权所导致的各地方政府的财力、财权和事权不对等。因此，横向转移支付的目的是实现各地公共服务水平的均等化。

从世界各国的实践中看，横向转移支付只被少部分国家所采用，并大多采用税收分享的形式，其中德国已具备一套成熟的横向转移支付机制。就我国目前的实践来看，只存在非正式的、非常态化的、支付对象特定的、范围窄的、金额小的地区间援助政策。随着中央和地方财力格局的稳定化，横向转移支付的制度构建就显得很有必要。

就政府采购而言，我国政府采购市场是统一的，不允许地方保护，对国内供应商非歧视性对待，在采购过程中潜在供应商间公平竞争，最终采购价值相对最优者胜出。毫无疑问，竞争力强的供应商获得政府采购合同的概率相对就大得多。虽然经济总额攀升很快，但是地区间经济发展差距呈阶梯状，自东向西部递减。由于我国是单一制国家，对外开放政府采购市场是统一的，"以市场换市场"过程中，中西部地区横向转移支付制度建设也将会日益受到关注。

三、采购权利与预算管理匹配

狭义的财政体制指国家预算管理体制,即中央和地方以及地方各级政府之间的财政关系。具体来看,财政体制是国家在中央政府和地方政府之间以及地方各级政府之间,划分财政收支范围和财政管理职责与权限上的一项基本制度。从实质上看,财政体制就是处理各级政府间的财政关系,明确中央和地方各级政府间的分配关系。这种财政关系主要包括两个方面:一是在中央政府和地方政府之间以及各级地方政府之间进行财政收支范围的划分;二是在中央政府和地方政府之间以及各级地方政府之间进行财政管理权限的划分。从财政关系的角度来看,财政体制可以分为以下几个方面的内容:一是财政的分级。财政上的分级常常和政权的设置是一致的。二是财政收支范围的划分。不管是何种财政体制模式,其核心问题和核心环节是在政府间财政收支范围的划分。财政收支范围如何划分和如何协调,这关系到各级政府对其所辖区域的财力可集中使用的问题,同样也关系到各级次政府的职能是否能够完全实现的问题。相反,如果财政收支范围的划分出现问题,就必然会影响到某些级次政府的职能的实现。三是财政管理权限问题。这主要涉及行政管理层次和财政权限的层级如何匹配的问题。

政府采购制度将各级预算单位的政府采购权集中起来,改变了预算单位作为政府采购预算执行主体的权利。政府采购主体因性质(包括行政、事业、社会团体以及国有企业)及行政级别差异,采购权利内涵不同,决定着它们担负的政府采购政策侧重点及实现程度也有很大差异。

总之,主体采购权利的统一性与个体性应有机统一。中央政府作为采购主体,它的权利必须以整个国家的政治、经济、安全等为中心,具有统一的共性;省级政府作为采购主体,它的权利应在中央政府的统一性前提下,以本辖区内的均衡发展和公共意愿同等地位为依据;地方政府作为采购主体,其权利应在中央和省政府统一与均衡前提下,以地方公共选择为主,谋求地方利益最大化;中央机关、事业单位与国有企业等作为采购主体,则应在国家统一利益下,力求本部门的利益最大化,最大限度地提高资金使用效率。

但是这一政府采购权利结构制度的设计要充分考虑交易费用的制约,这就要求公共利益和个体利益最大化的方向尽量趋向一致,或者说是尽量缩小排斥性。

因此,政府采购权利结构制度的设计需要考虑激励机制的安排,政府采购权利结构合理性是政府采购目标与政策功能有效发挥的基础。

思考题

1. 简述政府采购权利分类。
2. 论述政府分权是政府采购权利级次的基础。
3. 论述政府采购职能、财政支出权责对政府采购权利结构影响。

第六章

政府采购计划阶段

第一节 政府采购规划

一、政府规划

政府规划是确定政府长期方向和目标的过程,并且确立可以达到政府目标的方法。从根本上说,政府长期规划是旨在帮助政府应对新的挑战和创造其未来机会的路线图。

政府规划不关心未来的决定,而关心今天所作的决定对未来的影响。有效的政府长期规划并不只是简单地由一个系统或部门构成。它是一个持续的管理过程,应该关注每一个区域的管理。形式和程序可能是方便和有用的工具,但政府长期规划只有在完全的承诺和最高管理层连同与管辖区的未来成果有利害关系的适当人员的参与下才会成功的。

政府规划是一个多步骤过程。其规划过程可以分为两个部分:第一部分是目的、愿景、任务、目标的确定;第二部分是描述组织如何、在哪儿和什么时候打算完成预期目标。

二、政府采购规划

与单位规划一样,好的政府采购规划需要从许多地方获得的信息,包括在组织内部和组织外部的大量信息。政府单位长期规划是研制政府采购战略和战术规划的基础。制定政府采购规划的过程并不是太困难,但它需要真正能满足其单位职能。当其他利益相关方积极参与规划过程时,政府采购规划与政府单位规划的一致性就显得特别重要。

战略性政府采购规划包括政府部门任务目标的转变,且用来评估政府单位规划、预算和管理政府采购职能。政府采购规划存在于功能发挥和采购活动中,如果依据延伸价值链/供应链管理的概念,它还包括政府采购策略。例如,策略可以有助于改善供应商关系,从而提升该单位消费的商品和服务的采集/生产的质量。它可以帮助区别特定的功能需求属性和/或者单位内特定目标和对象来链接政府采购支出。

战略性政府采购规划的目标是在单位的文化、系统和操作流程中实现积极的变化。这是通过建立一套单位组织的业务范围内所确定的战略和战术目标和目的来完成的,从而在一个优先的设定模式中连接资源配置决策。战略性政府采购规划旨在产生一个有效和高效的政府采购系统，通过使采购人或代理机构确认或更改目前的采购政策或方案的方向来实现这些目标，同时与内部和外部采购利益相关方共享战略采购目标和目的的结果。

三、政府采购促进政府规划实现

如果政府的基本任务是保护其公民的健康、安全、福利和幸福，那么政府采购功能应该在完成这个任务中扮演重要角色。有效的政府采购可以影响一个政府辖区为纳税人提供所需要服务的能力。在积极的政府采购情况下，政府采购从业人员规划并采取行动。在被动的政府采购下，政府采购从业人员只是回应对他们的需求。政府采购在政府单位规划过程中起着积极主动还是被动的作用，受到其规划过程中的复杂程度、辖区内依赖采购的商品和服务的程度、政府采购职能受决策层重视度、采购职能的发展状况以及资源配置过程中，采购官员从战术转向战略角色的能力等因素的影响。

政府部门中的政府采购规划包括战略和战术组成部分。战术层面的采购规划涉及供应计划，在这个层级的决定包括哪些公共品是必须提供的、提供多少、由谁生产它们（制造或购买决策）和哪些供应来源可提供可用或需要的东西。

战略层次的政府采购规划是长期规划，并且通常每年进行一次，当政府单位需要扩大能力以满足日益增长的社会需要时，这就涉及政府长远规划、目标和目的。所以，政府采购活动与政府规划实现程度有着密切的关系。

四、政府采购规划确立

政府采购规划包括采购政策和程序，通常有四个主要内容：一是制定采购规划；二是决定利用商业资源还是政府资源采购物品或服务；三是决定租用设备还是购买设备；四是决定职能是否是政府应当履行的。

采购人（采购实体/采购主体）对所有的采购项目都应当进行规划和市场研究，采取最为可行的措施促进商品采购，形成全面公开竞争，确保选择适当的合同类型，考虑在授予新合同之前利用适当的先行合同方式，包括部门内部和部门之间的合同。合同规划应综合负责主要采购项目的所有员工的努力，其目的是确保政府最有效、最经济、最及时地满足需求。制定了详细的采购规划系统。

根据法律要求，如果生产总成本和单位成本对政府极为有利，且数量不超出预期需求，采购人应当生产适量的物品。在可行条件下，采购物品的每项合同的招标应该包括邀约所有发盘人对招标做出回应的条款。该条款应表明拟采购的货物数量是否在经济上对政府有利，在可行的情况下，就经济上有利于政府的货物采购数量提出建议。

如果市场上有现成的可提供的商品，而且是政府非核心职能需要或执行的，可以通过购买服务来实现。

五、制约政府采购规划因素

外界环境因素。这些因素无法一直被控制，尤其是当某些事件发生在外界并且超出了本单位的控制权限时。例如，虽然新技术和工艺不断地被开发和升级，这可以使供给政府部门货物或服务更有效性和效率性，但是，尽管如此，这些仍然是无计划的。

内部阻碍因素。如果没有参与的适当水平，没有详细的实施计划，政府部门的官员可能会抵制该规划的实施计划和目标。在这种情况下，外部顾问可能会扮演关键的角色；他们能够以崭新的角度将这些情况向与此有关的适当的人反映。

规划需要资源。有效的规划需要大量的时间和能量。一个单位越致力于规划，这样的资源被利用得也就越多。虽然增加的规划意味着更多的成本，但是由于缺乏准备造成的成本损失可能会更大。

当前危机。紧急情况总是会发生，使得注意力从思维过程转移到来解决当天的问题。很少有政府部门不存在危机管理。很多时候，这些危机的发生可能首先是由规划缺乏所造成的结果。所以，时间必须预留给创造性思维。

不理解规划前提的弱点。前瞻性的理念和潜在的负面结果的评估，应适用于规划阶段。

规划是困难的。它需要巨大数量的创造力和大量的理性分析能力。它通常是很耗费时间的。规划是管理职责的重要组成部分；如果有必要，慎重考虑再培训的思维模式，把规划纳入工作和努力中是必不可少的。

政治因素。工作在政府部门环境中的政府采购官员必须始终意识到任何给定时间的政治气候。变化总是可能的，并且可能有时会出现无预警。

规划失败有许多原因，政府采购官员必须准备预测，从而缓解如下问题：对计划承诺的缺乏、未能制定和执行合理的策略、有意义的目标的缺乏、没有将规划看为既是一个理性的又是一个创造性的过程、过度地依赖经验、缺乏对成果进行充足的控制技术和信息、变革的阻力等。

第二节　政府采购预算

实行政府采购预算是为了进一步规范政府的购买性支出行为，对它实行更加科学、规范的管理。政府采购预算是政府采购活动的基础性工作，加强政府采购预算管理能使政府采购行为更加规范。政府采购预算作为国家部门预算的组成部分，是政府对财政性资金的使用进行管理的一项重要内容。它集中反映了预算年度内各级国家机关、事业单位和团体体系用于政府采购的支出计划，在一定程度上反映了各级采购人的资金收支规模、业务活动范围和资金管理方向。

一、政府采购预算概述

（一）政府采购预算界定

预算是对未来一定时期内收支的预测、计划和安排。就财政而言，财政预算就是由政府为实现其职能和一定的经济社会发展目标而编制、经立法机关审批、反映政府一个财政年度内的收支状况的法律性文件。它规定国家财政收入的来源和数量、财政支出的各项用途和数量，反映着整个国家政策、政府活动的范围和方向。财政预算是一种管理工具，在日常生活乃至国家行政管理中被广泛采用，是政府实现其管理职能的一个很重要的途径。

政府采购预算是指采购人在一个财政年度内，为满足公共需要和自身工作的需要，使用财政性资金依法制定的政府集中采购目录内的或者政府采购限额标准以上的货物、工程和服务的资金使用计划与安排。

政府采购预算是财政支出总预算的有机组成部分，财政预算内资金和单位预算外资金是政府采购资金的来源。政府采购预算主要包括：经常性预算中专项资金安排的货物和服务项目以及建设性预算支出中的工程类项目。政府采购预算在财政支出中的具体表现为采购性支出。由于我国目前财政管理体制的特殊性，政府采购资金的来源相对复杂，目前财政预算资金被"分割"，非税收入、单位自有（自筹）资金等同时存在。随着我国公共财政体系的建立以及综合预算的全面推行，政府采购资金占公共资金的绝大部分比例。

（二）政府采购预算特征

政府采购预算是部门预算的重要组成部分，是部门预算的进一步细化，它的突出个性特征有：

（1）法定性。它的法定性特征显示是因为政府采购预算的编制是以法律为依据的。《政府采购法》规定，政府采购应当严格按照批准的预算执行。并对政府采购项目预算的归属权及其限额标准的制定予以了明确。

（2）精确性。所谓精确是指政府采购预算的安排较为明确，并有详细的说明，也有相应的表示。

（3）完整性。即政府采购的各个项目都能在采购预算中得到反映，从预算中可以看出政府采购的具体内容。

（4）时效性。财政预算的时效通常是一年。我国的预算年度和公历纪年的自然年度保持一致。那么，政府采购预算的时效也为一年。

（5）公开性。公开性是政府采购的基本原则，政府采购预算的公开透明是政府采购活动公开的基础。政府代表公共利益，使用财政性资金采购货物、工程和服务，采购预算应该向公众公开（涉密项目除外），便于公众监督。

（三）政府采购规划与预算

在有限的预算范围内管理时，周详的政府采购规划显得尤为关键。没有规划就不可能有良好的政府采购预算，没有预算来资金支付就没有政府采购。

当采购人决定要花费多少钱并且在不同的优先级之间如何分配时，预算编制阶段就发生了。预算编制与规划阶段重叠并开始于该单位开始将预算问题纳入其战略和年度绩效计划，包括向集中采购中心、财务部或预算管理部门咨询。当单位来年正式提交给财政部门预算计划时，预算现状变得更受关注。

虽然预算过程开始于规划阶段，但是当该采购人向财政部门提出政府采购预算的需求时才作为预算编制阶段的正式开始。当财政资金拨付用于采购和资金支付机构正式支出时，这一阶段才结束。如果政府采购预算需求没有资金满足，而且这个采购规划需要继续保留在本单位战略目标和目的中，它可以在下一年度或之后年度重新提出，且预算编制阶段进一步评估新的解决方案。

政府采购规划和预算编制阶段应该与其他阶段性信息结合起来考虑。例如，采购人在预算阶段没有被批准的预算需求信息应该对该项目的成本、进度和性能目标进行评估。

一些规模较小的政府单位可能没有这样一个完整的预算程序规定，但对预算活动组成部分来说政府采购规划是需要的。每年采购人需要根据本单位的政策计划下一财政年度预算，而预算阶段有时会在预算年度结束后数年才会结束。如果预算估计是高的，采购人就会面临着机会成本的挑战。意想不到的预算盈余可能已经被挪用以满足以前在预算拨款阶段提交的没有资金着落的其他需要。

（四）政府采购部门预算与国库集中收付

部门预算就是一个部门一本预算。部门是指与财政直接发生经费领拨关系的一级预算单位。部门预算是由政府各部门编制，经财政部门审核后报立法机关审议通过的、反映部门所有收入和支出的预算。它以部门为单位，一个部门编制一本预算。各部门预算由本部门所属各单位预算和本部门机关经费预算组成。

部门预算包含了政府采购预算，政府采购预算是部门预算的细化。实行部门预算，就是要细化预算，从改革预算编制的体系分类和预算科目着手，重新按定员定额的标准确定人员经费，重新按支出标准确定公务经费。它为确定政府采购的品目目录、编制政府采购预算和制定政府采购计划奠定了基础。如果仍然按照以前粗放式的预算编制方法，政府采购品目目录的确定、政府采购预算的编制和政府采购计划的制定将难以完成。一方面，政府采购预算是部门预算的组成部分，政府采购预算为部门预算提供了相关的基础信息。另一方面，政府采购预算有利于细化部门预算，政府采购预算的执行结果有利于形成科学的定额标准，并为科学编制部门预算提供了参考依据。

国库集中收付制度一般也称为国库单一账户制度，包括国库集中支付制度和收入收缴管理制度，是指由财政部门代表政府设置国库单一账户体系，所有的财政性资金均纳入国库单一账户体系收缴、支付和管理的制度。财政收入通过国库单一账户体系，直接缴入国库；财政支出通过国库单一账户体系，以财政直接支付和财政授权支付的方式，将资金支付到商品和劳务供应者或用款单位，即预算单位使用资金但见不到资金；未支用的资金均保留在国库单一账户，由财政部门代表政府进行管理运作，降低政府筹资成本，为实施宏观调控政策提供可选择的手段。

构建公共财政框架的目的就是按照市场经济的原则，为市场提供公共服务的政府分配活动或经济活动，而公开的、透明的、规范的和有法律约束的预算制度是政府提供公共服务的基本前提和保证。目前我国进行的预算体制改革，正在向法制化、公开化和科学化方向迈进。实行部门预算、国库集中收付和政府采购三项财政支出制度的改革都与预算改革密切相关，其中部门预算是关于预算编制模式的改革，而政府采购和国库集中支付（国库集中收付）是关于预算执行的改革。所以，部门预算、政府采购和国库集中支付统称为公共支出改革的三项制度，而政府采购预算与部门预算、国库集中收付中心关系十分紧密。

国库集中收付制度是保证政府采购制度实施的重要手段，保证了政府采购预算的执行。国库集中支付制度不同于财政根据预算安排将资金按预算级次层层下拨的方式，而由集中支付机关根据批复的部门预算按实际支出的时间和金额从国库统一支付。实行国库集中支付制度，解决了由于资金分配交叉造成难以整体控制的问题，可使财政资源达到最优配置，克服财政资金被部门挤占和挪用的问题，保证预算资金的及时、足额支付。通过国库集中支付，也有利于对部门预算执行的监督，有利于政府采购制度的执行。实行国库集中支付制度，政府采购资金都集中于国库的"政府采购资金专户"中，政府采购行为一旦发生，经财政支出管理部门的审核，采购资金由国库单一账户直接拨付给货物供应商和劳务提供者。预算单位无法直接得到预算资金，也就不能绕开政府采购规定随意采购、违规采购。因此，建立国库集中支付的"政府采购资金专户"是从源头控制和监督政府采购资金的使用，促使预算单位执行政府采购制度的有效手段。

二、政府采购预算原则

1. 法制性原则

部门预算中编制的政府采购预算项目要符合《中华人民共和国预算法》《中华人民共和国政府采购法》及相关的国家采购法律、法规，充分体现国家的有关方针、政策。此外，在法律赋予部门的职能范围内所编制的政府采购项目要符合财政宏观调控目标，遵守现行的各项财务、规章制度，要符合本部门的事业发展计划、职责和任务，预算年度购买支出增减要充分体现与国民经济和社会发展的一致性，要与经济增长速度相匹配。采购人在编制政府采购预算时，要按照国家统一设置的预算表格、统一的口径、统一的程序以及统一的计算方法填列有关数字指标。

2. 真实性原则

政府采购规模的测算必须运用科学、合理的方法，力求测算出合理的购买规模。购买支出测算要按财政部门规定的标准，结合近几年实际购买情况测算，不能随意虚增支出。各项购买支出标准要符合部门实际需要，测算时要有真实、可靠的依据，不能凭主观印象或人为提高购买标准。单位在安排政府采购预算项目时，要精打细算，在满足工作需要的同时尽量采购国货，不要盲目追求"超前"，但也要避免不考虑发展而导致项目刚投入使用即落后从而造成浪费。单位在编制政府采购预算时，必须将单位取得的财政拨款和其他各项收入以及各项支出形成的政府采购，完整、全面地反映在单位预算中，不得在预算之外，另留收支项目。

3. 稳妥性原则

政府采购预算的编制要做到稳妥、可靠、量入为出、收支平衡。要先保证基本工资离退休费和日常办公经费等基本支出，再考虑提高福利、改善办公条件等更高层次的支出。单位的政府采购预算和单位的财务预算一样，一经批准，便要严格执行，一般不能调整。因此，单位在编制政府采购预算时，既要把根据事业发展需要应该采购的项目考虑好，还应该注意政府采购资金的来源是否可靠、有无保证，不能预留缺口。

4. 政策性原则

作为事业行政单位财务管理重要内容的政府采购预算编制，必须体现国家有关方针、政策。各个单位在编制政府采购预算过程中,应当以国家有关方针、政策和各项财务制度为依据,根据完成事业计划和行政工作任务的需要,正确处理需要与可能的矛盾,保证重点、兼顾一般,实事求是地编制预算。

5. 绩效性原则

在政府采购预算编制中要充分遵循绩效性原则,认真做好采购项目的前期论证工作,精编、细编政府采购预算,提高财政资金的使用效益,体现政府采购编制的绩效性。

6. 遵循目录原则

按法律规定,采购必须依各级政府采购目录进行采购。但目前集中采购目录编制不够细化且执行过程中贯彻不到位,不利于编制独立、统一的政府采购预算,也不利于对预算的监督。应科学界定目录范围,使目录的操作性增强。当今新产品、新技术、新的服务形式层出不穷,集中采购目录要及时更新,及时收入新的采购项目,跟上时代进步和科技发展的步伐,做到集中采购目录的编制同社会进步相协调。同时,在政府采购预算中采取各种严格措施,督促集采目录贯彻到实处。

三、政府采购预算需求

政府采购预算的一个重要内容,是要确定单位采购的需求。政府采购需求是采购人应根据各自履行职责的需要、准确确定单位采购的功能需求,具体包括单位的职能,任务定位,为完成这些任务所需的货物、工程或服务,所需求的种类、数量、技术规格、需要时间等。在确定需求的过程中,要求各部门准确确定必要功能,保障履行职能的需要,同时尽可能剔除不必要功能,减少不必要的开支并避免浪费。

(一) 政府采购预算需求确定的必要性

政府采购预算需求确定是政府采购管理的命脉和源头。政府采购作为政府主要活动之一,是公共部门利用财政资金,为了满足政府职能正常运转和为老百姓提供公共服务需要而进行的购买货物、工程、服务的活动。政府采购活动的实施,从开始规划到实施与评价,遵循着一定的逻辑顺序,通常为:确定政府采购的单位预算需求、编制政府采购预算、执行政府采购项目、实现政府采购项目、对政府采购项目进行绩效评价等。可以说,确定政府采购预算需求是政府采购活动源头管理的核心部分,也为之后的编制、执行政府采购预算,发挥政府采购政策功能和构建公开、公平竞争的交易环境提供了重要管理抓手,在整体政府采购活动流程中具有承上启下的中流砥柱作用。

政府采购功能的预算需求确定是实现政府采购目标的前提。政府采购的本质是稀缺资源的有效配置,并且政府采购在政府资源分配中发挥着重要的作用,确定了各项政策最终落地的具体成效。政府采购功能需求作为政府采购活动的源头,是为了满足各单位所履行的职责功能需要的消费品或者为了贯彻、配合某些特定的国家宏观社会经济政策而制定的,通过政府采购活动与制度,将孤立的、分解的、时而重叠的采购需求整合,上升成国家执政战略和发展意志层面,从而有针对性地进行经济管理和实现发展目标。政府采购预算需求是政府采购的目标在采购活动中的具体化,也是政府采购活动的核心,具有非常强的政策性、公共性与导向性,将政府采购目标转化为具体需求。在当下市场经济的大环境中，政府采购预算需求以非营利为目标，以"不公平"实现"最终公平"，对社会总需求、产业产品结构与地域之间进行宏观调控，体现了政府为实现公共利益最大化、维护社会公平以及实现政府采购政策功能。

政府采购预算需求确定是实现政府采购物有所值的重要手段。由于政府采购的资金来源是依靠国家依法强制征收、具有非偿还性的税收收入、费用及其他形式组成的财政资金，其内在诉求就具有节支防腐功能。因此，制度重点必将针对政府采购管理，处于规范政府采购行为、节约财政资金、加强监督防止腐败等较为低等的层面，尚未起到实现政策职能、优化经济结构、调节经济总量平衡等较为远视的目的。但是，政府采购预算需求确定作为政府采购的核心部分，目标必不能仅限于节支防腐、规范政府采购行为这些较为低层面、程序性的规范制约，应该上升到对社会总供需、调节产业结构与地域之间的均衡发展的宏观调控、活跃市场经济、保护民族产业以实现社会经济发展目标的重要政策工具和手段。

随着政府执政理念从管理型到服务型的转变以及绩效考核体系的建立，我国政府正加快建设全方位、全阶段、全覆盖的预算绩效管理体系，实现能花钱、花好钱、会花钱，使"花钱必有效，无效必担责"成为政府采购深化改革的当务之急。随着政策导向型与政府执政理念的转变，以及"物有所值"理念到最直接、最关键也最容易考察的环节就是确立政府采购预算需求，政府采购需求也势必被推到更核心、关键的战略地位。同时，单位政府采购预算需求作为启动环节，其确立对后面预算的编制具有极为重要的指导与确定作用。确立合理、科学的政府采购项目需求，不仅仅是实现政府职能所必备的前提条件，更承担着人民的委托，促使践行为人民服务的使命担当。花好纳税人每一分钱，争取将有限的财政资金用到广大人民群众最需要的地方，产生最大收益和产出，实现"物有所值"之立足之本。

政府采购预算需求确定促进了政府采购的规范化和科学化。政府采购活动不以盈利为目标而满足公共需求，并通过法定的采购方式和组织程序实现。因此，公开公正、公平竞争是基本前提与基石。而政府采购预算需求正是公平竞争最直接的载体，领导目标走向。

由于我国采用分级政府制度，政府采购预算需要由基层单位具体情况具体分析，编制相应需求的预算诉求自下而上上报，再经由自上而下的审核、修正再到最后批复，从而政府采购预算需求转变为政府采购预算形式。由于公共部门层级繁多，职能跨度大，并且不同职能的政府采购需求分散、孤立、片段化且信息量巨大、需求确立的专业性要求高等原因，之后制定的政府采购预算、采购落实等环节与真正的单位需求可能会脱节，使得最终成型的政府采购预算需求的科学性、合理性受到严重考验。但实际上，政府采购预算需求虽然在不同单位具有相异性，但也有平行性和重叠性。如果能把政府采购视为一个整体机制，尤其是在当前电子化采购、集中采购模式的推行下，政府采购预算需求的确立能够打通之后政府采购预算等环节，对于相似的、能够在一起"共用"的资源进行重新统筹规划，进一步节约财政资金，提高使用效率，增加科学性。同时，政府采购需求管理制度需要进一步完善，据此进行约束单位预算需求确定，极易造成预算失真及以权谋私等寻租、贪污腐败恶劣行径，不利于企业公平竞争以及实现社会福利。为了避免在政府采购活动的起点就存在潜在风险，进而影响到政府采购的整体战略目标，需要设计科学合理的政府采购的单位需求，以及完善相应的规章制度进行保驾护航。

《中华人民共和国政府采购法实施条例》（以下简称《实施条例》）第六条、第十一条、第十三条，《政府采购货物和服务招标投标管理办法》（财政部令第87号）（以下简称"87号令"）第十条以及《财政部关于进一步加强政府采购需求和履约验收管理的指导意见》等相关规定的出台，责令财政部门、采购人员、采购代理机构都有同政府采购需求相关的职责。政府采购预算需求的确定促进了政府采购的规范化和科学化，将政府采购预算需求确立与之后的项目立项、预算批复、采购过程、资金支付和绩效管理等阶段进行有机结合，促进建立更完善的政府采购需求管理制度体系，确保采购活动有效实现项目目标，提高财政资金使用效益。

（二）确定政府采购预算需求的依据

1. 政府采购的交易经济性

交易经济性亦可简称为经济性，政府采购的交易经济性指以最少的财政资金实现采购计划内容，以最小的代价满足了采购需求并实现最大产出。作为政府采购项目确定的依据，不能仅仅是追求节约资金，并且也只能是适当节约资金，并不是无休止性的。若政府采购活动一味地追求"低价"，那么供应商为了获利则必定降低商品或者服务的品质。对于维持政府采购经济性，那么则要求能做到"物有所值"，买对又不买贵。经济性依据包括采购对象的成本、产品或服务质量、未来可能存在的风险、各种收益、对社会的规模效应、挤入效应等。低价不是"物有所值"目标考虑的唯一因素。因此，追求"物有所值"不一定是低价为王。

从政府采购的经济性进行考量：是否在正确的时间、最好的来源、最合理的价格以及是否买到恰当的货物与实物。其一，应该考虑政府采购预算需求是否得到满足，计划采购项目是否完整实现，否则以经济性为依据来分析就失去了意义。其二，成交的价格需要合理体现产品、服务价值，与同类产品同期市场交易价格、同类产品历史价格、物价水平指数等方面进行综合考量，保证价格合理性。其三，应结合政府采购预算进行判断，确定最合理的支出规模以及资金节约率进行比例分析以实现经济性。

经济性还应关注全寿命周期成本，要考虑所采购的货物、工程和服务的全寿命周期内所发生的成本，包括初始成本、后续投入成本、处置成本等，体现了"从蜡烛到坟墓"的全过程思想。同时，要考虑项目全寿命周期内的经济性，也要考虑非货币因素和很难用货币衡量的社会效益和社会成本。由于政府采购使用资金的公共性，最终的经济性评判还需从纳税人角度进行分析，使其真正做到"取之于民，用之于民"。

2. 政府采购的宏观有效性

政府采购的宏观有效性，是指通过进行政府采购活动，在宏观层面对政治、经济和社会产生积极影响，贯彻、配合各大政策与发展战略的展开，实现公共政策职能。分析"交易经济性"是从微观角度关注社会效益，但政府采购作为政府进行宏观调控的一个重要手段与一种公共行为，必须做到确保当前利益并兼顾长远利益，因为长远利益不仅是发展的后劲，还是政府采购追求社会收益最大化的终极目标。以宏观有效性作为评判依据，要考虑相关联的政策功能是否得到有效发挥，最终实现的政策功能是否有力并符合预期、国家利益、安全和行业机密是否得到严格保护，政府采购在宏观方面是否会对社会产生挤出效应等负效应等。

追求宏观有效就要确保通过政府采购，能够对经济、社会、生态产生积极效应。政府采购公共政策职能包括支持落后地区发展、扶持国内重要支柱产业、维持贸易平衡等方面。比如采购节能环保产品、科技创新产品，支持技术密集型产品、劳动密集型产业发展壮大，给予中小型企业更宽广的发展前景与发展空间，增加发展后劲。政府采购预算需求在宏观上从供需中的需求端入手，通过引导公共部门政府采购微观层面的经济活动，最终要发挥政策预期的功能和宏观调控。

3. 政府采购的项目重点性

重点性是指在确定政府采购预算需求时，兼顾一般公共品采购的同时，要保证重点项目的采购需求。重点性要求安排政府采购需求时首先要保证基本公共品的供应，以维持政府部门的正常运转，例如我国西部某些地方政府的政府采购目标主要以保运转为主。其次是满足项目的政府采购需求，项目分为一般项目和重点或急需项目，后者在确立政府采购项目需求时应优先考虑，例如党中央、国务院交办的项目、符合地方经济和社会发展的项目以及带有政策功能的项目。

在确定政府采购预算需求时考虑重点性的原因在于财政资金有限，难以满足所有的单位预算需求，依据重要性可以最大实现政府职能，满足公众需求。例如某市财政局在一定的预算资金下，只能同时实现完成扶贫任务、公务员工资以及新建办公大楼中的两个项目，那么在前面经济性和有效性都无法做出决定的情况下，很明显公务员工资属于基本公共品的购买，扶贫任务则属于重点项目，因此该财政局应选择优先满足前两者的需求。

（三）政府采购预算需求内容

1. 确定需要实现的政府采购功能或目标

单位或部门的政府采购预算需要满足相应的功能或目标。依据政府采购功能或目标的要求来筛选合适的采购对象。政府采购预算需求的对象小到文具、打印机这类办公用品，大到坦克、飞机等国防重器，从普通货物到工程建设合同和各种服务，涉及经济生活的各个领域。通过对这些货物或服务的购买，政府得以有效运转实现政府职能。细化到具体的政府采购项目，所需实现的功能或目标一般包括提供政府正常运转需要的货物以及政府提供的大部分公共品，例如对外购买劳务建设公共工程、购买服务对公共设施进行清洁保养等。除此之外，部分政府采购项目还被赋予拉动内需、活跃市场以及保护民族产业等政策目标，这类政府采购项目一般不过分追求成本最小化，而将实现政策目标作为首要考虑因素。

2. 确定需要落实政府采购政策组成及平衡

政府采购项目在满足政府运转需求的同时，还需要考虑落实政府的采购政策，发挥政府采购的调控功能。公共支出管理是国家管理经济的一个重要手段和方面，政府采购作为公共支出管理的主要对象和内容，具有很强的政策性，是国家调控经济的重要工具和手段。政府采购政策则对政府采购实现调控功能起到引导和监督作用，相关政策有扶持中小企业发展、节能环保、扶持不发达和少数民族地区、支持国内企业发展等。在确定政府采购项目需求时，需要明晰该政府采购项目落实了哪些具体的政府采购政策，将发挥怎样的积极作用，从而确保政府采购项目的整体效益和政策目标，把政策目标减损降到最低程度。

3. 确定政府采购预算需求的具体标准

政府采购预算需求需执行的各类标准包括国家相关标准、地方标准、行业标准以及其他标准。当今多数国家都制定有较为系统的政府采购法律和条例，对政府采购项目需执行的标准进行了明确说明，例如被广泛关注的中央政府采购限额标准《中央预算单位政府集中采购目录及标准（2020年版）》规定除集中采购机构采购项目和部门集中采购项目外，各部门自行采购单项或批量金额达到100万元以上的货物和服务的项目、120万元以上的工程项目应按《中华人民共和国政府采购法》和《中华人民共和国招标投标法》有关规定执行，而政府采购货物或服务项目，单项采购金额达到200万元以上的，必须采用公开招标方式。地方政府采购限额也有相关标准，比如《北京市2020～2022年政府采购集中采购目录及标准》规定除集中采购机构采购项目和部门集中采购项目外，各预算单位采购货物、服务和工程单项或批量金额达到100万元以上（含100万元）的标准时，应执行《中华人民共和国政府采购法》和《中华人民共和国招标投标法》有关规定，实行分散采购，货物和服务类采购金额达到400万元以上（含400万元）时，应采用公开招标的方式进行采购。除了国家和地方对政府采购制定有相应标准之外，某些特殊行业对政府采购项目也制定了相应的行业准则，例如《城市桥梁工程施工与质量验收规范》《给水排水管道工程施工及验收规范》等相关标准。

四、政府采购预算决策模式

（一）有限理性和增量模式

在理想情况下，公共财政决策者期望获得所有必要的信息以制定合理、理性的决策。例如，为了在效益、效果和公平方面获得有限公共资源的利益最大化，他们需要来自各方面的准确的财政收入数据，支出项目的完全信息，准确的储备资金数据，还有准确的借贷数据。这些期望是综合理性模型的核心内容，该模型基于政策制定者能够发现社会问题（假定1）；有清楚的目标和任务；能够根据其重要性排列所有目标和任务；政策制定者有全方位的备选方案实现既定目标，有完全信息确定预测每个备选方案的结局，即收益和成本（假定2）；政策制定者能够选定最佳方案以取得既定目标（假定3）。

然而，在实际情况下，这些假定很难实行，或几乎不能实行。一方面，决策者经常面临模糊不清、定义不明的问题。另一方面，决策者或许不可能获得所有备选方案的完全信息和每一备选方案的结果。实际上，由于信息的不完全和不完美，而且缺乏一致的标准，决策者几乎不能排列预想的备选方案并确定最合理的方案。因此，当面对竞争项目时，他们不能合理地决定对哪一个项目提供财政支持。另外，经常发生的情况是，决策者没有足够的时间，技术受到限制，解决问题的资源有限。

决策者面临的不确定因素表明现实生活中纯粹的理性并不存在；决策者的理性是

预期性的、受到制约的，因此是"有限理性"。现实生活中问题的解决方法应当趋于理性，与此类问题相比较，人的思想解决复杂问题的能力很小。在有限条件下，讨论寻求所有备选方案是不合理的。西蒙认为"提出所有备选方案是一个时间长、代价高的过程，在现实情况下，甚至最小程度的完全方案都很难保证"。因此，由于受到不同主观或客观条件的限制，决策者不可能分别对某一个问题的所有目标并对其价值进行排列。他们往往寻求有限的备选方案并选择第一项符合要求的方案而不是继续寻求最理想的方案。总的说来，在决策过程中，"经济人"通过获得有关某个问题的所有信息并分析所有可能解决方法来寻求最大收益；而"管理人"认识到其局限性并寻求一个符合条件的解决方案，而不是调查所有可能的行动方案，也不是确保获得所有的备选方案。

像其他领域的决策一样，政府采购预算决策的制定是在特定的社会、政治、文化和包括各种限制的组织环境中进行的。限制由于不同的因素而出现，限制的出现导致了四类有限理性的产生。在第一类有限理性中，限制由于认知的有限而产生。决策者意在解决的问题模糊不清，信息不完善，时间有限；决策者寻求满足于较低的期望。在第二类有限理性中，限制由于社会差别而产生。由于社会分工，决策者面对由其他决策者、职员和顾客组成的复杂网罗。在这样的环境中，决策者收集的信息不但不完善，而且不同来源的信息其质量不同，可用性较低。在第三种有限理性中，限制产生于不同利益集团的多元冲突。决策者面对众多的反馈，如对抗、拒绝让步、怀疑和支持。在更加复杂的现实环境中，问题的定义有多种方式；决策者获得的信息可能在政治层面已经处理过，因此是不真实的。考虑到利益冲突，讨价还价和渐进妥协已经成为决策的主要策略，在第四种有限理性，对于理性的限制实际是来自历史社会和政治经济结构的畸变。这些结构包括了资源和权力的非均衡状态。由此产生的畸变是决策环境的一个明显特点。在畸变背景下，决策者和其他参与者一起行动；畸变就影响他们制定决策的理性。由于结构性畸变的原因，决策所需的信息模糊成错误信息，或者反映相关决策参与者的利益。在极端的结构畸变和非均衡环境中采取的决策策略支持了有效平等，同时也排斥了系统的社会、性别和经济主导的持续性。

当然，有限理性这个概念并不意味着决策者放弃理性或有效组织方面的努力。相反，他们寻求在广泛基础上所拥有资源的最大化效益。为了减少个别理性的负面影响，机构单位采取措施在决策过程中把它们的理性标准强加给决策个人。

由于几乎不可能获得解决问题的备案，也几乎不可能确定每个备案所有可能的结果，决策者会采用连续有限比较的方法，或称为递增法方法。递增的决策方法不需要完全信息。决策者采用该方法避开综合考察所有解决问题的方法，而把焦点放在有限的几个选项。事实上，很多预算活动是重复的，没有变化的。实施过的决策和竞争各方达成一致的决策往往是最为有效的。因此，预算过程中决策者可以采取比较增量变化和边际变化的方法简化预算过程。这种方法既节省时间也避免错误。

总的说来，在综合理性模式不起作用时递增方法便为可行。递增方法描述了理性决策的先决条件不能满足的情况下如何制定决策。递增预算是通过把递增变化转化成递增输入而完成的；递增输出表现为政府采购支出数据与财政收入增加数。但是，在某些决策情况下，不稳定的环境和政策变化带来了巨大的非递增变化。为了应付非递增变化，政府采购预算决策者必须全面审查所有预算项目，所以政府采购预算资源的竞争随之产生，同时通过的采购预算可能会有急速的增长，或立刻的巨大下浮。

（二）组织持续模式

预算循环中，递增状态往往被意想不到的危险和紧急情况所打破。这些危险和紧急情况导致支出的大量增加或财政收入的大量减少。巨大的自然灾害和危险以及人为的灾难造成生命损失和伤害、健康的严重影响、财产破坏、牲畜损失、环境破坏，以及社会经济的破裂等其他后果。当灾难破坏经济增长时，灾后恢复需要大批的财政投入和人员投入。经济下滑和大批失业也会引起类似的负面结果。财政决策者们不能控制这些因素；但是，他们必须在预算过程中考虑这些因素来恢复项目并得到资金支持，而且努力使财政状况得到长期良性循环。

从组织学观点看，为得到项目的预期结果，政府需要逐步建立危机管理能力以提高危机管理的实际绩效。决策者需要建立可靠系统来解决政府采购预算项目相关的危机，使可能的危机保持在本组织可承受范围之内。实际上，危机管理的过程也是建立财政和预算持续性的过程。政府必须对公共安全和危机后的恢复项目划拨资金，因为这些都是公共产品，主要通过政府采购来支出与投放到社会上。这说明政府需要建立政府采购危机管理机制来支持政府采购支出和财政收入政策，使公共财政保持在持续发展的轨道上。相反，如果政府采购预算决策者没能考虑涉及预算的内在或外在因素的风险，就会促使公共财政就会陷入危机或不能保持可持续性。政府采购可持续性管理为提高财政绩效提供了重要的基础。

（三）政治取向模式

综合理性模式强调净收益并寻求高效率，但它常常忽视受益人和受益的多寡。有限理性模式强调不稳定性和影响决策理性的限制条件，但是它没有进一步解决有限的公共资源的分配问题，也没有解决政治和管理集团之间或各自集团内部的财政收入负担问题。递增模型关注于递增变化，但没有涉及预算参与者竞争性的利益要求。因此需要一个具有政治取向的模型解决利益方、行政部门和弱势群体之间的利益冲突。因为政府采购预算过程不只是一个部门预算过程和一个财政过程，也是一个政治过程。

一方面，政府采购预算决策过程是政府资源分配政治过程；在这一过程中，有限的公共资源在不同的利益方之间进行分配。这些不同的群体通过政治力量争夺有限的公共资源，因为众多的决策参与者有不同的利益选择。同时，利益冲突也存在于行政部门和立法部门之间，行政领导与下属部门之间，以及同一级政府部门之间。一般说来，竞争和冲突通过在政治体系内把不同的优先选择转换成投票权或否决权来解决。

另一方面，政府采购预算决策过程是财政收入政治过程。在这一过程中，政府通过政府采购政策的倾向性来影响财政收入来源、不同的社会阶层和实体承担的税负、财政收入的筹集机制、财政收入筹集政策的经济和社会影响。

总之，在现代民主体制中政府采购预算的政治模型提供了一个机制，通过这个机制，预算参与者们交流优先选择，通过政治机制协商以争取更大的利益。决策者从不同来源获取预算所需要的信息，其目的是得到大多数相关团体的满意。另外，决策者通过政治调解缓和或解决冲突。

（四）交易成本与代理选择倾向

政府采购预算过程不只决定提供服务和产品的种类和规模，也决定提供服务和产品的方式。服务和产品的提供方式和服务与产品的质量、成本以及政府对私有企业的政策有关。为降低成本提高服务质量，政府采购预算决策者常常通过交易—成本分析确定政府是否提供某种产品或将产品提供外包给私人承包商。决策者不只是考虑和交易直接有关的成本（比如价格、送货、维修和培训），还要考虑人为因素（像投机取巧、有限理性）和环境因素（像交易频率、复杂程度、不确定因素）；这些因素都会增加交易成本。

除了直接的交易成本外，不确定程度和有限理性是政府采购预算决策者确定是否将产品或服务外包或内包时必须考虑的两个主要因素。较高程度的不确定和有限理性意味着更多的交易成本、低频率的交易活动和更多层次的交易组织。这种倾向促使政府采购预算决策者分析不可预知的市场，既定服务和货物的功能，以及交易的性质。政府采购预算决策者会利用规模经济的优势，识别不确定情况以降低交易成本。当相关条件表现稳定明确时，他们会选择以较低的交易成本将某些政府功能外包出去。在这些前提条件的基础上，外包项目是为了降低成本、提高效率和效果。

在商业关系中，政府作为服务或货物的买方是委托人，而服务和货物的提供者是代理人。在这样的委托—代理关系中，每一方都试图降低成本，避开风险和不确定因素，使己方利益最大化。代理人利用信息、专业技能和业务技巧方面的优势；委托人往往在交易过程中尽力控制代理人的投机行为。因此，双方达成一致的合同是进行交易和解决利益冲突的基石。在这个基础上，合同管理是公共项目外包和私有化是否成功的关键。对于政府采购预算决策者来说，确定一个有效的交易管理结构是最为重要的。合作与合同关系对于双方都有重要的意义。来自强势一方的命令、控制，以及来自权力精英的影响都是政府—承包商关系中的危险因素。

政府采购预算过程中预算决策的重要组成部分包括决策参与人和决策形势、问题的定义、设计、信息的性质、策略和预算目标。在预算决策过程中，这些组成部分共同作用，而且政府采购信息管理是为了追求最大化的预算、效率和效果。

政府采购预算决策旨在取得效率和生产率、最大预算、社会效果以及分配公共资源。理性模式强调净值和效率，预算人员计算每个备案取得的社会价值和牺牲的社会价值的比率以便决策者选择最有效的备案；增量模式主要关注预算的稳定性和准确性；交易—成本理论、代理理论、项目采购预算、规划设计和预算系统强调筹集政府采购资金和花费支出提供产品和服务的效率；政治模式使政府资源分配的结果最大化；组织持续性模式的目标是健康稳定的政府采购预算，间接要求有效利用预算资源，而新型绩效预算目的是取得预期的社会效果。所有这些目标和定位要素可以归结为政府采购预算最大化和绩效的提高。

理性决策者会尽力使自己的部门预算最大化以提升他们的名望和增加收入，寻求他们部门弹性预算的最大化；这个最大化被定义为"总预算和政治权威预期产出的最低成本之间的差额"。这个模式得到广泛接受，但是也受到挑战。

五、政府采购预算基本方法

政府采购预算不仅是预算单位实现政府运行的相关活动和服务指南，也是政策文件；它应当包括预算单位的非财政目标和任务、长期的财政政策、短期的财政发展方案，以及下一个预算年度的预算优先安排支出项目。政府采购预算决策要求大量的信息。在预算过程的不同阶段，需要通过不同的预算方法收集、处理和利用相关信息。每一种预算方法都有特定的定位，要与预算决策者根据预算财政资金投入的期望值一致。另外，即使是相同的财政资金投入，不同的预算方法也可能导致不同的产出和结果。

政府采购预算方法重点关注在政府支出和提供公共服务的系统中的不同要素。不同的预算方法要求不同的信息以及为预算决策所进行的信息处理。它们也要求不同的组织形式来完成预算，因此每一种预算方法产生了特定的制定预算和实施预算的格式。

（一）专注于财政资金投入的分项采购预算

分项预算又称为明细支出预算，是一种基本的预算形式。政府部门采用分项采购预算来展示下一个预算周期内需要采购的商品和服务，需要采购的资源按照成本和采购目标分门别类。预算分项通常与前几个预算周期对比排列。

为编制分项采购预算，预算人员要收集与新的预算周期内所采购资源相关的信息。有关预算估算的信息不只包括资源的种类，而且涉及数量、作用、质量、成本、规格等其他许多要素。预算人员在预测非人工成本时面对种种限制；在估算人工成本市场增长以及内部和外部环境变化时面对大量偶然和不确定因素。在预算限制情况下他们仍然需要进行大量的对比选择。分项采购预算排列每项资金的来源与支出量。在具体的预算支出类别项下有许多相关的子项。因此，分项预算对预算限额内的开支和预算成本的支出责任进行控制。

显而易见，分项采购预算主要关注财政资金投入的审查而不考虑产出，因此，它控制成本而忽略了产出和结果。由于分项采购预算不包括绩效要求，预算人员不需要收集预算项目的活动和功能方面的信息。这种情况下分项采购预算很少收集提供服务和生产产品不同备选方案所需信息。

另外，分项采购预算中，成本估算和拨款是以行政单位为基础，而不是以提供服务和完成任务为基础。在这个广义分类当中，分项采购预算不需要比较消费支出后果方面的信息，因为分项采购预算不包含社会结果。这就意味着在某些情况下，产生更大社会结果的项目被预算单位所忽视。再者，由于主要关注采购商品与服务的成本，分项采购预算没有考虑社会成本、交易成本和行动递增成本。因此，预算项目的社会价值没有得到确定；在实施预算时会产生障碍。

分项采购预算是一种最简单但最根本的采购预算形式。它适合较小的预算实体。在分项采购预算中，信息管理相比其他预算方法的限制较少。鉴于它的特点，分项采购预算往往和其他预算方法一起使用。

（二）基于预算单位目标的项目采购预算

项目预算是因经济分析要求和财政压力而产生的。与分项采购预算专注于预算单位的采购不同，项目采购预算聚焦于预算单位提供的公共服务和项目。它根据预算单位主要项目分配资源。项目确定是根据预算单位为实现的目标而决定需要采购的商品与服务。从这个意义上讲，采购支出计划根据预算单位旨在实现的目标而定。项目采购预算重视怎样定义预算实体的目标以及如何确定解决主要问题的项目。由于项目的确定并不考虑行政单位，项目采购预算可以打破政府部门之间的行政界限。这就意味着可能多个政府部门同时实施一个采购预算项目。

在项目采购预算过程中，预算单位的主要目标是通过实现预定的产出和结果同时降低成本并获得最大的项目收益。成本分析是政府采购预算决策者实现这个目标的关键工具。从技术层面讲，决策者通过进行成本—收益分析确保选择最理性的项目使政府获得最大收益；他们也可确定合理的产出评估措施来说明是否完成了既定的目标和任务。

项目采购预算的信息管理是个复杂的过程。首先，预算部门收集信息以确定政策目标。信息有多种不同的来源，存在有限理性的作用，政府采购政策目标可能不够完美。其次，设定一个项目并确定为预算的最终采购项目并非易事。预算人员为确定所选目标对备选方案进行大量的比较，对每一项备选方案进行成本—收益分析，然后选定最节省成本的项目以实现预算单位的目标。另外，有些项目，比如科研和长期投资，可能在一个预算周期内无法完成。应当成立一个长期项目和财政计划并在未来十年甚至更长的时间内的每个预算周期预测项目所需的资源。虽然每个预算周期都有拨款，但预算时间横跨多个预算周期，增加了项目采购预算的难度。

因为项目采购预算本身存在的问题，该方法有它的局限性。当行政部门编制项目采购预算时，它或许并不考虑政治因素，因为它主要依靠成本—效益分析和理性分析。但是，当立法部门与监督管理部门审查行政部门提交的采购预算时，它们会重视或计划新的预算采购项目以取得政治和社会结果。再者，许多公共服务采购项目有着多个政策目标；项目采购预算会出现关注一方面的政策选择而牺牲了其他的政策选择的现象。

在信息提供方面，项目采购预算带来了信息搜集和分析的负担，增加预算单位的时间和财力的消耗。同时，在跨部门完成采购项目时，它无法完全通过一个部门来满足预算过程中各方的期望。在涉及到职责时尤其如此，因为职责是按组织单位分配的而不是按项目分配的。

（三）着重长远的规划设计预算系统（PPBS）

在政府预算实践中，设计以成本—效益分析和结果评价为基础，其目的是有效取得期望目标；规划的实施是为了确定目标和任务、项目授权和取得期望目标的途径。政府采购预算是政府分配公共资源的战略性规划过程中重要组成部分；而公共项目的购买支出是为了实现政府既定的目标。政府采购规划和预算结合会确定具体的办法实现预先确定的目的，在行政过程中有效采购和提供公共服务与公共产品。

在20世纪60年代系统理论被迅速作为一个工具运用在政府采购预算过程中整合相互关联、相互依赖的要素。这种整合产生了新的预算方法，即规划、设计和预算系统（PPBS）。在这个系统中，规划过程、设计方法和预算原则及工具合并在一起。规划、设计和预算系统旨在通过成本—效益分析建立合理选择的项目，利用财政估算的资源有效完成既定的目标和任务。该方法旨在完成高质量政府采购预算决策，重视结果而不是重视财政投入。另外，规划、设计和预算系统着重分配财政资源的长远规划，根据多年影响评估成本。

鉴于本身特点，规划、设计和预算系统是一个包含许多要素的复杂机制。这也意味着规划、设计和预算系统在运作过程中需要大量信息来实现预算目的。实际上，规划、设计和预算系统改变了预算信息系统。在设计过程中，它收集与替代方案相关的信息进行效益—成本分析并确定项目运作的行动路线。在规划过程中，通过成本—效果分析确定长期目标和任务。运用复杂的分析方法分析数据，衡量预算成本的产出和绩效，基于项目要求和既定目标预测长期财政资源的需要。规划、设计和预算系统要求综合提高记账和信息系统。如果预算单位没有明确的目标，或者没有设计、规划和预算的专门知识，规划、设计和预算系统便不能发挥正常作用来完成合理的政府采购预算决策。

（四）基于政府社会政策目标的新型绩效预算

政府采购绩效预算是根据工作项目和活动来组织支出的。它既不像分项采购预算那样着重资源采购，也不像项目采购预算那样关注预算部门提供的公共服务。相反，绩效预算结合绩效信息和资源分配。它根据工作量和资源成本划分支出类别。也就是说，绩效预算强调产出、工作量比率以及完成一定工作量的成本，即预算活动的单位成本。绩效预算以采购项目的单位成本评估预算采购项目的绩效。

单位成本是关键但不是唯一的衡量绩效的标准。大部分情况下，低成本意味着质量的降低。因此，为保证既定目标在数量和质量上得到实现，绩效采购预算要求运用绩效标准衡量任务、活动和直接产出。这意味着除了单位成本外，评估绩效的标准还包括与既定活动和目标的实现相关的特定标准。

必须注意到，绩效标准并不是预算单位的终极产品。相反，绩效标准是用来达到目的的手段，这个目的就是实现预算目标。如果绩效标准运用不当就会成为误导或不能发挥其作用。因此，设定合理的绩效标准以及需要达成行政部门和立法部门的一致目标是绩效预算的关键前提条件。

由于绩效预算主要考虑一项活动是否以较低的成本得以完成，绩效采购预算决策的信息管理不同于其他预算方法。首先是绩效结构要求的信息。预算人员和决策者应当了解预算辖区人们的需求，必须根据价值标准和政策从许多选项中找到合理的政府采购需求作为既定活动和预算采购目标。他们也必须收集信息确定政府采购政策以实现预算，确定预算管理的职责、具体部门和特定人员对项目结果的责任。预算人员和决策者根据预算活动、成本和绩效标准确定预算需求、工作量、生产率和完成效果。其次是资源要求所需的信息。他们必须确定每一个预算采购项目所需要分配的资金和其他资源以及支出比率。再次是衡量预算采购活动的绩效所需要的投入、产出及衡量标准等详细信息。

但是绩效预算着重于预算决策人员在效率和效果方面使公共资金发挥最大效益。在执行采购预算决策的过程中，需要信息确定实际成本和绩效是否和采购预算要求一致，从而判断预算采购项目的价值。

由于政府需要修正与弥补市场不足，政府采购政策成为实现其经济社会目标的有效工具；通过政府采购政策功能以不公平修正经济社会不公平，最终实现经济社会的公平性。基于此，新型绩效预算（NPB）被应用于政府采购预算决策中。它又称为结果预算，主要关注预算项目的结果。

新型绩效预算的产生回应了 Osborne 和 Gaebler 在他们的《重新塑造政府》一书中提出的消费控制预算。消费控制预算是着重于效果的预算系统。它吸收了私有预算的几个特点，旨在使政府对预算投入的效果负责，同时奖励那些像私有企业为客户提供服务一样而为公民提供服务并且节省成本提高绩效的政府部门。新型绩效预算的主要思想是政府绩效的关键因素是社会目标，而不是部门的直接产出或行动。使用新型绩效预算，预算单位应当考虑政府采购预算目标或政府采购战略计划，而且将每年绩效计划以及每年采购预算和预算的战略计划结合起来，其主要目的是合理解释政府部门旨在取得的结果以及如何取得这些结果。此外，政府部门应当在预算中提供绩效衡量标准来将战略计划和绩效结果挂钩，而绩效标准不会将投入转换成产出。产出实际上是预算单位通过使用预算资金而进行的采购活动。同时，绩效标准要确保实现的产出获得部门预期的结果，即广泛的社会效果。

新型政府采购绩效预算与其他预算方法不同，它允许灵活执行采购预算。在预算实施阶段，预算单位不会受到如何花费拨款的严格条例的制约。该方法也允许部门在下个预算周期保留部分没有花完的经费，而不是将它归回国库。这种新型绩效预算要求预算部门在年度财政报告中着重政府服务结果，预算审计与评估强调结果而不是经费如何开支。

新型政府采购绩效预算方法综合了项目采购预算和传统绩效预算的特点。它像项目采购预算一样主要关注结果；又像传统绩效预算一样强调绩效衡量，只不过其目的与传统绩效预算有所不同。传统绩效预算的绩效衡量侧重于预算单位的生产率，而新型绩效预算的绩效衡量集中在结果或预算单位的社会效果。

鉴于新型绩效预算的特性，虽然在采用新型绩效预算时服务于决策的信息收集与其他预算方法有着相同的特点，但它也有其自身的特点。像其他预算方法一样，新型绩效预算收集信息以决定预算目标或战略计划；这个过程有着许多不确定因素和限制条件。与其他预算方法不同的是，新型绩效预算要求目标和结果或社会效果密切结合。这就意味着目标的确定是新型绩效预算的关键要素，行政部门和立法机关收集不同的信息，并据此决定不同的目标；这是新型绩效预算的一个主要局限，其原因是立法机关和行政部门很难达成一致。选择产出的绩效标准是新型绩效预算的主要因素，包括需要信息决定与服务对象有关的标准、标准的可测量性、结果标准、标准的重要性及标准的可管理性；这是一个理性过程，它使绩效衡量成为信息负担。事实上，确定绩效标准会使最终结果成为问题，因为没有统一的绩效标准恰当地适合所有政府部门。

每一种预算方法有其特定的优点和缺点。使用每一种预算方法进行信息管理都有其主要特征，没有一种预算方法在任何方面都完美无缺以满足预算部门的预算要求。决策者需要分析他们面对的形势以及目标和任务以确定可以使用的最为合理的预算方法。在预算实践中，政府可能完全使用一种预算方法或混合使用不同预算方法作为预算决策信息管理的一个机制。

政府采购预算改革方面已经取得了相当客观的成效，但是所取得的成效仍处于较低的水平，特别是提高以实现政府采购政策目标为目的的采购预算绩效方面还需要付出更多的努力。

六、全寿命周期成本预算理念

政府采购推行精细化管理、寻求社会效益与经济效益最佳结合点就是在政府采购中引入成本管理理念。在成本管理中，主要有生命周期成本、后采购期成本、寿命周期成本三个概念比较适于在政府采购中推行。生命周期成本，也有学者称其为全寿命周期成本，它是指产品在有效使用期间所发生的与该产品有关的所有成本，它包括产品设计成本、制造成本、使用成本、废弃处置成本、环境保护成本等。后采购期成本是指产品在采购后运行所发生的一切费用，包括使用费用、维护费用、环境保护费用以及废弃处置费用等。寿命周期成本是指采购物品在有效使用期内发生的一切费用再减去残值。在现阶段政府采购实践中，引入"寿命周期成本"理论较为合适。

（一）全寿命周期管理成本概念

在政府采购中推行寿命周期成本理念，其前提是必须细化政府采购预算，只有细化政府采购预算，才能对采购成本和使用成本进行认真比较，通过比较采购成本和使用成本在总成本中的比例，才能全面、准确地反映出推行寿命周期成本的成效和效果。只要保证其使用成本费用较低且符合低碳的理念，其采购相同标的项目时的采购成本可相对高一点，引入寿命周期成本管理其政府采购预算的细化。

1. 采购成本

采购成本分为广义的采购成本和狭义的采购成本。广义的采购成本是指与采购对象相关的物流费用，不仅包括采购订单费用、采购计划制订人员的管理费用、采购人员管理费用，而且包括采购对象取得成本、采购对象所有权成本和采购对象所有权后成本等。狭义的采购成本是指采购对象让渡时所付的费用，政府采购的采购成本一般指狭义的采购成本，即采购对象让渡时所付的费用。政府采购的采购成本预算是指采购时应支付给中标供应商的预算金额，它一般为当年支出的预算。

2. 使用寿命

使用寿命是指企业使用固定资产的预计期间，或者该固定资产所能生产产品或提供劳务的数量。政府采购的使用寿命是指采购对象的服务年限。它一般有两个使用寿命，即理论设计寿命和实际使用寿命。在预算时一般考虑采用平均值（采购时应考虑最大值）。使用寿命直接影响使用成本，使用寿命越长，其使用价值越高。

3. 使用成本费用

使用成本就是指消费者在使用某种产品满足自己需要的过程中，所需要增加的费用，包括库存、安装、配件、维修、保养和使用成本等。政府采购的使用成本费用是指采购对象每年在使用或服务中所发生的一切费用。使用成本费用包括直接费用和间接费用。直接费用是采购对象正常运转的直接费用，在一定情况下是一个不确定值，可能递增或递减；间接费用是保障采购对象正常运转或服务的费用，即维修和保养费用。一般来讲，间接费用是递增的。

4. 废弃处置成本

废弃处置成本是指采购对象到了使用年限后,处置或报废所需的费用。有些采购对象可能不需要处置,所以就没有处置费用,有些采购对象的处置费用还相当高,如医疗设备等。

5. 残值

残值是设备原值减去按法定使用年限计提的折旧费后的价值。一般残值的计算方法:固定资产原值×残值率。固定资产的预计净残值率常见为3%~5%,可根据具体情况调整。除国务院财政、税务主管部门另有规定外,行政事业单位固定资产计算折旧的最低年限如下:一般房屋、建筑物为50年;飞机10~15年;火车和轮船20年;载客汽车15年(80万公里);空调设备18年;电子计算机和电视机8年;医疗设备20年。

综上所述,政府采购的寿命周期成本理论就是对采购对象实行全过程的预算,既包括采购成本预算,又包括使用成本预算,还包括废弃处置成本预算和残值收益预算。

采购对象的总预算 = 采购成本预算 + (使用寿命×使用成本)
+ 废弃处置成本 - 残值

(二) 全寿命周期成本管理

在政府采购中推行寿命周期成本,核心问题是在操作时程序必须规范。

1. 了解市场行情

采购人要做认真的市场调研,了解采购项目标的的基本情况,编制出详细的需求说明。采购人应通过对市场的调研,计算出详细的采购成本和使用成本,并对采购需求方案进行认真的分析和比较,最终确定采购项目的具体技术指标和采购标的。

2. 科学、完整的采购评审程序

对于采购按寿命周期成本进行预算的采购项目且符合节能环保的,在采购操作时,应采用专门的招标文件和评标办法。招标文件要求供应商提供采购项目详细的使用年限的理论值和实际值,分年度的使用费用及维护费用。该评标办法只能在综合评分法和性价比法基础上进行改进,突出性价比权重的比例。此权重还应依据不同的采购对象分别予以规定,且全国统一标准和模式。

3. 科学的考核体系

要规范对供应商的考核。对于供应商所提供的技术参数要加强验收和考核,防止欺诈行为。有些采购项目使用寿命较长,其使用和维护费用是否如供应商书面阐述的那样,还有待实践的证明,因此,采购人应认真负起责来,认真进行验收和考核,一旦发现其产品偏离投标文件所承诺的正常值,则证明供应商为欺骗行为或不诚实,就要在供应商诚信档案上进行记载。

(三) 全寿命周期成本管理作用

在政府采购中引入寿命周期成本理论,是强化政府采购管理、完善政府采购预算编制、细化政府采购操作执行的重要举措,对政府采购实行科学化、规范化、精细化管理具有深远的意义。

1. 有利于管理理念转变

在政府采购中引入寿命周期成本,关键是要转变观念。长期以来,人们在政府采购活动中往往只重视采购成本，忽视使用成本，注重经济效益，而忽视社会效益。这缘于人们的采购观念和宣传的导向问题。在推行政府采购初期，我们过多地宣传政府采购的节资功能，在采购时没有算综合账，更没有指标去考核社会效益等，因此，过多地、僵化地考虑采购成本，普遍认为采购的节约率越高越好，所以应转变观念。

目前主要应转变两个观念：一是转变片面追求采购成本越低越好的观念，树立综合效益观念。推行政府采购制度的目的，不仅仅是为了节约财政资金，更多的是实行政府采购的政策功能，即支持自主创新、节能环保等，所以在政府采购活动中，要将经济效益、社会效益和政治效益进行综合考虑，针对不同的采购对象或采购活动，有目的地重点突出和考虑社会效益和政治效益。二是转变片面追求短期效益的观念，树立长期效益观念。短期的效益是看得见、摸得着的，是立竿见影的，是当代人可以享受或感受到的，在政府采购中追求短期效益无可厚非，但不可以牺牲长期效益为代价，换取一时的短期效益，所以应树立长期效益观念。

2. 提高财政资金节约率

对采购对象实行寿命周期预算，可以让采购人将采购费用和使用费用进行比较，看哪一种情形更能节约财政资金。因为有些采购对象虽然采购时费用较高，但性价比较高，使用费用较低，有些采购对象则反之。特别是节能环保性产品一般是采购成本高，使用成本低。这样一来，就可以解释为什么有些采购对象采购费用相对高的原因。

3. 进一步地细化政府采购预算管理

寿命周期管理将政府采购对象的采购预算、使用预算和残值处理预算全部纳入管理，使政府采购预算更加科学、精细，便于采购人在采购时对采购资金和使用资金有一个全面的权衡，利于采购人决策。

七、政府采购预算具体内容

1. 采购项目

政府采购项目按当年财政部门公布的政府采购目录进行编制。政府集中采购目录是政府采购中需要重点管理的货物、工程和服务的归集，是预算单位编制年度政府采购计划的依据。

货物类。一般包括计算机、复印机等办公机具，科研、教学、医疗用仪器设备，公检法等执法监督部门配备的通用设备和统一制装，办公家具、交通工具、锅炉用煤等。

服务类。一般包括会议、公务接待、车辆维修、加油、大宗印刷、机票订购等项目。服务类项目一般实行统一定点采购。

工程类。一般包括基建工程，修缮项目，财政投资工程项目中由建设单位负责采购的大宗材料（如钢材、铝材、木材、水泥等）和主要设备（如空调、电梯、消防、电控设备等）。

2. 采购估价

采购估价是指对所需的货物、工程或服务进行的价格估计。采购估价需要处理好定价依据问题：一是以现时市场零售价格为基准进行估价，使产品价格保持在社会零售价格的平均水平上，这种估价方法会显示出较大的节约成果，但不利于对采购人在采购中形成降低成本的压力。二是以产品批发价格为估价依据，这主要是出于委托采购有较大批量考虑，这种价格估价能使预计的采购价格更容易接近实际发生的采购价格。同时，在估价中，要努力做到不要过高，也不要过低，要做好市场调查，尽可能贴合实际，面对瞬息万变的市场价格要尽可能有所预计，建立和完善应对价格变化可以调整预算的调整机制。

3. 数量/型号

采购人在编制政府采购预算时，应详细预算出采购项目的计划采购量和配置标准。

4. 资金来源

单位用于政府采购项目的支出计划，一般包括：财政拨款即财政预算拨款中用于政府采购项目的支出；财政专户拨入资金即单位用存入财政专户的收入安排政府采购项目的支出；单位留用收入即单位采用经批准直接留用的收入安排政府采购项目的支出；其他收入即单位用上述资金来源以外的资金安排政府采购项目的支出。其他收入有自筹资金、国家财政转贷资金、银行贷款、国际金融体系贷款等。从实际工作来看，单位的支出一般分为三大类：人员经费、正常经费和专项经费。

政府采购的项目是货物、服务和工程，因此其资金来源主要限定在各项收入安排的公用经费和专项经费部分。按照我国部门预算编制要求，各政府机关、事业单位、团体体系的预算内资金和预算外资金统一安排使用，而体现在政府采购预算中同一项目的采购，无论是预算内资金还是预算外资金，其中各占多少比例都应该是十分明确的，而且最终纳入统一的政府采购预算，同时要把政府采购中的资金落到实处，不能列出没有资金保障的欠账和空头采购标的。

5. 投入使用/开工时间

政府采购的基本方式是公开招标。投入使用或开工时间，是政府采购项目通过招标或其他方式，获取货物、接受服务和工程开工的时间。

八、政府采购预算编制步骤

（一）政府采购预算编制程序

虽然政府采购预算与部门预算一同编制，其程序基本相同，但有一定的区别。

一级政府制定或委托相关部门制定并公布下一年度的《政府集中采购目录和公开招标限额标准》。

采购人依据本级政府公布的下一年度《政府集中采购目录和公开招标限额标准》，按照部门预算编制的格式和口径编制本单位下一年度的政府采购预算。报一级预算部门汇总。

部门上报政府采购预算。一级预算单位汇总本部门的部门预算（包括政府采购预算）上报财政部门的相关分管业务主管司（处科股）。

财政部门审核政府采购预算。政府采购监管部门配合财政部门的业务主管司（处科股）按照部门预算编制的要求以及"二上二下"的程序对政府采购预算进行审核，审核通过后的政府采购预算编入到部门预算之中。

同级人民政府审批政府采购预算。财政的预算编审部门将部门预算（包括政府采购预算）上报同级人民政府审批。同级人民政府采购审批未通过的，出具审批意见，采购人根据审批意见修改政府采购预算后再重新上报审批。

同级人大审议通过政府采购预算。同级人民政府将审批后的部门预算（包括政府采购预算）报同级人民代表大会审议。

财政部门批复政府采购预算。财政部门将同级人大审议通过的部门预算（包括政府采购预算）下达给一级预算单位（采购人）。

政府采购预算的调整。采购人依据工作的变化，需要调整政府采购预算的，提出调整政府采购预算书面申请，由一级预算单位汇总后报财政部门的业务主管司（处科股）初审，然后报同级人民政府审批，最后报请同级人大审议。财政部门将经审议通过的政府采购预算调整方案批复下达给一级预算单位（采购人）。

（二）政府采购预算编制流程

政府采购预算编制流程见图 6-1～图 6-4。

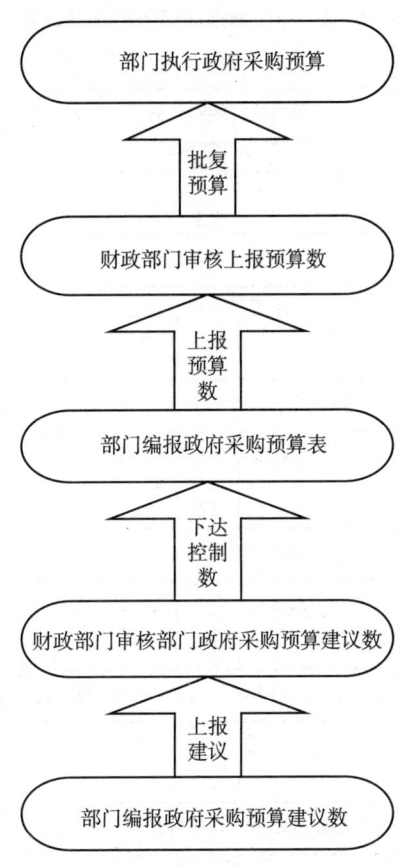

图 6-1 中央部门政府采购预算总流程

图 6-2 部门编报政府采购预算流程

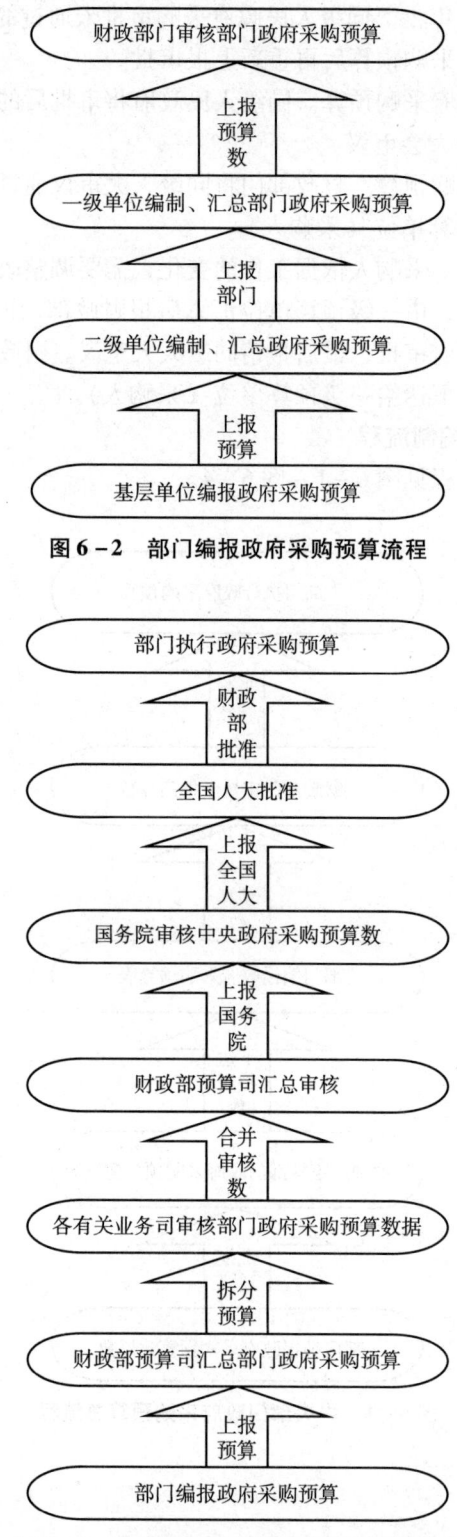

图 6-3 财政部审核上报政府采购预算流程

```
         ┌─────────────────────────┐
         │  有关业务司局会签批复预算  │
         └─────────────────────────┘
                    ▲
                    │ 上报预算数
         ┌─────────────────────────┐
         │ 预算司汇编批复说明、打印批复表、│
         │ 司局领导签名、汇总部门政府采购预算 │
         └─────────────────────────┘
                    ▲
                    │ 汇集预算
         ┌─────────────────────────┐
         │   财政部各业务司局编写批复说明   │
         └─────────────────────────┘
                    ▲
                    │ 财政部预算司
         ┌─────────────────────────┐
         │   全国人大批准中央政府采购预算   │
         └─────────────────────────┘
```

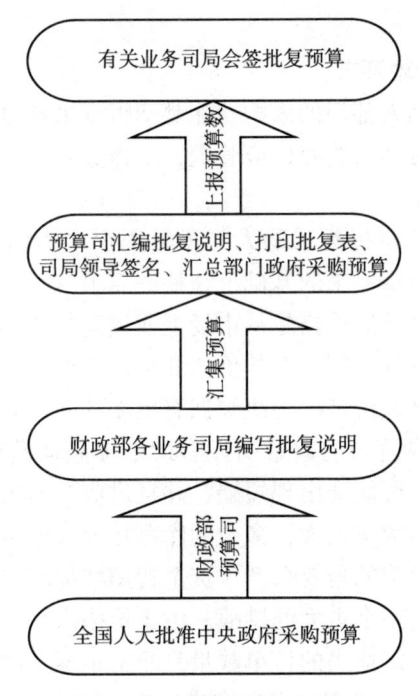

图 6-4 财政部批复预算程序

九、预算管理贯穿政府采购始终

（一）政府采购预算实现阶段

政府需要获得从常规、低价值物品到高度复杂的解决方案中的一切商品，例如信息技术系统、新武器的研发和制造。这些政府采购流程、技术和问题有很大的不同。诸多因素需要不同的方法，所以考虑每个政府采购要求的性质，然后再决定合适的方法是很重要的。

这些阶段中政府采购范围都是极其广泛而全面的，涉及一个单位所需的政府采购支持力度的各个方面。采购过程在很大程度上是一个跨职能的过程，或发生在不同的地区。

第一阶段，从前期政府采购规划阶段开始，采购人提出采购产品或服务的需求，并且资金来源也是通过预算拨款的。采购人可以使用预先安排的机制，自己可以直接订货或者委托集中采购中心。

第二阶段，征集开发和供应商选择，关注征集方法和地点的选择，特别注重识别提供所需要的产品和服务的供应商。采购人或代理机构在供应商选择阶段、管理征集、评估和谈判/签约活动中是非常关键的扮演者。它对这个过程的完整性负责——确保规格尽可能开放并且尽可能有利于有效竞争；确保采购和招标过程尽可能公平和透明；确保评估和谈判是公平和一致地进行的；确保任何由此产生的合同充分保护公共机构的利益。

第三阶段，在合同管理过程中，与供应商有持续的相互作用，这远远超出了合同中规定要求的简单满足。

（二）政府采购预算管理环节

多年来，公共部门和私人部门的采购功能都变得越来越复杂、越来越专业化和基础广泛化。从最初的采购发展到采购和供应管理，工作重心已经从被动转向主动，从战术转向战略。

融入采购流程中的预算目标为采购人（最终用户）提供必要的专业服务来满足它在历史上、预算和本单位规章要求的基础上独特的需求。

以合适的价格购买。合适的价格是从市场上通过竞争招标获得的，这保证了以最好的价格与负责任的供应商签订合同。最佳价值和生命周期成本技术的使用增加了对采购人员比以前必要的纯粹的最低价基础上决策拥有更多的知识和技能的需要。

购买合适的数量。采购适当的数量明显有助于提高运营效率。如果购买的数量太少，单位成本通常会更高，可能会出现短缺，并且供应商与采购人之间的关系可能会变得紧张。相反，如果购买的数量太大，多余的库存将增加成本，积压可能成为一个严重的问题，并且对额外储存设施的需要会产生资金费用增加问题。确保产品或服务在正确的数量对于采购官员来说是一个重大的挑战。由于价格水平、交货时间计划的变化和缺乏充足的运营规划，精确确定适当的订单数量是非常不容易的。然而，随着复杂的物料需求计划（MRP）软件系统的出现，可以准确地确定数量要求。

购买合适的质量与数量问题一致，采购合适的质量明显有助于采购人职责的实现。质量通常是由采购人（终端用户）确定为定义产品或服务的预期用途或者结果的一种手段。如果质量太低，可能需要额外的数量来弥补不足。相反地，反映比实现预期结果所需的更高水平质量的产品规格通常会导致不经济的初始成本。

在合适的时间购买。采购时机对于最大化税收价值的能力具有相当大的影响。在极其动态多变的市场，采购必须定时，避免价格上升时购买。要做到这一点，政府采购人和采购代理机构必须具备使用、需求和预算运作需要的知识。此外，它必须意识到影响商品和服务市场的不同因素，包括经济、竞争、技术、政治、法律和社会或其他通常无法控制的影响决策过程的变量，对采购人的需求与预算的响应是在政府采购过程中实现的。

在正确的地方购买。地点是确定采购人或采购代理机构是否已经完成了预算目标的一个关键因素。商品和服务必须被传递到适当的位置，以确保对采购人的可用性。在不同的地点提供基本公共服务时，地点变为一个关键问题。

从正确的来源购买。供应来源的选择对于有效的采购来说是至关重要的。采购人或代理机构需要准确地描述所需的产品质量，确定精确的所需要的量，估计所需的价格和明确指定确切的交货时间与地点。这一切缜密的计划可以排除不合适的供应商。一些供应商不能生产预期的质量，而其他人不能提供所需的数量，还有一些能够满足质量和数量的要求但是不能以合适的价格出售。

近年来，对广泛的社会经济和环境问题更加敏感，这塑造了一个集成的供应链管理战略的发展，包括从有些群体中购买，如小企业，少数民族地区供应商，残疾人，劳动力过剩地区和妇女拥有的企业。环保采购规制要求也影响择取供应商的决策。努力保护环境和自然资源的供应商正在成为首选的对象。采购人或代理机构往往是根据法律规定执行政策，回收废旧产品，考虑回收市场作为原材料的供应源。这些变量增大了采购人在供应商选择中考虑合适因素组合时面临的多重机遇与更大的挑战。这些增加的需求，必须通过那些更明智的和更有知识的采购人或专业人士来实现。

购买正确的服务。买卖双方的关系可能会被一个特定采购前后的服务固化或者破坏。采购人寻找与正在购买的物品相一致的最高水平的服务。许多产品和服务技术复杂性的增加要求优质的服务必须伴随购买。从供应商那所需的预期服务质量的程度将增加本单位接收的实际价值。随着越来越多的采购人实行客户关系管理，高效服务可能被用来测量买卖双方的实力和承诺的依据。此外，服务可能是核算最佳价值的一个重要组成部分。

第三节 政府采购计划

一、政府采购计划界定

在《政府采购法》中，对于政府采购实施计划，没有明确的规定，只是在《政府采购法实施条例》中提及，但没有对其进行界定。所谓政府采购计划，是指采购人依据批复的政府采购预算，按照工作的安排与进程，在采购前编制的包括采购项目具体需求与要求的采购实施方案。由于没有统一的规定，对政府采购计划的理解、操作各地都不一样。但较为统一的是政府采购计划内容主要包括：品目代码、标的的名称以及规格、计量单位（货物）、采购预算、采购资金来源构成、采购需求、选择的组织形式和采购方式等。

政府采购计划是财政部门对政府采购预算执行实施管理的一种方式。政府采购计划对列入政府采购预算中的采购项目，有采购组织实施形式、采购方式、政府采购资金实行财政直接拨付范围、政府采购预算补报及政府采购项目的调整程序等方式说明，目的是指导政府采购预算的实际执行，它是政府采购预算的具体化。

二、政府采购计划与预算关系

1. 采购预算是制定采购计划的前提

预算是对未来一定时期内收支安排的预测、计划。政府采购管理部门应于每年的第四季度制定并发布下一年度的集中采购目录，并对编制政府采购预算提出具体要求，其中最重要的方面就是要规定哪些品目将纳入集中采购范围，以及实行公开招标的数额标准。在下一年初，管理部门需要对各采购人上报的政府采购预算进行审核、汇总，然后向采购人批复本年度的采购预算，属于集中采购范围的还应同时向集中采购机构下达采购计划。

2. 采购计划是采购预算执行的实施方案

政府采购计划是财政部门对政府采购预算执行实施管理的一种方式。政府采购计划对列入政府采购预算中的采购项目，在采购体系实施形式、采购方式、政府采购资金实行财政直接拨付范围、政府采购预算的补报及政府采购项目的调整程序等方面作出具体规定，目的是指导政府采购预算的执行。

三、政府采购计划作用

政府采购预算相对于政府采购实施计划要粗略一些，特别是政府采购预算编制时间较早，虽然当时编制时也经过反复的论证，但毕竟"时过境迁"，一些情况也发生了变化，因此，采购人在实施采购前，需要编制一个详细的实施计划，以便于采购人实施采购，采购代理机构组织采购，监管部门实施监督。

1. 有利于对政府采购实行精细化管理

要求采购人编制实施计划，采购人能再一次对采购对象进一步进行论证，并提出详细的采购需求和更接近市场平均价的预算数，以便于节约财政资金。

2. 有利于实行采购的规模化操作

要求采购人在采购前编制实施计划，是为了将各采购人采购需求相同的采购对象集中起来，然后进行统一集中委托，实施批量集中采购，从而实行规模效应，既节约财政性资金，又节省采购成本。

3. 有利于落实政府采购的政策功能

采购人编制实施计划，可将采购需求提得更加具体、详细，政府采购监督管理部门依据实施计划，在采购活动的实际操作中，采取有效的措施，充分体现和贯彻落实政府采购的政策功能，从而达到保护民族工业、支持自主创新以及节能环保的目的。

4. 有利于调度资金

编制政府采购实施计划，有利于财政部门"调度和安排"采购资金。在管理政府采购时，保证采购资金的及时到位是财政部门的主要任务。若采购人的采购工作缺乏合理的计划或约束，则结果只能是采购工作随时随地地进行，这样将给采购资金的调度带来不可预测性。采购资金的调用如无法保证及时到位，则会严重地影响财政资金的使用效率。但如果政府采购部门制定了采购计划，则就能根据计划逐步地安排采购资金，保证采购资金的按时支付，提高财政资金的使用效率。

5. 有利于对采购人的采购活动监管

采购人编制实施计划并报政府采购监督管理部门备案，一方面政府采购监督管理部门对其采购方式选择进行审核；另一方面政府采购监督管理部门通过实施计划可对采购人实施的采购活动及有关政府采购当事人的行为进行监督管理，防止采购人采用化整为零等手段规避政府采购以及政府采购当事人之间串通而损害国家利益。同时还有便于政府采购监督管理部门加强对政府采购活动相关资料的收集与整理，为今后的政府采购工作提供依据。

四、政府采购计划内容

编制政府采购实施计划是为了更好地组织采购活动，因此，它比政府采购预算更详细、更具体。

采购人名称。在实施计划中，采购人名称应写全称，并将采购人的具体联系人以及联系方式注明，以便采购代理机构或供应商与采购人联系。

采购对象及主要技术参数。采购对象分为货物、工程和服务。采购人在编制实施计划时，应提出采购对象详细的技术参数或采购需求，其目的是为了提供给采购代理机构编制采购公告、采购文件等。

采购的资金构成与支付的方式、时间。在实施计划中采购人应将采购资金来源、构成以及合同款的支付方式、时间交代清楚，便于供应商判断是否参与采购活动。

采购活动的完成时间要求或交货的时间与地点。采购人编制实施计划时，应将采购对象的完成时间或交货的时间与地点交代清楚，使供应商知晓采购人的要求，有能力承担的则响应。

采购方式确定或申请。依《政府采购法》规定，公开招标应作为政府采购的主要采购方式，但同时也规定了几种特殊情况或条件下可采用其他采购方式，采购人可依据《政府采购目录和限额标准》和法律规定的几种特殊形式确定采购方式，需要变更采购方式的，提出申请，政府采购监督管理部门依法审核、审批采购方式和实施采购活动的组织者，即是否要求采购人委托给集中采购机构代理采购。

其他需要特别说明的问题。在采购活动中，采购人有不违反法规规定的特别要求可以提出，便于供应商视情况响应。

五、政府采购计划编制时间

政府采购实施计划由采购人按照政府采购预算时拟订的采购时间，根据采购对象与采购项目的大小情况提前编制。之所以有一个提前量，是考虑采购活动的实施有一个过程，有些过程、程序和时间要求是法定的，不可删减、颠倒和越过。为了保证采购项目的采购活动与合同履行、验收有充足的时间，有些大型采购项目至少要提前3个月编制政府采购实施计划，需要采用招标方式采购的采购项目至少需提前30个工作日，采用其他非招标方式采购的采购项目也需提前10~15个工作日。

六、政府采购计划编制方法

一旦来年的战略计划已经制定并且预算已经建立，那么同一时期精确的采购计划应该制定。为了制定采购计划，采购人员必须了解数量和时间、性质。

在数量和时机决策中要考虑的第一个变量是市场的稳定性。在稳定的市场中生产的产品基本上是标准的现成物品。在一个合理的竞争经济中，供求关系决定价格水平，标准的产品将按照该价格出售。这从长远来看可能是正确的。然而在短期内，能影响采购人为这些项目支付价格的唯一方式是通过某种类型的购买量的安排，提供供应商降低成本的手段。

不稳定的市场是那些表现出短期波动的市场。许多这些商品都有它们受国际政治局势、气候、生长条件、炒作以及供求因素决定的价格。在不稳定的市场中，时机成为一个重要的考虑因素。

采购人力求确保它们单位有充足的商品供应。在价格稳定的市场，时机不像在不稳定的市场中那么重要。对市场情况的仔细观察和分析是必不可少的，因为采购人希望能满足它们的价格和供应目标。虽然采购人无法控制市场价格,但可以通过他们购买的合适时机,在一定程度上控制他们支付的价格。

一个充分的采购计划包括需求、市场和供应商的分析。第一个是需求分析,这是用来估计基于前一年的加上即将到来一年的预期用途的年度需求。第二个分析是基于市场的评估,这涉及研究产品的可用性、市场波动、供求关系和价格。这应该是一个连续的过程,因此,购买计划可以被调整以实现最大的可用性和最好的价格。第三是供应商分析,这决定了竞争的可用性和更经济或者有效的替代产品的可能性。评估当前供应商的表现属于分析的这一类。这种类型的分析应该是持续的,因为它代表了为政府实现最大值的关键步骤。

采购人编制政府采购实施计划,必须依据采购标的所实现的目标或要完成的任务进行,同时,充分考虑落实政府采购的政策功能。

充分的市场调研。政府采购是市场经济行为,作为买方的采购人,不了解市场行情,就不可能采购到物有所值的采购对象。因此,采购人要进行充分的市场调研,掌握第一手资料,为编制实施计划做准备。

采购需求更加具体、明确。采购需求是采购项目所要实现的目标。无论是政府采购预算的采购需求还是采购计划的采购需求,在采购实施前,都有一个"时间差",有些采购标的的知识更新和产品更新是以"月、旬、星期"为周期的。因此,采购需求的确定,必须紧跟市场的变化。涉及服务公众的采购项目,其采购需求还应征求服务对象的意见。

选择有利于落实政策功能的组织形式和采购方式。政府采购必须促进经济的发展,这是其责任所在。编制政府采购实施计划时,要充分考虑如何落实政策功能,应选择有利于落实政策功能的组织形式和采购方式,同时,促进公平竞争。

七、政府采购计划备案

政府采购计划实行备案制。所谓备案,是指向主管机关报告事由存案以备查考。政府采购计划的备案是指采购人将编制好的采购项目的实施计划向政府采购监督管理部门报告并存案以备查考。

目前,政府采购实施计划采取网络备案。除需要审批的采购方式变更和进口产品外,其他的不需要监管部门审批等。

八、特殊政府采购计划审批

特殊的政府采购实施计划主要是指采购活动实施前、实施后需要变更采购方式和采购进口产品。对于采购实施前,变更采购方式,经设区的市级以上人民政府财政部门批准,可以依法采用公开招标以外的采购方式。

对于采购实施后,需要变更采购方式,则依据其供应商的响应程度情况决定,由采购代理机构或者采购人提出申请,公开招标数额标准以下的采购项目采购方式的变更,由预算主管部门(一级预算单位)自行审批。超过公开招标数额标准的采购项目采购方式的变更由政府采购监管部门审批。

进口产品采购的审批。我国《政府采购法》第十条规定,政府采购应当采购本国货物、工程和服务。但有下列情形之一的除外:需要采购的货物、工程或者服务在中国境内无法获取或者无法以合理的商业条件获取的;为在中国境外使用而进行采购的;其他法律、行政法规另有规定的。因此,对于进口产品的采购,实行审核管理。

进口产品是指通过中国海关报关验放进入中国境内且产自境外的产品。进口产品政府采购是指国家机关、事业单位和团体体系以直接进口或委托方式采购进口产品(包括已进入中国境内的进口产品)的活动。

采购人需要采购的产品在中国境内无法获取或者无法以合理的商业条件获取,以及法律法规另有规定确需采购进口产品的,应当在获得财政部门核准后,依法开展政府采购活动。相关部门批准采购人采购进口产品,还应当坚持有利于本国企业自主创新或消化吸收核心技术的原则,优先购买向我方转让技术、提供培训服务及其他补偿贸易措施的产品。设区的市、自治州以上人民政府财政部门(以下简称为财政部门)应当依法开展政府采购进口产品审核活动,并实施监督管理。

思 考 题

1. 政府采购预算的含义是什么?
2. 政府采购预算特征有哪些?
3. 理解政府采购预算与政府战略规划的关系。
4. 政府采购预算需求有哪些主要内容及如何确定预算需求?
5. 理解政府采购预算决策方法与模式。
6. 全生命周期预算理念有哪些?
7. 理解政府采购计划与政府采购预算的关系。
8. 政府采购计划的内容与编制方法是什么?

第七章

政府采购招标阶段

第一节 政府采购意向公开

在依据政府采购规划、政府采购预算需求,采购预算审批通过后,就进入了政府采购招标阶段。本阶段是进入政府采购活动的第二阶段。为进一步提高政府采购的透明度,让供应商提前获释政府采购信息,保障各类市场主体平等参与政府采购活动,从而优化政府采购营商环境,提升采购的绩效,要求各采购人公开采购意向信息。

一、政府采购意向概念

所谓意向,简称为意图。政府采购意向是指采购人采购项目的意图。

采购意向内容来源于有法律意义的经批复的部门预算,也就是说,采购意向的内容应与部门预算相一致,其公开的内容只能多于或大于部门预算,更不能"偷工减料"。部门预算(政府采购预算)、采购意向和采购实施计划三者有什么关系呢?部门预算、采购意向和采购实施计划,是政府采购活动过程中不可或缺的三个重要步骤,其内容的侧重点不同,法律效应也不同。部门预算是基础,是采购意向信息的来源,但采购意向信息内容中的采购项目采购需求的信息量更多、更大,更便于供应商读懂或了解。采购实施计划是依据采购意向编制的具体的采购实施方案,是落实采购意向的具体化,更便于实施。

部门预算的采购信息侧重于告诉人大代表的,采购意向的信息侧重于告诉供应商的,而采购实施计划侧重于告诉采购代理机构和监管部门的。

二、采购意向公开内容

采购意向信息公开的内容,除以协议供货、定点采购方式实施的小额零星采购和由集中采购机构统一组织的批量集中采购外,按项目实施的集中采购目录以内或者采购限额标准以上的货物、工程、服务采购均应当公开采购意向。采购意向信息公开的内容应当包括采购项目名称、采购需求概况、预算金额、预计采购时间等,其中,采购需求概况应当包括采购标的名称,采购标的需实现的主要功能或者目标,采购标的数量,以及采购标的需满足的质量、服务、安全、时限等要求。同时,还包括:一是采购人的联系人以及联系方式。有些采购项目越早介入就越能做到知己知彼,方可求胜。二是政策功能。它包括支持中小企业、贫困地区的定向采购等。三是采购项目的开工、完工的时间或工期的要求。开工、完工的时间，涉及供应商安排工期，对采购成本有一定的影响。四是采购项目的采购资金的支付方式或支付比例、支付时间。采购资金的支付方式或支付比例、支付时间直接关系采购项目的报价，供应商对此都十分关注。

三、采购意向公开要求

采购意向信息作为必须公开的重要的政府采购信息，其公开的形式全国规范统一，便于供应商查询或获得。

公开的主体。由主管预算单位汇总本部门、本系统所属预算单位的采购意向实行集中公开为好，便于供应商获得。

公开的媒体。公开的媒体为政府采购监督部门指定的媒体，以中国政府采购网最优。在网上开辟专栏，即采购意向信息公开专栏，并分省市专栏。便于供应商查获。如各主管预算单位有自己的门户网站，则应开辟专栏。用于公开本部门、本系统的采购意向。并与部门预算公布在一个专栏中。

公开的模式。对于公开的模式问题，可按政府采购品目分类的标准进行，这样更便于供应商在海量的政府采购信息中分类获取，不然，采购意向信息会"淹没"在浩瀚的政府采购信息中。

公开的时间。原则上不得晚于采购活动开始前30日公开采购意向，但采购人不能都"采点"公开。也就是都在采购活动开始前的30日公开，不然，采购意向信息公开的意义不大。原则上讲，部门预算下达后的一个月内即应公开采购意向信息。但即使这样，根据我国目前的实际情况，有些采购意向信息也到每年的4月之后了。

"不可预见"条款的不可随意使用。因预算单位不可预见的原因急需开展的采购项目，可不公开采购意向。但为了保证采购意向信息公开工作落到实处，"不可预见"情况应与《政府采购法》以及其实施条例解释相一致。采购人不可滥用该条款而规避公开采购意向信息。

第二节 政府采购需求

一、采购需求与标准

采购人一旦确定了需求，接下来就是确定哪些是必须买的。符合采购人要求的采购关键是规范。采购人要具备能够准确、简明地描述所需的产品或服务的能力。包括价格、交付条件、产品性能要求以及最终选定供应商或服务提供商。

因此，通过招标过程采购需要的产品和服务可以准确地被描述出来至关重要。这些通常被称为"需求"和"标准"。采购人、采购部门或社会代理机构可以依靠需求和标准来识别特定采购人的需求，并且可以通过需求和标准来确保所需的产品和服务将会满足所需的最终结果并且按照预期来执行。

采购标准是由权威部门所认同的、特定的标准化内容与要求；它是由一系列需要满足的条件组成。

采购需求是对服务或商品或者建设项目的物理或功能性特征的精确描述。对于商品的描述与对于服务的描述截然相反。规范是一项对于购买者想要买什么以及一个投标人为了获得合同而必须响应什么的描述。需求通常属于以下类别：设计、性能、组合（设计和性能），品牌名称或经过认可的相同产品，合格产品名单和样本。采购需求还描述了所需的产出或绩效，技术要求、预期用途、制造流程、测量的大小或单位，以及包装要求。

采购需求的目的是使代理人准确地了解到被采购的项目，协助采购人明确地定义或描述需求，并和供应商沟通最终用户的要求。需求的目的是：一是描述和表达最低要求；二是识别性能、质量和操作特征；三是使供应商和服务提供商与所规定的要求相比较，并在一个可以比较或者平等的基础上提供招标、投标，报价，或者建议；四是使采购人和采购机构能够以评价询价；五是最大化市场竞争。

二、采购需求种类

设计需求。设计需求详细地描述了物理特性、外观、连通性、尺寸、重量和尺寸，并且解释使用的特定商品和必须使用的组装方法。伴随设计需求通常有详细工程图纸或蓝图以及综合描述性的建筑、安装和测试流程。这些需求形成最准确的供应安排和合规性设计特点。设计需求常用于承包基层项目建设和高技术或专门的公共工程项目建设。

性能需求。性能需求，又指功能需求，是用于描述为达到特定的结果对产品或服务应执行什么功能及如何执行、操作、固有的性能需求，据此来确认及描述产品或服务必须满足的能力和期望值。

组合需求。组合需求包含了"设计"需求以及"性能"需求的特性和功能。它可能还包括结合商业标准的结合，品牌名称，以及之前评估合格产品列表（产品一览表）的任何指标。

品牌名称或经过认可的产品。这种类型的规范标识是指一个特定的公司生产的产品，并包括制造、模型和具体的产品信息。由品牌/制造/模型指定一个产品或服务是有风险的。假定陈述品牌作为市场的基本规范的个体是充分了解市场的，并相信在这个市场内没有具有更好价值的、更好的产品或服务了。为了允许竞争，品牌名称规范应当载明被用户认为是至关重要的品牌产品元素。

合格的产品清单和样品。招标前，对产品和服务要通过综合实验室或应用程序的测试。对产品以及产品试验设计，进行符合规范或商业标准的评估。一旦产品和服务被认定合格，供应商和他们的合格产品将列入产品一览表。这些产品通常被称为达标产品。购买前也可以对新产品或改良产品进行测验验证该产品是否合格。招标前的质量测试可以减轻购买到一个劣质产品或不符合实际需求的产品的风险。如果这样的测试是在采购过程中进行，应该要求潜在供应商及其制造商提供足够的产品测试费用和未来的合规监控费用。

如果采购机构使用外部专业实验室进行测试，并提供一个关于合规的独立、公正的意见。在这些情况下，买方必须有权采用第三方合规测试报告。

鼓励取得和保留使用产品一览表中的样品或原产品，以及对于清单中列举的每个产品书面规范或描述性文献。这可以使采购人或社会代理机构将最初要求或指定的产品与交付、安装或应用的产品进行比较。

第三节 法定政府采购方式

采购任务的最终完成，是要通过一定的手段和方式来实现的。政府采购的采购方式在一定程度上有别于其他采购活动，它是政府采购制度有机整体的一个重要组成部分。各国对政府采购方式的确立都十分重视，都依据本国的实际情况，认定了一些采购方式，并用法规的形式规定下来，使之成为规范的、固定的、完整的操作模式。公开招标、邀请招标、竞争性谈判、单一来源采购、询价和国务院政府采购监督管理部门认定的其他采购方式为我国《政府采购法》规定的采购方式，其中公开招标为政府采购的主要采购方式。

一、公开招标

公开招标作为我国法定的主要采购方式，由于其公开性、公正性、竞争性的特点，被政府采购当事人普遍接受，广泛地运用在采购活动中。

公开招标是指采购人依法以招标公告的方式邀请非特定供应商参加投标的一种采购方式。由于这种方式对竞争没有限制，又称无限竞争性招标。公开招标方式是招标采购方式中的一种形式，招标采购方式按其公开性的程度不同，可分为竞争性招标采购，也就是公开招标采购、有限招标采购、选择性招标采购和限制性招标采购四种方式。

是否采用公开招标采购方式，是由各地的政府采购目录和限额标准决定的。我国《政府采购法》规定，采购人采购货物或者服务应当采用公开招标方式，其具体数额标准，属于中央预算的政府采购项目，由国务院规定；属于地方预算的政府采购项目，由省、自治区、直辖市人民政府规定；因特殊情况需要采用公开招标以外的采购方式，应当在采购活动开始前获得设区的市、自治州以上人民政府采购监督管理部门的批准。采购人不得将应当以公开招标方式采购的货物或者服务化整为零或者以其他任何方式规避公开招标采购。公开招标有以下特点：

公开招标的广泛性。公开招标的广泛性是指招标人通过媒介发布招标公告，广而告之，邀请所有符合招标公告上所规定的投标资格条件的潜在供应商参与投标。对于投标人而言，没有地域、种族、企业性质、供应商规模大小等限制，只要符合招标公告上规定的资格条件都可以报名参与竞争。

条件的固定性。目前，在公开招标活动中，许多条件是格式化的东西，一般不会随意变更或改变。国际通用且被各国所认可的公开招标程序为：招标—投标—评标—定标与合同授予。政府采购当事人都必须严格按法定或约定的程序进行。

投标的一次性。公开招标的投标的一次性是指投标人只有一次投标机会。它包含两层意思，一是投标供应商只能在该项招标活动中以投标供应商的机会出现一次；二是每一个投标供应商只有一次投标报价的机会。在公开招标采购过程中不允许采购人与投标供应商或中标供应商就中标价格进行讨价还价。

评审的标准性。公开招标的评审的标准性是指对所有供应商的投标文件的评审是一个统一的标准化模式，即评标标准。评标标准是在招标文件中确定的、公开的，对每一个获取招标文件的人来说都是一致的，而且获取招标文件的供应商对评标标准还有质疑或投诉的权力，这种质疑或投诉以及回复或答复的内容也让每一个获取招标文件的供应商共同知晓。

二、邀请招标

邀请招标也属于竞争性招标采购的范围，它也称选择性招标，是招标的一种方式。邀请招标是指采购人依法从符合相应资格条件的供应商中随机抽取3家以上供应商，并以投标邀请书的方式邀请其参加投标的采购方式。邀请招标有以下特点：

信息的广谱性与邀请的随机性并存。虽然招标公告和邀请招标资格预审公告性质和内容不一样，但有一个共同点，向世人告知招标的有关信息，所以其信息有广谱性。相对于公开招标采购来说，邀请招标采购对投标人有一个过滤和筛选的过程，它通过资格预审，能基本掌握供应商的市场情况，最后随机向3家以上符合资格条件的供应商发出投标邀请书。

竞争的局限性。邀请招标由于招标采购单位只需向3家以上符合资格条件的供应商发出邀请书即可，参与竞争的供应商较少，自然竞争程度比不上公开招标采购方式，可选择的余地也小。

采购的效率性与违规的风险性并存。即使按《政府采购货物和服务招标投标管理办法》的规定，邀请招标的公告发布只需7个工作日，招标时间大大缩短，且进行了筛选，被邀请投标的供应商较少，减少了评标量，招标费用也相对低一些，从而提高了采购效率。但又是一把"双刃剑"，投标供应商是由招标采购单位确定的，且只需达到法定的3家以上即可，所以也为违规者留下了操作空间，加大了围标、串标的风险。

三、竞争性谈判

竞争性谈判是指谈判小组与符合资格条件的供应商就采购货物、工程和服务事宜进行谈判，供应商按照谈判文件的要求提交响应文件和最后报价，采购人从谈判小组提出的成交候选人中确定成交供应商的一种采购方式。

竞争性谈判采购方式是国际组织和各国普遍采用的采购方式，它有竞争性强、宜于操作和方式灵活的特点，不过包含的人为因素较多。但它最有利于实现政府采购的政策目标。竞争性谈判方式可以对供应商的范围和数量进行限制，尽量选择国内供应商和具有知识产权的供应商，能做到购买国货、保护民族品牌、激励自主创新和鼓励节能环保。而在竞争性谈判采购中其相关人员的自由裁量权过大。

四、单一来源采购

单一来源采购是指采购人从某一特定供应商处采购货物、工程和服务的采购方式。之所以采用单一来源采购方式而没有竞争性，并不是说采购对象不适用或没有达到竞争性招标采购的标准，而是因为采购对象只有唯一的一家供应商，除此之外，别无选择，因此它是在特定的情况下采用的特殊采购方式。

由于单一来源采购方式缺乏竞争、效益低下，所以尽量限制采用，特别是达到了公开招标限额标准的大型采购项目申请变更采用单一来源采购方式的，要对其加强管理。

五、询价

询价是指询价小组向符合资格条件的供应商发出采购货物询价通知书，要求供应商一次报出不得更改的价格，采购人从询价小组提出的成交候选人中确定成交供应商的一种采购方式。也是通常所说的货比三家，它是一种相对简单而又快捷的采购方式。

询价采购方式与其他采购方式相比，具有竞争透明、快捷、方便和简单易操作的优势。操作简便，能满足采购人及时性需要。询价采购程序比较简单，相应的硬性规定不多，供应商的响应方式灵活多样，可报送纸质报价单，也可用电传或传真报价。询价小组评标也比较简单，只需把符合采购需求的所有报价单进行价格比较即可，最低价者中标。所以采购周期短，供应商参与投标的成本低、采购人的采购成本也低。

虽然竞争透明，参与竞争的供应商报价最低就中标，但由于参与供应商少，存在串通围标的风险。

六、竞争性磋商

为了满足政府购买服务的需要，财政部以财库〔2014〕214号文的形式，确定竞争性磋商为一种采购方式。

竞争性磋商是指采购人、政府采购代理机构通过组建竞争性磋商小组（以下简称磋商小组）与符合条件的供应商就采购货物、工程和服务事宜进行磋商，供应商按照磋商文件的要求提交响应文件和报价，采购人从磋商小组评审后提出的候选供应商名单中确定成交供应商的一种采购方式。

七、竞争性磋商与竞争性谈判

竞争性磋商和竞争性谈判两种采购方式，十分相似，但却有许多不同。所谓相似，它们都以"竞争"为主体，在采购活动前期，即在采购需求的明确、供应商来源方式、磋商或谈判公告要求、响应文件要求、磋商或谈判小组组成等方面的基本相同。而在评审后期，即"竞争报价"阶段，竞争性磋商采用了类似公开招标的"综合评分法"，竞争性谈判采用"最低价成交"。竞争性磋商最后比的是综合实力，谁综合得分高谁成交。竞争性谈判最后比的是价格，谁价格最低谁成交。两者区别主要有四点：

（1）适应条例的不同。竞争性谈判有4种使用条件，竞争性磋商有5种使用条件。其中，谈判和磋商有两种使用条件是相似的。另外，政府购买服务的项目更适合使用竞争性磋商方式。符合使用竞争性谈判招标采购方式的有如下4种情形，包括：招标后没有供应商投标或者没有合格标的或者重新招标未能成立的；技术复杂或者性质特殊，不能确定详细规格或者具体要求的；采用招标所需时间不能满足用户紧急需要的，但应当是招标采购人不可预见的或者非因招标采购人拖延导致的；不能事先计算出价格总额的，这里指因招标采购艺术品或者因专利、专有技术或者因服务的时间、数量事先不能确定等导致不能事先计算出价格总额的。

（2）采购文件发售期限的不同。竞争性谈判采购文件的发售期限没有明确规定；竞争性磋商其磋商文件的发售期限自开始之日起不得少于5个工作日。

（3）供应商确定方式的不同。《政府采购非招标采购方式管理办法》没有对竞争性谈判采购方式的供应商确定形式进行明确规定，只是《政府采购法》规定谈判小组从符合相应资格条件的供应商名单中确定不少于3家的供应商参加谈判，并向其提供谈判文件。而竞争性磋商规定除了发布公告外，还可由招标采购人、评审专家分别作书面推荐，或者是从省级以上财政部门建立的供应商库中随机抽取。

（4）评审方法的不同。一般情况下，竞争性磋商采取综合评分法，而竞争性谈判采取最低价法。

第四节　其他政府采购补充方式

到目前为止，除法定采购方式之外，还没有官方认定的其他真正意义上的采购方式。但是在政府采购领域比较认同的有三种补充形式，即定点采购、协议供货和反拍卖方式采购。

一、定点采购

定点采购通常是一级政府或部门将经常发生的、小额的服务类采购项目以采购人的角色，委托给采购代理机构，由采购代理机构通过招标等方式，综合考虑投标供应商的各方面的因素，择优确定一家或几家供应商，同其签署采购合同，由其根据合同在约定期限内向采购人提供有关服务，采购人在需要服务时，只能在通过招标等方式确定的一家或几家供应商中定点采购服务的一种采购组织形式。在政府采购过程中，尤其在通用型的服务采购上，定点采购的方式应用非常广泛。定点采购期限基本上是一年，一般是通过招标确定定点供应商，在一年中，所确定的采购服务，按照日常提出的服务需求，由定点供应商根据合同规定进行服务，定期通过国库集中收付中心进行结算和支付。

之所以采取确定定点供应商为采购人服务的模式，是因为有些服务类项目对单个采购人而言，一次采购的金额虽然不大，但经常发生，有时还是不可预测的，且需要及时提供服务，而多数采购人又需要同类似的重复服务，这样，积少成多，其服务的费用在一级政府或一个部门累计就多了。由于这些服务以往都由采购人直接用现金结账，或多或少地存在寻租空间。而实行定点服务，可以形成规模效应，通过招标等方式选择信誉好、实力强、服务优，且有一定价格折扣的供应商为采购人服务，并采取集中支付的方式，将采购资金直接支付给供应商，实行了"采购者、使用者、结算者"的分离，避免了"经纪人"行为的发生。

定点采购的采购对象为服务类，主要项目有：公务车辆的保险、公务车辆的加油、公务车辆的维修、公务出差与会议服务、公务出行中介服务、公务资料印刷与出版、工程监理、物业管理、网络系统维护等。

定点采购是一次采购，长期服务，容易操作。它的主要优点：一是通过一次招标确定了供应商，采购人需要某种相同服务时就可以直接与定点供应商签订采购合同，简化了复杂而又费时的招投标程序，提高了工作效率，节约了大量的采购资金，又方便了管理。二是对供应商而言，政府采购是个潜在的大市场，虽然在投标时压低了价格，利润有所降低，但定点增加了服务量，增加了营业额，也会提高经济效益。同时，通过竞争被确定为定点供应商，也提高了供应商自身的信誉和社会影响力。三是对于采购人来说，定点供应商地点固定，服务价格相对较低，服务优良，不仅采购方便，还节约了大量的采购成本。但实行定点采购也有其不足，主要为定点采购供应商一旦获取定点供应商资格后，有一种"垄断"的错觉，一方面，社会上认识政府采购实行垄断经营，有"暗箱操作"之嫌疑；另一方面，定点供应商获取资格后因减少了竞争，服务质量下降。

二、协议供货

由于定点采购与协议供货有相似地方，很容易混为一体，认为定点采购就是协议供货，协议供货也是定点采购，其实不然，定点采购以服务类项目为主，其价格是固定不变的，即供应商在投标时所承诺的服务价格不可因其他客观因素的变化而改变，且只能在承诺的价格上更加优惠才行。定点采购是定点、定价，协议供货是以货物类项目为主，而协议供货没有固定的价格，只有优惠率，协议供应商给予政府采购的价格是在采购时的市场价格的基础上，按投标时承诺的优惠率给予优惠，采购价是市场价乘以优惠率。

协议供货在西方发达国家有比较长的历史，它是企业常用的一种采购方式。对于大宗标准化商品的采购，采购者和供应商通过长期商业往来，在形成比较可靠的商业信用的基础上，通过相互信任，采购者和供应商双方通过协议，达成长期供货合同，从而形成了这种采购方式。在协议供货合同中，约定双方的权利与义务，规定了商品的品种、规格、数量、供货期限、付款方式、索赔等条款。我国在政府采购实践中，通过借鉴协议供货采购方式的优点，结合政府采购工作的实际，演绎成协议供货采购组织形式。目前对于协议供货采购组织形式，已出台的法规中还没有对其进行界定。《中央国家机关政府集中采购信息类产品协议供货实施办法（试行）》有一个解释，即：本办法所称协议供货，是指中央国家机关政府采购中心通过公开招标等方式，确定中标供应商及其所供产品（型号、具体配置）、最高限价、订货方式、供货期限、售后服务条款等，并以中标合同的形式固定下来，由采购人在协议有效期内，自主选择网上公告的供货商及其中标产品的一种政府集中采购组织形式。

政府采购协议供货是指对纳入政府集中采购目录以内的通用政府采购项目，通过招标方式，统一确定中标协议供应商，并用协议的形式将其所供货物的品牌、型号、配置、价格、供货期限、优惠率、服务承诺等明确下来，采购人需要该货物时，在协议范围和期限内，直接到协议供应商处采购的一种政府采购组织形式。

协议供货的采购对象主要为货物类中被纳入集中采购目录以内的市场上货源充足、货物型号标准统一、货物价格相对稳定和透明的项目，在目前，我国各地实行协议供货的采购项目有办公类自动化设备、办公用家具、办公低值消耗品、办公用单体空调设备等。

协议供货,在政府采购制度改革的初级阶段较好地解决了政府采购通用类货物中零星采购、小额采购和急需采购等问题,也较好地处理了政府采购的效率与效益的矛盾问题,深受采购人的欢迎。

三、反拍卖方式采购

在政府采购的实践中,不少地方借鉴国外的经验,将反拍卖采购方式运用到政府采购中,并进行了有益的探索,取得了一些成效与经验。有些地方还利用网络技术,将反拍卖与网上采购结合起来,建成了政府采购电子反拍卖系统。

拍卖是指以公开竞价的形式,将特定物品或者财产权利转让给最高应价者的买卖方式。反拍卖又称"拍购""拍卖"或"逆向拍卖"。"拍卖"与"反拍卖"具有很多相同之处,但又有区别。相同的是,二者都是一种一对多的商务过程,都是一种价格激烈竞争的过程。不同的是,拍卖是为卖方销售服务的,反拍卖是为买方采购服务的;拍卖是逐级向上竞价,反拍卖是逐级向下竞价;拍卖是最高价成交,反拍卖是最低价成交;拍卖是卖方主动,买方竞争,反拍卖则是买方主动,卖方竞争。

电子反拍卖是指利用互联网平台,由采购人按照拍卖的有关法规,合格供应商在统一标准下在网上进行竞价,最终由相关设定程序与系统确定报价最低价为中标供应商的一种政府采购方式。国外称之为"反拍卖采购技术",即 RAT(reverse auction technology)。

电子反拍卖采购技术还可以有效地解决政府采购中效率与效益的矛盾问题,最大限度地满足采购人的需求。但电子反拍卖采购技术有它先天的不足,它只能对同一标准下的标的进行公正的评审,而对于先进性标准、政府采购政策功能则"爱莫能助"。

同时,不是所有的政府采购项目都适合用反拍卖方式实施采购的,那么哪些项目适合呢?总的原则是标的的规格和标准统一,市场货源充足,可替代或替换产品较多,便于采购人和供应商迅速辨识或确认的项目。而目前采用询价方式采购的项目基本适用反拍卖采购方式。各地可依据自己的实际情况来确定适合采用反拍卖方式实施采购的具体项目,其确定方式,在大的原则下,可用排除法、归纳法和品目法。

思 考 题

1. 政府采购需求与标准主要内容有哪些?
2. 法定政府采购方式有哪些?
3. 其他政府采购的补充方式有哪些?

第八章

政府采购合同管理阶段

第一节 政府采购合同概述

一、政府采购合同概念

政府采购合同是指采购人与供应商之间依据招标文件（包括竞争性谈判文件等）签订的设立、变更、终止民事权利义务关系的协议。政府采购中最基本的法律关系是通过政府采购合同来规定的。政府采购合同规定了采购人与供应商之间基本的权利和义务，也是处理合同当事人之间的具体交易以及可能出现的纠纷的主要依据。

政府采购合同是从事政府采购的政府机关、事业单位及团体为实现政府职能和社会公共利益，以消费者身份使用财政性资金与中标或成交供应商签订的采购合同。政府采购合同是政府采购活动的成果，更是政府采购当事人经过法定程序讨价还价后形成的文字约定，又是政府采购目标实现、政府采购契约得以履行的依据。

二、政府采购合同形式

合同形式是指当事人意思表示一致的外部表现，它是当事人意思的外化及合同内容的载体。政府采购合同应该采用书面形式。

书面形式是指合同书、信件和数据电文（包括电报、电传、传真、电子数据交换和电子邮件）等有形地表现所载内容的形式。采用非书面形式订立的政府采购合同，都是无效的。

三、政府采购合同类型

在政府采购中，使用何种类型的合同，应依据其标的的内容、合同当事人的权利与义务和涉及的风险来确定。一般可采用的合同有三大类型，即固定工资合同、固定价格合同和成本合同。

1. 固定工资合同

固定工资合同是指合同中就规定供应商用于该项工作的每一个人员每小时或每天进行工程分析付出的工作的补偿价格，该固定价格包括直接劳动力成本、经营成本、总管理或销售成本及利润。将提供工程分析服务的这些所有成本因素汇总起来，双方就可以达成需要对供应商进行补偿的价格。在合同履行中，采购人要随着工作的进展监督工作的履行情况，以确保所提供的服务是可能接受的。有两种类型的固定工资合同：一种是劳动工时合同，即只对供应商投入工作的直接劳动力确定补偿工资。另一种是工时及材料补偿合同，即除了固定工资之外，还规定完成特定工作所需要的材料成本。

2. 固定价格合同

固定价格合同是指包括不变固定价格合同、固定价格合同、固定价格激励合同、固定价格再确定合同、固定价格努力程度定期合同和具有多种激励的固定价格激励合同的统称。固定价格合同，有时也称为带有经济价格调整的固定价格合同，指受到价格变更条件约束的价格合同，也就是当出现合同规定的成本和价格因素变动时就可以对合同价格作出调整的合同。这些因素可以是劳动力或材料价格指数，或者是整个行业内的价格水平的变化。这种合同安排的目的是将通货膨胀造成的价格或成本变化风险从供应商转移给采购人。固定价格合同中通常都有价格变更公式，价格变更需依合同中规定的价格变更公式进行。

这类合同在美国使用得非常普遍，也衍生出了不同形式的固定价格合同，例如，确定的固定价格合同、可调整的固定价格合同、固定价格加激励合同、预期另行定价的固定价格合同、可追溯重新定价的固定最高价格合同、有努力水平条款的确定的固定价格合同等。

3. 成本合同

成本合同是指以合同允许或其他方式议定的成本为基础，加上该成本的一定比例或定额费用确定价款或者报酬，或辅以一定激励机制、当事人按事先约定比例承担风险的合同。

成本合同确立的基础是，采购人将补偿供应商在履行合同义务中负担的成本。这种支付形式要求供应商向采购人公开成本记录。就政府采购而言，要求供应商向政府审计部门提交其项目的财务报表，以便对供应商要求补偿的成本数量进行认证。在成本合同中，采购人承担了合同不履行和迟延履行的大部分财务风险，而在固定价格合同中，供应商则承担了合同不履行和迟延履行的大部分财务风险。在政府服务采购中，特别是应用软件的开发、科研课题等，由于成本无法核定，其合同价款或报酬难以确定，对合同当事人都存在风险，为了最大限度地保护政府采购合同当事人的合法权益，分担风险，激励政府采购供应商履行合同，在政府采购的服务类合同中，宜采用成本合同。

四、政府采购合同特点

虽然政府采购合同适用《民法典》，但是与其他合同相比具有特殊性。

一是政府采购合同的拟订不仅要符合《民法典》的规定，而且还要符合《政府采购法》的规定。

二是政府采购合同的拟订必须以招标文件（包括竞争性谈判文件、询价采购文件等）为蓝本，不能脱离招标文件的基本原则与范围。

三是政府采购合同属于一种行政合同，它是指行政主体为了实现行政管理目的，而与公民、法人或其他体系就相互间的权利义务所达成的协议，它的一方当事人为政府相关部门，其目的是政府各级及其所属机构为了开展日常政务活动或为公众提供公共服务的需要所进行采购所订立的合同。

四是政府采购合同属于政府合同范畴。政府合同当事人双方在法理上不是平等地位，因为采购人代表政府主权和利益，依据政府和国家利益或者继续执行合同对社会有害，可以单方面终止合同，不需要经过供应商的同意与协商。

五是政府采购合同属于双务、有偿合同，即指当事人双方相互之间存在对待给付义务的且当事人一方取得权利必须支付相应代价的合同，这个代价一般是指支付报酬或酬金，报酬或酬金属于财政性资金。

五、政府采购合同分包

1. 分包含义

政府采购合同分包是指政府采购的中标供应商，在采购人的同意下，将所承揽的工程、货物和服务工作中的相关联、次要的一部分依法分给具有相应资质的其他承包商单独完成的行为。合法分包须满足以下几个条件：一是分包必须取得采购人的同意；二是分包只能是一次分包，即分包承包商不得再将其承包的工程分包出去；三是分包必须是分给具备相应资质条件的供应商；四是供应商只能将中标项目的部分非主体、非关键性工作分包给具有相应资质条件的供应商，不得将主体工程分包出去；五是中标供应商必须在投标文件中载明是否分包；六是政府采购分包履行的，中标、成交供应商就采购项目和分包项目向采购人负责，分包供应商就分包项目承担责任。

总而言之，若采购人不同意，中标、成交供应商是不能任意将合同分包出去的，否则，将被视为违反采购合同，应当依法承担法律责任。

2. 分包前提条件

政府采购合同履行允许分包，但允许分包是有前提的。首先，必须是采购人同意，如果采购人在招标文件中没有注明不允许分包，就按照不禁止则允许的原则，表明采购人同意分包履行。其次，中标、成交供应商必须在投标文件中注明分包履行承诺，并介绍分包者的基本情况，包括分包者的相应资质情况。最后，在是否分包履行合同的问题上，采购人和中标供应商是平等的，不允许采购人强迫要求中标供应商分包履行或者强行要求中标供应商接受采购人指定的分包商。

3. 分包合同订立

虽然分包是供应商之间的事，但它们最终的履行要影响到政府采购工作的质量，因此，要求签订分包合同。

但由于中标供应商在分包合同履行过程中负有对分包商履约进行监督、管理、协调的责任，采购人不是分包合同的当事人，对分包合同权利义务如何约定不参与意见，与分包商也没有任何合同关系。但作为投资方和总合同的当事人，他对分包合同的管理主要表现为对分包工作的批准。至于分包合同如何签订，中标供应商与分包商是否自愿、平等签订合同，与采购人的关系不大，采购人只需对中标供应商进行管理。

第二节 政府采购合同订立与履行

一、政府采购合同订立

(一) 合同签订原则

在政府采购合同签订中应遵循两个基本原则，即平等和自愿。

所谓平等原则，是指法律地位的合同当事人，在权利义务对等的基础上，经充分协商达成一致，以实现互利互惠的经济利益目的的原则。这一原则包括三个方面的内容：一是合同当事人的法律地位一律平等。在法律上合同的当事人，不管是国家机关还是自然人，不论属于什么所有制性质，也不管企业大小和经济实力的强弱，都是平等主体，没有高低、从属之分，也不存在管理者与被管理者的关系，其法律地位是平等的。二是合同中的权利义务对等。所谓"对等"，是指享有权利，同时就应承担义务，而且彼此的权利义务是相对的。这要求当事人所取得的财产、劳务和工作成果与其履行的义务大体相当，要求一方不得无偿占有另一方的财产，侵犯他人权益；要求禁止平调和无偿调拨。三是合同当事人必须就合同条款充分协商，取得一致，合同才能成立。合同双方当事人意思表示一致的结果，是在互利互惠基础上充分表达各自意见，并就合同条款协商一致后达成的协议。因此，任何一方都不得凌驾于另一方之上，不得把自己的意志强加给另一方，更不得以强迫命令、胁迫等手段签订合同。同时还意味着协商一致的过程、结果，任何单位和个人不得非法干涉。法律地位平等是自愿原则的前提，如果当事人的法律地位不平等，就谈不上协商一致，谈不上什么自愿。

所谓自愿原则，是指合同当事人通过协商，自愿决定和调整相互权利、义务关系。自愿原则是社会主义市场经济的基本要求，随着社会主义市场经济的发展，合同的自愿原则就显得越来越重要了。自愿原则意味着合同当事人即市场主体自愿地进行交易活动，让合同当事人根据自己的知识、认识和判断，以及直接所处的相关环境去自主选择自己所需要的合同，去追求自己最大的利益。自愿原则是贯穿合同的全过程的，它包括：一是订不订合同自愿，当事人依自己意愿自主决定是否签订合同。二是与谁签订合同自愿。在签订合同时，有权选择对方当事人。三是合同内容由当事人在不违法的情况下自愿约定。四是在合同履行过程中，当事人可以协议补充、协议变更有关内容。五是双方可协议解除合同。六是可以约定违约责任，在发生争议时，当事人可以自愿选择解决争议的方式。

在政府采购合同签订中，由于政府采购合同非一般意义的民事合同，所以还应遵循特殊原则，即公开透明原则和保护国家利益以及实现政策功能的原则。

在政府采购合同签订中遵循公开透明原则是坚持政府采购基本原则下的延伸，公开透明原则应当贯穿于政府采购整个活动之中。一般的民事合同，无特殊要求的情况下，其内容及相关条款是无须公布于众的，但由于政府采购合同的当事人一方为由纳税人供给的行政部门及其相关机构，其行为与活动必须在纳税人的监督下进行，因此其政府采购合同内容及条款应公开透明，便于公众和监督部门的审查和监督。

保护国家利益和实现政策功能是政府采购肩负的特殊使命，因此，政府采购合同必须遵循保护国家利益和实现政策功能特殊原则，当政府采购合同与国家利益发生冲突时，或没有充分体现政策功能时，合同双方都有义务要求其更改、变更和阻止、终止合同的签订、履行。

（二）签订合同的主体

采购人可以委托采购代理机构代表其与供应商签订政府采购合同。由采购代理机构以采购人名义签订合的，应当提交采购人的授权委托书，作为合同附件。除可以签订合同外，采购人还可以委托采购代理机构与中标供应商签订合同。采购代理机构受采购人委托进行的采购，实际上是一种委托代理行为，它是在授权委托的范围内，以被代理人即采购人的名义进行的，由此产生的法律后果由采购人承担。

（三）合同签订时间要求

不管是采购人自己与中标供应商签订合同，还是委托采购代理机构与中标供应商签订合同，都应该凭中标、成交通知书，并在其发出之日起 30 日内，按照采购文件确定的事项签订政府采购合同。政府采购合同自签订之日起 7 个工作日内，采购人应当将合同副本报同级政府采购监督管理部门和有关部门备案。

中标、成交通知书对采购人和中标、成交供应商均具有法律效力。所谓"法律效力"在这里有两层含义：一是在采购结果出来和中标、成交通知书发出后，除不可抗力外，采购人改变中标结果的，如宣布中标、成交通知书无效，改由其他投标供应商中标的，或随意宣布取消采购项目结果或宣布废标的；二是中标供应商无正当理由不与采购人签订合同的。

二、政府采购合同履行

政府采购合同的成立与签订，并不意味着合同的生效，而只有生效的合同才可得以履行。合同的生效与合同的成立有所不同。合同的成立条件不同于合同的生效条件，合同成立后能否生效，取决于法律的评价。

（一）合同生效

政府采购合同能否生效，取决于三大要件。一是行为人是否具有相应的民事行为能力。民事行为能力是指公民通过自己的行为取得民事权利履行民事义务或承担民事责任的能力或资格。公民的民事行为能力包括公民取得、行使民事权利的能力；公民承担和履行义务的能力；公民对自己违反民事义务的违法行为承担民事责任的能力。法人的行为能力由法人的机关或代表行使。在政府采购合同中，当事人必须具备民事行为能力。只有具备相应民事行为能力的人才有资格签订政府采购合同，才具有法律效力。而鉴于此，凡委托他人、委托代理、二级单位、无法人资格的采购人，在签订政府采购合同时必须完备相关手续，符合法律规定的手续与程序。二是当事人意思表示是否真实。政府采购当事人除了意思表示一致外，还须意思表示真实，合同才能有效。所谓意思表示真实，是指定约当事人的意思表示与其真实的内在意思相一致，并且其意思完全是基于自己的正确认识自愿形成的，并未受到他人的非法干预或不当的影响。如果当事人的意思表示不真实，引起所表示的并非真实的效果意思，则不应使其不真实的效果意思发生效力。在政府采购活动中，采购人拥有行政公力，多以强势角色出现，特别是在买方市场的情形下，供应商处于弱势地位，在合同的约定中其意思表示是否真实值得商榷。所以一定要当当事人各方的意思真正地表示一致时，就视为当事人的意思表示真实，合同就可有效。三是合同是否违反法律或社会公共利益。政府采购合同与一般民事合同的最大区别在于当事人一方为政府部门及政府相关部门，其合同的最终目的是为公众服务，政府采购的质量直接影响政府提供公共服务的质量。虽然政府采购合同当事人可以自由地协商决定合同的内容，但当事人的自由不能超越法律的限制，合同的目的和内容不得违反法律、法规的强行性或禁止性规定，更不得侵害国家利益和社会公共利益。否则，该合同不能生效。

（二）合同执行

合同的履行就是债务人按照合同的约定或法律的规定，全面地、正确地履行自己所承担的义务。合同的约定、签订、生效后即由债务人履行自己的义务。政府采购合同的履行是整个政府采购活动的落脚点，合同履行的好坏决定着政府采购活动的成败。

合同的履行包括四层含义：一是合同的履行是合同的基本法律效力；二是合同的履行是债务人所为的特定的行为；三是合同的履行是给付行为与给付结果的统一；四是合同债务人全面、正确地履行了义务，合同债权即达到目的而得到满足，合同关系即归消失。

其中，合同的履行是债务人全面、适当地履行合同义务的行为，这种行为的目的在于使债务人的债权得到满足，债权人得到给付的结果。因此，合同的履行是使债务人实现合同债权的给付行为和给付结果的统一，是完成合同义务的整个过程。履行并非仅指债务人的给付行为，履行更注重结果，给付行为仅仅是履行的手段，只有债权人实际获得给付结果，才能称之为真正的履行。

由于政府采购对象的复杂性，包括货物、工程和服务，有些政府采购项目既有工程采购，也有货物和服务的采购，十分复杂，有些政府采购项目建设周期较长，这都给采购人在采购实施中增加了难度，也就避免不了政府采购合同履行中的采购追加行为。

在政府采购合同的履行中，当事人都具有合同抗辩权。对于合同的抗辩权，应认为是合同履行过程中的自我救济权，它与询问、质疑、投诉等形成了政府采购活动中完整的、统一的救济权力，这也是采购人在合同履行中与供应商同时享有的自我保护的权力。抗辩权是指双务合同的当事人一方有依法对抗对方要求或否认对方权利主张的权利。它包括：同时履行抗辩权、先履行抗辩权、不安抗辩权。

三、政府采购交付跟踪与催货

（一）政府采购跟踪问效

政府采购跟踪问效机制是指以发挥政府采购职能作用为目标，以采购单位满意为宗旨，以提高财政资金使用效果为核心，跟踪问效采购项目、供应商和采购单位，全面、系统、真实地反映采购项目的完成情况，供应商和采购单位的履约情况，采购中心和采购责任人的工作效率和效能，据以持续改进政府采购绩效的一种管理工具。跟踪问效的实施途径有以下四种：

（1）跟踪问效供应商。对合同中涉及的供货期限、技术需求及质量、售后服务等合同条款的履行情况、服务质量进行跟踪评估。

（2）跟踪问效采购人。对中标结果执行、合同签订、资金支付等情况进行跟踪评估。

（3）采用目录制评估办法。对单体项目合同金额在 100 万元以上项目进行重点跟踪评估；对常规、金额小的货物采用抽检；对信息化项目实行分期分段评估；对特殊或新增的项目实行个性化评估；对普通货物侧重于售后评估。

（4）资源共享，确立长效联合机制。和媒体联动，实行市场价格跟踪监督，建立有效的媒体监督、社会监督机制。和质检部门联动，保障产品质量，维护采购单位利益。

（二）催货

为了保证政府采购合同按时履行，采购的货物能准时到位。在合同履行的过程中催货是个不可缺少的环节。催货是指采购实体为了能顺利完成采购任务，在采购合同履行过程中向供应商询问采购标的物的完成情况的行为。在政府采购合同订立以后，采购实体应该安排专人进行催货。

催货主要是通过沟通的渠道进行。主要方式是向供应商发出催货函，通过电话、电子邮件、电话会议进行沟通等。一个优秀的政府采购从业人员必须具备优秀的沟通技巧和能力，能够与供给商进行及时、有效的沟通。

第三节 政府采购合同暂停或变化

一、政府采购合同暂停

所谓政府采购合同的暂停是指政府采购监督管理部门依据合同的履行情况可能存在违反政府采购法规和相关法规以及可能存在危害国家利益、公共利益的情形下，通知合同当事人暂时停止履行采购合同的行为。虽然合同暂停，但其当事人的法律义务关系依然存在。

合同暂停履行的目的，一方面是方便政府采购监管部门处理投诉事件，投诉人和被投诉人全力配合政府采购监管部门的调查；另一方面防止事态的扩大，一旦政府采购监管部门发现采购活动有违法行为，宣布废标，可以减少损失。

政府采购监督管理部门是有权决定暂停执行采购合同的唯一权力部门。采购人、代理机构和中标供应商都无权自行决定暂停执行合同。否则，均可被视为违反采购合同，需负相应的法律责任。

合同暂停执行后果。一旦政府采购监督管理部门通知合同相关当事人合同暂停，相应的政府采购的整个执行活动随即宣告暂停。

二、政府采购合同变更

政府采购合同变更指当事人对已经发生法律效力，但尚未履行或者尚未完全履行的采购合同，进行修改或补充所达成的协议。政府采购合同的暂停、中止或终止都属于合同的变更，其中合同的终止属于一种特殊的合同变更形式。

合同变更的情形：①政府采购合同继续履行将损害国家利益和社会公共利益的，双方当事人应当变更、中止或者终止合同。②政府采购合同履行中，采购人需追加与合同标的相同的货物、工程或者服务的，在不改变合同其他条款的前提下，可以与供应商协商签订补充合同，但所有补充合同的采购金额不得超过原合同采购金额的10%。

政府采购合同的双方当事人不得擅自变更、中止或者终止合同。这是政府采购合同变更、中止或者终止的基本原则。因合同的变更、中止或者终止而给对方造成损失的，就应当承担赔偿责任；双方都有过错的，就分别承担相应的责任。

三、政府采购合同的中/终止

政府采购合同的中止是指出现了政府采购合同不能继续履行的原因，在完成调查或者法律审查之前根据充分的证据而实行的暂时中止履行合同的一种紧急措施。所谓政府采购合同的终止，是指由于出现了法定或者约定的原因不再履行合同规定的权利义务。

应当先履行合同的一方有确切证据证明对方有下列情形之一的，可以中止履行：一是经营状况严重恶化；二是转移财产、抽逃资金，以逃避债务的；三是丧失商业信誉；四是有丧失或者可能丧失履行债务能力的其他情形。

一般情形下，有下列情形之一的，合同的权利义务终止：债务已经按照约定履行；合同解除；债务相互抵销；债务人依法将标的物提存；债权人免除债务；债权债务同归于一人；法律规定或者当事人约定终止的其他情形。

合同终止是指合同效力归于消灭，合同中的权利义务对双方当事人不再具有法律约束力。有人将之称为"合同的消灭"。合同终止后有些内容有独立性，并不因合同的终止失去效力。对于政府采购而言，政府采购合同的终止意味着采购人和中标或成交供应商之间不再具有法律约束力。但当事人要遵循诚实信用原则，若合同涉及国家机密，则供应商对于采购人的采购信息具有保密的义务，这种义务的终结要视采购合同的特点和附随义务的性质而定。

第四节 政府采购合同验收与资金支付

一、政府采购验收

验收主体包括采购人、采购代理机构和国家认可的质量检测机构。严格来说，验收主体是前两者。质量检测机构是验收的前期执行主体。质量检测机构的检测报告将成为采购人、采购代理机构给出验收报告的根本依据。

采购人或者其委托的采购代理机构应当对供应商履约进行验收。大型或者复杂的政府采购项目，应当邀请国家认可的质量检测机构参加验收工作。验收方成员应当在验收书上签字，并承担相应的法律责任。

二、政府采购验收规则

（1）建立统一验收制度。明确验收体系、验收程序、验收方法、验收人员职责和验收问题处理细则，使验收有章可循；要改进验收方法，一般集中采购事项的验收，应由采购人内部监察、审计、技术、职工等多方人员组成的验收小组负责验收；对大型或者复杂的，或较大数额的集中采购事项的验收，应取消采购人自行验收的办法，明确由集中采购机构牵头，邀请国家认可的质量检测机构一起参加验收，且要注意对政府工程采购项目的验收要区别于对货物和服务的验收，就是在不定期的跟踪验收基础上，实行分段验收与整体验收相结合的验收方法，并且把分段验收与工程资金分期付款结合起来。

（2）质量至上。验收时要把住供货质量的重要关口，采购中心应该承担起协助采购单位做好验收工作的责任。对于一些采购量大的、采购金额高的项目，由采购中心联系质量检测部门上门配合进行验收；针对一些容易出问题的项目，采购中心应该给采购单位提供一种方便的验收方法，如对于计算机的质量问题，其确认程序很简单，因此采购中心可以向采购单位提供一些简单明了的验收办法。有些供应商利用采购单位对计算机的配置方面不了解，暗中降低配置蒙混过关，建议供应商在验收时主动介绍电脑的配置情况，自动接受检查。

三、验收中技术检测

技术检测是指由质检技术工作人员使用相应的仪器设备，按照国家的标准或标的物的采购合同要求，对标的物的内在质量进行检测，以判定其是否符合国家相关质量标准或采购合同要求的一项专业性很强的技术工作，它的检验/检测结果具有法律效力，是质监、工商等行政部门进行行政监管的重要依据，也是采购人企业进行采购、验货等的重要依据。技术检测产生的费用，若检测合格，则由采购人承担，若检测不合格，则由供应商承担。

政府采购中的技术检测一般包括两种情况：

一是常规技术检测。在对政府采购的标的物进行常规验收时，由质检人员使用相应的仪器设备，对供应商交付标的物的内在质量进行检测，以判定其是否符合国家相关质量标准或采购合同的要求。尤其对于大型或者复杂的政府采购项目，采购人可以邀请国家认可的质量检测机构或国际质量检测机构的专家对标的物进行技术检测。

二是验收出现分歧后的技术检测。在验收人员给出验收意见书后，供应商若对此意见书产生质疑，可依法在规定时日内向政府采购监督管理部门提出申诉，供应商可申请再次进行技术检测。

四、接货或拒收证明

验收工作完成以后，采购人将根据验收意见书予以接货或者拒收。

（1）接货。在验收工作完成以后，采购人根据验收合格的验收报告接收供货商交付的标的物。在接收时，要根据采购合同再次核对将要接收的标的物。对于运输中出现问题的标的物，根据事先的合同约定来决定是否接货。

（2）拒收证明。采购人根据验收内容不合格的验收报告，开出拒绝接收标的物的书面说明。并在其中说明拒绝接收的理由，将验收报告的复印件作为附件交予供应商。

五、政府采购合同资金支付

政府采购资金是指采购单位为获取货物、工程和服务时支付的资金,包括财政性资金和与财政性资金相配套的单位自筹资金。政府采购资金实行财政直接拨付和单位支付相结合,专款专用。

政府采购资金财政直接拨付是指财政部门按照政府采购合同约定,将政府采购资金按照国库集中支付的规定通过代理银行直接支付给中标供应商的拨款方式。政府采购资金财政直接拨付分为三种方式,即财政全额直接拨付方式、财政差额直接拨付方式和采购卡支付方式。

机关、事业单位从中小企业采购货物、工程、服务,应当自货物、工程、服务交付之日起 30 日内支付款项;合同另有约定的,付款期限最长不得超过 60 日。大型企业应当按照行业规范、交易习惯合理约定付款期限并及时支付款项。

思 考 题

1. 政府采购合同的概念?
2. 政府采购合同类型有哪些?
3. 什么是政府采购合同的分包,分包与转包的区别在哪里?
4. 政府采购合同的验收主体是谁?如何针对采购对象的不同进行验收?
5. 什么政府采购合同的暂停?什么情形下才暂停?由谁来决定政府采购合同的暂停?
6. 政府采购合同的中止与终止的区别,什么情形下才终止政府采购的合同?
7. 什么是政府采购合同的变更?
8. 试述政府采购合同管理在政府采购活动中的地位与作用。

第九章

政府采购风险与救济

第一节 政府采购风险

风险是指在某一特定环境、特定时间段内某种损失发生的可能性，是由风险因素、风险事故和风险损失等要素组成。所谓政府采购风险，是指政府采购活动过程中某种损失发生的可能性。

一、政府采购风险因素

风险因素是指促使某一特定风险事故发生或增加其发生的可能性或扩大损失程度的原因或条件。政府采购风险存在于政府采购活动的整个过程中，其诱发风险发生原因或条件也很多，但归纳起来主要有两个，一是社会因素，二是不可抗力因素。

（一）社会因素

诱发政府采购风险的社会因素主要是指政府采购制度设计缺陷、政府采购管理过程缺位、政府采购执行操作过失等原因。

（1）制度风险。实行政府采购的目的不仅决定着政府采购制度的改革方向，也决定着政府采购制度的设计理念。因此，政府采购存在着制度风险。政府采购制度风险表现在三个方面：一是政府采购制度在设计理念上定位不准、目标不明，会使政府采购制度改革偏离方面；二是政府采购制度设计不严谨，存在缺陷的风险，不便执行与操作；三是政府采购制度落实不到位，没有强有力措施保障其推行实施。政府采购制度风险是政府采购风险中最大的风险因素。

（2）管理风险。政府采购管理风险是指政府采购管理过程因信息不对称、管理不善、判断失误等因素造成某种损失发生的可能性。政府采购管理风险具体体现在构成政府采购管理体系的每个环节上，可以分为四个部分：政府采购管理者的素质、政府采购组织结构、政府采购文化建设、政府采购管理过程。

（3）执行风险。政府采购的执行风险是指政府采购项目在操作执行实施过程中存在的风险，通常是指组织具体采购活动过程中存在的风险。在政府采购执行过程中的风险主要表现在采购人确定采购项目需求、采购代理机构的组织、评审专家的评审、供应商的履约、采购人的验收和支付环节上。

（二）不可抗力因素

政府采购不可抗力风险是指政府采购活动因不能预见、不能避免并不能克服的客观情况，使某种损失发生的可能性。政府采购不可抗力风险主要有三种情形，即自然灾害风险、政治风险和战争风险。

（1）自然灾害风险。政府采购自然灾害风险是指因自然灾害的发生，导致政府采购项目无法履行，被迫终止政府采购合同所产生损失的可能性。

（2）政治风险。政治风险也称国家风险。政府采购政治风险是指因国家政治关系发生变化，导致政府更替、法律改变、政策变动、歧视性干预等现象发生，使政府采购的政策变革和政府采购项目无法履行所产生损失的可能性。

（3）战争风险。政府采购的战争风险是指因国家关系恶化、政权争夺、民族纠纷、宗教矛盾等因素引发战争与动乱等原因使政府采购活动发生变化或终止所产生损失的可能性。

二、政府采购风险节点

按照委托代理理论和寻租理论，政府采购是整个社会委托代理行为的一种，极易产生寻租，因此风险无处不在。只有分析和掌握政府采购风险产生的主要节点，才能有效预防和减少风险的发生。

（一）当事人

政府采购活动是通过人来管理和操作的，"经济人"在利益面前，都可能存在寻租或被租，从而使政府采购活动偏离法律轨道，产生风险。

采购人的风险点主要表现在：一是在信息的披露上。或不依法披露信息，或提前披露信息，或披露不该披露的信息。二是在采购项目的技术参数和采购需求制定上。采购项目的技术参数的制定决定了采购人采购质量的高低，同时也在一定程度上决定了供应商在采购活动中的优势。如果采购人以某个供应商的产品为参照对象制定采购项目的技术参数和采购需求，则成了"技术性指定品牌"。三是采购组织形式和采购方式的选择上要依据采购项目的实际，依法选择采购组织形式和采购方式。四是在供应商的资格（资质）标准的确定。供应商资格（资质）标准的确定，直接影响和限制供应商参与政府采购活动，也成为一些人圈定供应商、围标串标的手段。

采购代理机构是政府采购活动的实际组织者，在采购活动中受采购人的委托，代表采购人开展采购活动，因此，在采购活动中，采购代理机构的权利与采购人的权利是一样的，特别是在非公开招标采购活动中，采购代理机构在选择参与邀请招标、竞争性谈判、询价供应商名单时具有一定的决定权。同样，在信息的披露、供应商资格（资质）标准的确定、采购项目技术参数和采购需求的制定上，采购代理机构存在着风险。

供应商是政府采购活动的卖方，通过政府采购活动谋取利润并希望利润最大化。供应商这种追求利润最大化的目的必然产生风险，而这种风险从供应商参与政府采购活动开始到合同终止都存在。

政府采购的评审专家在政府采购活动享有较大的决定权，所以评审专家在政府采购活动的几个关键点存在风险。一是在政府采购项目咨询中的风险；二是在对单一来源采购方式的论证以及其他采购方式和采购方案的论证中的风险；三是在评审过程中的风险。评审专家因知识面的原因，会出现判断失误，或因评审道德原因，没有实行回避，或没有认真评审，或在评审中谋利等，容易产生风险。

监管部门的风险点主要表现在：一是在政府采购的预算编审上。政府采购预算的编审工作是基础性工作，预算编审是否科学、合理，直接影响政府采购效益的发挥。二是在政府采购方式的审核、审批上，特别是变更采购方式的审批。采购方式的审批是否规范、科学，能最大限度地满足采购需求是关键，因此采购方式的审批存在极大的风险。三是在政府采购活动监管及监督检查上。监管部门对政府采购活动监管不力或在监督检查不认真履行职责存在着监管风险。四是在政府采购投诉事件的处理上。政府采购投诉的处理是政府采购监管部门以评判员或裁决者的身份出现，而一旦对投诉事件处理失误就有可能成为行政诉讼的被告从而存在着风险。五是在政府采购违规处罚上。对政府采购违规行为进行处罚是维护政府采购活动正常秩序的有效手段之一。但在处理过程中，政府采购监管部门可能出现引用法律不当、把握尺度不准、程序不到位等问题，极容易出现失误，存在着风险。

（二）政府采购过程

政府采购项目立项涉及许多部门，各部门在政府采购活动中的关注点不一样，且既得利益需求不一。因此，在政府采购的项目立项的评估上，存在风险。

政府采购项目预算审批是一个复杂的过程，要经过采购人、采购人的主管理部门、财政部门的相关部门、政府采购的监管部门、政府部门、人大等，每一个部门和环节都存在着风险。

政府采购信息的披露，关系到政府采购是否公开、公正和公平的问题。政府采购信息披露不及时和不完全，或不按规定的方式、不在指定的媒体上披露将存在风险。政府采购信息的披露主要包括：政府采购监管部门的政府采购制度信息、采购人的政府采购需求信息、采购代理机构的采购操作信息和采购结果信息等。

政府采购采购方式的确定其依据是各采购方式的法定适用条件，因此，必须依法进行。采购方式的确定，特别是采购方式的变更和单一来源采购方式的确定，直接影响到该采购项目的供应商参与的竞争性。采购方式确定是否依法、变更理由是否充分、单一来源采购方式的确定论证是否科学都存在风险。

政府采购实行集中采购与分散采购相结合，集中采购采取部门集中采购和委托专门的集中采购机构采购。在整个采购过程中，委托给执行操作的集中采购机构组织采购也存在着风险。主要表现在：一是委托给是否合法的代理机构代理采购。二是采购项目的组织采购活动是否按监管部门审批的采购方式并按法定的程序进行操作。信息的发布、采购文件的制作、评标委员会的组成、评审过程的组织等是否规范，这些都可能存在风险。

政府采购合同的履行是政府采购活动的落脚点和目的。政府采购合同的正常履行涉及到采购双方合同的签订、供应商的履约、采购人的验收和采购资金的支付等。在这些过程中，无论是采购双方的合同签订，还是供应商的履约，以及采购人的验收、支付都有发生风险的可能。

对采购项目效果进行评估，是为了解和掌握该政府采购项目的效果，包括社会效益和经济效益，以及对采购效率的评价，也为今后同类采购项目提供参考依据。采购项目评估的结果好坏涉及整个采购项目所有相关人员的利益,也对今后同类型的采购项目产生较大的影响,因此,采购项目效果的评估十分重要,也存在风险。

第二节　政府采购救济

采购人和供应商是相互矛盾,但在采购活动中都是为了获得利益最大化的两个主体。相对采购人而言,供应商作为货物、服务和工程的提供者往往处于劣势,必须用法律的形式保护其权益不受侵犯。为此,政府采购制度设立了救济机制。

一、询问

政府采购询问是指供应商对政府采购活动事项有疑问时向采购人或采购代理机构打听情况的行为。这里所指的供应商包括潜在供应商、响应供应商、中标供应商、成交供应商等,也就是说凡是对政府采购活动事项感兴趣的供应商,都可以提起询问。供应商提起询问没有前置条件,可询问除商业秘密以外的一切有疑问的内容。

在对询问权的解释上,一般认为只是供应商对采购人或采购代理机构,但还应包括政府采购的监管部门。当供应商对政府采购活动项目事项有疑问时,作为服务型的政府,有责任也有义务对供应商的询问给予答复。

而对供应商的询问,法律规定应当及时答复,而且答复的内容不得涉及商业秘密。

二、质疑

政府采购的质疑是指供应商在政府采购活动事项中认为采购文件、采购过程和中标、成交结果使自己的权益采购受到损害时,而向采购人或采购代理机构以书面形式提出疑问的行为。我国法律规定,供应商对采购文件、采购过程和中标、成交结果提出质疑时必须采取书面形式。供应商如采用口头形式提出质疑,是没有法律效力的,采购人或采购代理机构可不予答复。

三、投诉

投诉是供应商维权的另一种方式,它是供应商的质疑得不到满意答复后向该质疑客体的行政主管部门申诉、寻求裁定的行为。由于被投诉人是行政部门,因此有学者将投诉的阶段划入行政救济,包括行政复议和行政诉讼,都列为行政救济行为。

投诉是质疑的再救济,是质疑人——供应商和被质疑人——采购人或采购代理机构的意见不能达成一致,而由供应商再次提出寻求公道的行为。投诉机制的建立,它充分体现了政府采购的公开、公平、公正原则,为更好地保护供应商的利益提供了法律保障。

所谓政府采购的投诉是指质疑供应商对采购人或者采购代理机构的答复不满意,或采购人或者采购代理机构没有在规定的时间内作出答复,供应商为了维护自己的权益,在规定的时间内向采购人或采购代理机构的同级监督管理部门,以书面形式申诉的行为。质疑供应商的投诉应采用书面形式。

政府采购的投诉和对政府采购违法行为的检举、揭发是有区别的。投诉的提出只有特定的主体才可以进行，即政府采购质疑供应商，而对于政府采购违法行为，每一个公民都有权利义务向有关部门提出的。它们的主要区别在于：投诉人在行使投诉权利的同时，还需承担相应的义务。即投诉人就有责任列举事实依据和举证，还必须采用实名制，而检举、揭发既可实名制，也可匿名。同时，投诉人必须在规定的时限范围内提出投诉，逾期不予受理，而检举、揭发随时可以进行。投诉必须提出相关的违法事实和投诉人因此受到的损害的事实，而检举、揭发者可以并非是自身权益受到损害，也可以只提出有关的违法线索或充分的怀疑理由，供有关部门查实即可。

投诉的处理属于同级管辖。由于种种原因，投诉的处理并非百分之百的正确，投诉供应商对投诉处理意见不可能百分之百的满意，投诉供应商可以对投诉处理的行政主体的行政行为申请行政复议或直接提起行政诉讼。

四、行政复议

行政复议是运用行政机关系统的层级监督关系，由上级行政机关纠正下级行政机关的违法或不当的行政行为，以保护相对人的合同权益，是一种行政系统内部对行政权的监督形式。

行政复议是国家行政机关在依照法律、法规和规章赋予的职权进行行政管理的活动中，与行政管理相对人发生争议的时候，上一级行政机关或者法律、法规规定的行政机关，根据行政管理相对人的申请，对引起争议的具体行政行为是否合法适当进行复查审理并作出裁决的活动。

政府采购的行政复议，是指政府采购的当事人以其政府采购监督管理部门的具体行政行为侵犯了其合法权益为由，依法向有关行政机关提出申请，由受理申请的行政机关对原具体行政行为进行审查并做出裁决的活动。

在政府采购行政复议中，行政复议的当事人包括：复议申请人和复议被申请人。复议申请人是指为行政部门（被申请人）的具体行政行为侵犯了自己的合法权益，依法请求复议机关重新审议，变更或撤销原具体行政行为的投诉供应商。复议被申请人是指与复议申请人处于相对的法律地位，其实施的具体行政行为因复议申请人认为侵犯自己合法权益而依法向复议机关申请复议的行政部门。

行政复议的客体是指认为被侵犯其合法权益的进行过质疑、投诉的政府采购供应商。行政复议的主体是指作出行政行为的上一级行政部门。行政复议的主体与行政复议法律关系的主体是两个不同的概念，行政复议法律关系的主体，不仅包括行政复议部门，还包括复议申请人、被申请人、第三人，以及证人、鉴定人、勘验人和翻译人员等。

投诉人对政府采购监督管理部门的投诉处理决定不服或者政府采购监督管理部门逾期未作处理的，既可以依法申请行政复议，也可以不经过行政复议而直接向人民法院提起行政诉讼。当申请复议人对行政复议决定不服或者行政复议主体逾期没有作出行政复议决定的，申请复议人还可以向人民法院提起行政诉讼。

五、行政诉讼

在我国，行政诉讼为司法救济。在政府采购制度设计时，将行政救济与司法救济既平行列入，又将行政诉讼作为行政复议的再救济程序，这是从公平、公正和效率原则考虑的，兼顾公平、公正和效率。这给予了供应商较灵活的选择权，供应商可以依据自己的实际情况决定采用救济的方式。

行政诉讼是指公民、法人或者其他组织认为行使国家行政权的机关和组织及其工作人员所实施的具体行政行为，侵犯了其合法权利，依法向人民法院起诉，人民法院在当事人及其他诉讼参与人的参加下，依法对被诉具体行政行为进行审查并做出裁判，从而解决行政争议的制度。

在政府采购中，采购代理机构中的集中采购机构是否为行政机关值得商榷，所以在行政诉讼中，集中采购机构是否能成为被告目前有争议。

政府采购行政诉讼的提起，在行政诉讼中称之为起诉。所谓起诉是指公民、法人或其他组织认为行政机关的具体行政行侵犯其合法权益，依法请求人民法院行使行政审判权，审查具体行政行为的合法性并予以救济的诉讼行为。

思 考 题

1. 政府采购风险因素有哪些？
2. 政府采购风险产生原因有哪些？
3. 如何防范政府采购风险？
4. 政府采购救济有哪些内容？
5. 政府采购救济途径适用条件及要求是什么？

第十章

政府采购信息管理

第一节 政府采购信息概述

一、政府采购信息概念

信息是指事物运动的状态与方式，是物质的一种属性。政府采购信息是指规范政府采购活动及过程的法律、法规、规章和其他规范性文件，以及反映政府采购活动状况的数据和资料，包括政府采购有关的法律、法规、规章、政策，招标公告及各类采购方式的中标公告，供应商资格预审条件公告、投诉以及投诉处理决定，司法裁决决定，统计资料等。

在政府采购活动中，政府采购遵循公开、公平、公正和效益原则，要达到这一目的，首先必须做到政府采购的信息公开，通过政府采购信息的公开，让纳税人及社会公众了解、知晓、监督政府开展的采购活动，同时也便于潜在的供应商和参与政府采购活动的当事人掌握商机或全面了解采购活动的动态，还便于纳税人对政府采购活动的监督。

政府采购活动中，采购信息直接影响到采购活动的效率与质量。加强信息管理是做好政府采购工作的基本环节，特别是在以计算机和互联网为主导的信息时代，充分灵活运用信息手段，是政府采购科学化的必然选择。

二、政府采购信息的种类

政府采购信息包括政府采购中所反映的资料和数据的总称，因此政府采购信息可分为：法规类、告知类、决定类和数据类。

（1）法规类。法规类政府采购信息是指各级政府采购监管部门制定或发布的与政府采购有关的法律、法规、规章、政策性文件等。政府采购法规政策类信息是规范和指导政府采购工作的基础性信息，是政府采购各相关人都必须知晓的信息，也是必须遵照执行的信息。

（2）告知类。告知类政府采购信息是指与具体政府采购活动有关的各类信息的总和，它是由招标采购单位发布的，旨在告知相关采购情况的信息。它包括招标公告、采购文件、中标公告等。采购告知类信息是供应商最为关心的信息。

（3）决定类。决定类政府采购信息是指由政府采购监管部门出具的与政府采购活动相关的行政管理类文件。它包括政府采购预算下达函、政府采购会议的纪要、政府采购的检查通知书、政府采购的投诉处理书、政府采购的行政复议书、对违规事项的处理决定、对采购代理机构的考核情况等。行政决定类信息具有行政管理的属性，一般对行政管理对象发生效力，但由于政府采购的特殊性，所以对政府采购供应商也发生效力。

（4）数据类。数据类政府采购信息是指政府采购所发生的各类相关数据与统计资料的统称。它包括政府采购预算、政府采购实际发生额、各种采购对象的发生额、政府采购数据与相关经济数据的函数关系等。政府采购统计数据比较直观地反映了一级政府开展政府采购活动的实际情况，它是政府采购的基础性工作。

三、信息管理体现采购执行能力

（一）信息管理实现预算决策利益最大化

在公共领域，资源分配通过预算来完成，以确定政府提供产品和服务的规模和资金情况，以及购买与提供什么样的产品和服务。

预算是预算实体实现目标和任务的经常机制。在公共和私有领域，预算的作用是相同或相似的。例如，预算起到战略计划的作用，是财政管理工具和经济工具。但是，鉴于事实上政府有权征税，政府在自己的辖区对社会和经济的诸多方面负责，政府不以盈利为主要任务，公共预算具有私有领域的预算所没有的作用。政府采购预算决策更为复杂；它涉及多种因素。有些因素在预算人员和决策人员的控制之下，有些则不然。从组织理论视角看，预算部门在进行政府采购决策时，面临大量的不确定因素和限制条件。信息管理旨在减少预算周期的每个阶段中这些不确定因素和危险，从而使预算决策更为合理。预算人员和预算决策人员使用合理的混合预算方法可以收集分析和使用必要信息，可以有效公平地筹集与花费政府采购公共资金。制定合理的政府采购决策目标和任务包括但不局限于削减低效开支，利用较少投入获得较多的产出和结果，以及实现预期的社会效果。

政府采购预算过程包括四个阶段，即编制、审批、实施以及审计和评估。每一个预算阶段都需要大量的决策信息，诸如分配资金的总量、项目确立、产出的衡量、绩效评估、预期实现的目标。编制预算时，各部门需要所有相关数据，包括收入和支出、经济状况、部门需求以及提供的服务、货物与工程项目；预算批准之后，实施或修正预算需要不同种类的信息，包括每月采购数据；政府采购数据需要审计及项目评估与审计，评估的结果需要反馈到预算的前三个阶段。由于预算编制和审批阶段需要关键决策，把这两个阶段合称为决策阶段。在政府采购预算决策阶段，行政部门上报预算申请并附上必要的支持信息；立法部门在审查行政部门上报的预算申请时，不只是审查预算中的信息，而且权衡不包含在预算计划中的其他信息并做出最终预算分配。立法部门预算决策偏重于国家经济社会战略目标和公民的需求。这些要求在预算审批中可能被证明是不甚合理的。于是就产生了预算偏见的概念。

合理的预算决策需要收集、使用所有相关信息。但事实上，如果说理性的个人或组织能够以完全符合逻辑的方式做出决策，这几乎是不可置信的，因为决策的信息不是完全、完善的；一些因素也异常复杂。尽管如此，相关人员与预算决策者仍尽一切努力分析财政收入、支出和经济发展状况提出将来的项目和服务规划,并确定测评绩效的目标。受到利益和目标的驱使,参与到预算决策的人员和立法部门倾向于通过扩大预算和在效率效能及公平方面提高行政绩效的方式来从有限的公共资源中获得最大限度的利益。

预算得到审批之前,预算决策的基础是预期信息。但是,由于许多外部因素,很难以货币名义预期和衡量公共项目的成本和收益。更为困难的是预算决策需要的信息非常复杂,而且涉及到许多相关因素,比如政府的主要目标,正在实施的项目,提供新的服务项目,生产新产品,有不同利益和需求的群体,人工和非人工成本,价格和通胀,政府间拨款的增加和减少,需要采购的货物和服务。由于许多极其不确定的因素,实际数据会和预期数据有相当大的差异。同时,倾向于某一公共项目或公共政策的预算决策者往往低估成本、高估利益;反对者往往高估成本、低估利益。因此,需要采取修正措施来调整已经实施的政府采购决策。鉴于以上诸类情况,政府采购决策者要实现行政和政治目标,信息管理处于极其重要的地位,需要利用适当的方式收集所需要的信息,并利用所得信息作出政府采购预算决策。

(二) 信息化水平促进采购综合能力提高

随着网络的普及,安全性与便捷性的提高为促进政府采购信息管理水平和电子采购方式的发展提供了条件。各级政府着力规划、开发和管理的电子化政府采购系统,提高信息化能力。财政部门作为政府采购监管部门,依据本辖区内信息化程度,开发并建设电子化采购系统,并运用电子化政府采购提高其监管能力,使电子化政府采购在全国各级政府被广泛使用或逐步实施。专业采购人员是信息系统的操作者,熟练可靠、高效地使用电子化采购系统能力是政府采购信息系统有效性提高的核心力量。那么,随着政府采购信息系统的完善,供应商(包括微型、中小型企业)将更多地参与到以电子手段日益占主导地位的政府采购市场,因为完善的电子化政府采购系统能够支持所有的采购方式。

第二节 政府采购电子化

一、政府采购电子化概念

政府采购电子化是指通过使用政府采购电子交易管理系统,实现公开招标、邀请招标、竞争性谈判、单一来源采购、询价以及政府采购监督管理部门认定的其他采购方式的政府采购活动。它是传统政府采购制度的一场革命,是基于互联网技术和现代信息技术而推行的一项新的政府采购制度改革。

政府采购电子化是互联网信息技术不断发展与政府采购规模不断扩大的产物,其核心内容是运用信息技术,打破传统采购方式的时间和空间障碍,扩大采购信息的传播范围,增强采购信息透明度,更好地实现市场公平竞争的原则要求,使政府采购活动更加规范有序。电子化政府采购通过运用信息技术,改变了公共部门内、外部关系,增强了政府部门的责任感,能够促进效率的提高和成本的降低,创造了更多的参与机会。

政府采购电子化有三个基本特点：一是采购主体与客体的异地化。采购主体和采购客体可以不见面即可完成采购行为，所有的议价、看货环节都可以依托网络完成。二是采购过程的网络化。付款可以使用电子银行，不用现金支付或者银行卡支付，省时又节约资源。三是采购信息的共享化。每一次电子化采购形成的记录或者经验，都可以为其他采购或者日后采购提供经验。

二、政府采购电子化条件

1. 政治环境条件

首先，国际形势推动着我国政府采购向电子化方向发展；其次，我国政府采购制度全面推行，政府采购监督机制基本确定；最后，我国政府大力扶持政府采购电子化建设，随着《政府采购法》《电子签名法》等配套法律的基本形成，为政府采购电子化顺利实施起到了保驾护航的作用。

2. 经济环境条件

我国经济发展态势良好，政府采购需求增加，政府采购规模快速增长；国家和地方财政收入呈增长趋势，公共财政支出可支配金额增加。这些条件为推行政府采购电子化提供了稳定的宏观环境。

3. 社会文化环境条件

随着互联网的发展，电子化、信息化是大势所趋，通过电子采购加强政府采购效率，增加透明性已形成共识；同时，专业采购代理机构和众多IT企业培养了大量的电子化采购人才，确保政府采购电子化有丰富的人才储备。

4. 技术环境条件

随着科技的发展以及互联网技术的深入应用，政府采购电子化彰显出广阔的发展前景。不管是系统安全还是交易过程安全，都有了比较成熟的产品和解决方案。

三、政府采购电子化运用

经过数年的发展，尽管政府采购相关法规对电子化政府采购规制较少，但是大部分省份可以利用信息技术发布政府采购信息，并保障信息的全面性、及时性、时效性。政府采购官网都设置了招标公告专栏，及时更新招标信息、中标信息、合同执行信息等。

加强政府采购信息化建设是政府采购治理体系现代化的必由之路，也是实现政府采购科学化、精细化管理的手段。目前，以浙江"采购云"为代表的地方政府正在积极推进政府采购信息化建设，利用现代电子信息技术，实现政府采购管理和操作执行各个环节的协调联动。浙江省财政厅依托"政采云平台"，大大提高了采购的总体效率。在电子化政府采购方面，浙江省可谓走在全国前列，突出成果是浙江省财政厅和阿里巴巴共同筹建、财政厅控股的"政采云平台"，该平台专注服务于政府采购各类用户，为政府采购交易和管理提供整体解决方案。其电子化政府采购系统支持公开招标、邀请招标、询价、竞争性谈判、协议供货、定点采购、在线询价、反向竞价、网上超市等众多采购方式。经过宣传培训，采购操作人员能充分熟练、可靠、高效地使用电子化政府采购系统。电子化政府采购功能的类型和数量取决于交易平台的发展，例如通过该平台进行招标，其功能包括从网上发布招标通知到在线竞标、投标评估和承包。招标形式也可以在网上获得，投标人是否为使用电子采购系统支付费用取决于交易平台的政策和具体的行业规则。毫无疑问，电子化政府采购信息公开透明度高。

第三节 政府采购信息管理与反馈机制

一、政府采购信息管理

在电子化政府采购或其他信息技术的支持下，采购系统在运行中收集有关采购货物、工程和服务的数据。信息系统管理整个政府采购过程的数据，并可以据此分析采购趋势、参与程度、采购的效率和经济性以及符合要求程度。政府采购活动信用记录查询及使用工作机制以及依据对政府采购活动整个过程与环节数据信息核对校验。

在信息技术的支持下，采购系统能够正常运作；信息系统能够自动采集数据，并可据此深入分析；信息也具有较高的可靠性，并为监管部门定期反馈核实、处理提供依据。

在政府采购活动中，政府采购信息是沟通政府采购各相关人之间联系的媒介，公众是通过政府采购的信息来了解政府采购、关注政府采购、执行政府采购的，因此，政府采购信息管理十分重要。

二、政府采购信息库

政府采购信息库是指保存与一个或者多个政府采购信息或采购项目有关的文档、知识和产品的地方。可以为单个项目建立一个信息库，也可以使所有项目和信息共享一个信息库。政府采购信息库主要内容：

（1）中外政府采购法律、法规和政策。政府采购主管部门及监督管理部门应该注意收集全球性国际体系、区域性的国际体系、发达国家等相关的政府采购法律、法规和政策。

（2）每个财政年度的政府采购安排。它包括各级人大批复的预算安排，便于公众和供应商全面了解全年政府采购的规模和具体目录。

（3）产品信息。科学的政府采购必须建立在及时掌握各种产品不断变化的信息的基础之上。因此，除采购人外，政府采购主管机构也需要建立起产品信息跟踪系统，随时掌握产品信息的变化动态，并且按照产品的类别、功能、成本、寿命周期、发展状态等内容进行统计和记录，特别是要对新产品给予充分的关注。

（4）供应商信息。要建立完善的供应商库，全面地反映供应商的情况。

一是供应商的基本信息资源查寻系统。供应商的基本信息资源查寻系统，是政府采购供应商库的基本功能模块。它包括供应商能公开的所有信息资料，即注册登记全称、登记地、公司所在地、分支机构名称及所在地、公司法定代表人的基本情况（包括董事会、监事会的基本情况）、注册资本、营业范围、公司的内设机构及负责人、主要人事变动及原因、负责政府采购或大客户部门的负责人及联系方式、主要产品或服务介绍、售后服务的联系方式、投诉部门及联系方式等。

二是供应商诚信档案记录系统。供应商诚信档案记录系统，反映的是供应商在市场经济活动中的相关信息，它主要记录供应商在经济活动中缴纳税收和社会保障资金的情况、参与政府采购活动情况、获取政府采购合同情况、代理机构或采购人对供应商参与政府采购活动的履约情况记载等。通过一定的方式，可以直接了解供应商能公开的各类信用档案。诚信档案记录应采用自动警世或提示系统，一旦达到一定的标准或限额，系统自动报警，提示该供应商为"不良厂商"不可参与政府采购活动，同时，采购人、代理机构和监管部门以及供应商本人、第三人都可以知晓，从而让供应商高度重视自己的商业信誉。

三是社会对供应商的评价系统。供应商不是生活在真空里，它必然与所在社区有着千丝万缕的联系，因此，供应商是否参与社区活动，体现了管理者素质与企业的管理水平。社会的评价是一个综合反映，它包括有形的或无形的评价，所以，企业家的素质、企业文化、企业参与重大社会活动、参与公益性活动、做慈善或捐赠，以及企业工会体系的健全和保障职工权益的行为等，这都是社会评价的基础。社会通过企业的有价值的贡献和无形影响来评价。社会对供应商的评价，是比较公正的、客观的，它反映了供应商的整体素质和实力，体现社会责任感，同时也是现代社会的价值的基本取向，这个评价系统还包括社会的各种奖励记载等。在政府采购活动中，一个没有社会责任感、社会评价差、唯利是图的供应商是不被社会欢迎或接受的。

四是供应商采购信息反馈系统。如何实行互动，让招标采购单位掌握更多的信息，这就需要供应商的共同参与，供应商应将自己参与政府采购活动的相关情况除商业秘密外的，即合同履行价格、最终执行或支付价格、合同履约完成的最后时间、验收合格的情况及评价等，通过供应商采购信息反馈系统，及时反馈给政府采购监管部门，便于监管部门掌握和统计，同时也便于社会和第三人的监督。供应商采购信息的反馈可能设置成前置条件，一旦供应商没有报送相关信息资料，系统可以提示，同时也可以使供应商无法参与下阶段的询价采购活动。

五是市场价格交流与新产品发布系统。市场经济情况下，商品的价格是随着市场行情而波动的，为了让采购人及代理机构和监管部门及时了解相关商品的市场价格信息，中标供应商特别是协议采购供应商和定点供应商，应将商品价格变动情况及时告知采购人及代理机构和监管部门。同时，这也是宣传供应商产品的一个平台，可将新产品的开发信息，包括节能产品、自主创新产品，都在该系统中展示。

六是中标供应商信息。为推行跟标采购，需要建立完善的中标供应商信息，便于采购人或采购代理机构查询。

（5）政府采购招标业务代理机构通信录。每个地方的政府采购管理办公室都应该公布当地所有的招标业务代理机构的通信地址、联系电话、负责人信息及代理的招标业务种类，方便政府采购当事人查询。

（6）政府采购招标投标信息。定期通过在规定的媒体上公开每一项政府采购招标投标信息，吸引各地供应商积极参与到政府采购活动中，充分体现政府采购活动的公开、公正和公平，以提高政府采购信息发布透明度。

（7）邀请招标资格预审。采用邀请招标方式采购的，招标采购单位应当在省级以上人民政府财政部门指定的政府采购信息媒体发布资格预审公告，公布投标人资格条件，招标采购单位从评审合格投标人中通过随机方式选择三家以上的投标人，并向其发出投标邀请书。

（8）中标信息。各地政府采购管理办公室要充分发挥政府采购网络平台效应，在我国政府采购网、地方政府采购网和地方门户网站上发布招标、中标信息，实现中央、市、县网上信息资源共享，让供应商更便捷地获取到中标信息。

（9）采购信息变更和更正事项公告。当政府采购信息变更时，政府采购管理办公室应该及时将这些变更了的信息进行公布，且需先就更正信息通过媒体向社会、供应商等发布公告。

（10）投诉质疑事件处理公告。按照政府采购法的规定，供应商有权就采购活动向相关部门投诉。相关部门在进行处理后要及时将处理的结果以公告的形式在媒体上进行公布。

（11）财政部门对集中采购机构的考核结果。财政部门负责对集中采购机构的监督考核工作，监督考核结果应当在财政部门指定的政府采购信息媒体上公布。监察部门要加强对集中采购机构及其工作人员的监察，同时对财政部门的监督考核工作实施监察。

（12）采购代理机构、供应商不良记录行为记录名单。各个政府采购网站均要设置专门的曝光类栏目，将采购代理机构、供应商不良记录行为记录的名单予以曝光。除了供应商的不良记录以外，招标代理机构、评审专家在政府采购活动中的违反法律法规的行为也应被列入曝光行列。

（13）政府采购的数据资料。各省、市、县等政府采购的一切数据资料都应该被储存在政府采购信息库里。

三、政府采购信息反馈机制

反馈的原意是把控制系统输出的信号又送回来，中央处理器对输出与输入信号进行比较，分析比较其差值，优化处理后再发出新的信号作用于系统，对系统起到控制的作用。项目管理中，灵敏、正确、有力的反馈会起到重要的作用，其具体表现形式为计划、实施、检查、处理，也就是决策、执行、反馈、再决策、再执行、再反馈的过程。

政府采购信息反馈机制是指对政府采购信息及其相关信息进行决策、执行、反馈、再决策、再执行、再反馈的过程机制。

建立政府采购信息反馈机制的本意是在对政府采购价值有了全面了解和深入分析之后，可以对政府采购支出情况有一个总体的判断，对不合理之处提出纠正意见，对宏观经济需要调控之处，提出相应的经济对策，充分发挥政府采购提高资金使用效益，促进廉政建设的职能。因此，反馈机制应具有政策传导和信息反馈机制，通过政策传导，可以把政府采购政策贯彻执行下去；通过信息反馈，可以进一步检验政策措施的合理性，从而实现政府采购信息管理的科学性。

政府采购信息反馈机制能促进逐步健全采购政策制度体系，营造公开、公正、公平的采购环境；政府采购信息反馈机制促进政府采购管理，完善政府信息公开体系，帮助规范政府采购行为。信息反馈将能自动形成监督体系,最大限度地实现政府采购信息的公开,从而提高政府采购活动的透明性。建立信息反馈制度后,防腐堵漏效果会更加明显。根据监察和回访调查中的情况,有针对性提出问题和建议,并将监察意见建议提交给主要负责人和主管领导及相关部门,充分发挥纪检监察职能作用,坚持从源头上治理腐败,实现突出"三个更加",推进惩治和预防腐败体系建设。

　　坚持信息反馈机制有利于加强评审专家的管理。结合对采购评审专家的考核工作,加强对政府采购评审专家的监管和培训,促使进一步完善政府采购评审专家库,提高政府采购评审工作质量,确保评审结果公正。执行信息反馈机制有利于对供应商的管理,真正能促使优胜劣汰,保证供货渠道的健康发展。对采购人反馈的质量信息进行收集并整理,填写"不良记录单"上网公示通知供应商以示警告。信息反馈机制有利于解决政府采购中的质疑和投诉。政府采购中的信息反馈是指在进行采购中发现的问题及执行中有关的工作动态,包括质疑和投诉情况。通过对质疑和投诉地调查,及时向领导或相关部门(单位)提出监察建议或信息反馈意见;结合质疑和投诉,及时准确的公布质疑结果。可以结合网站办电子刊物等形式:刊登文章,内容广泛,短小精炼。信息反馈能发挥政策功能导向的作用,切实发挥政府采购功能。根据信息反馈的工作成果,摸清采购的新动向,才能制定合理的新政策,落实国家和省有关产业政策转变、拓展政策工作的宽度和深度,充分发挥公共财政职能。出具的标书也更加科学、贴切,体现政府采购中心工作成效。针对性地修改标书和让领导制定新政,那么政府采购工作重心就从具体采购操作、节约资金逐步向发挥政策功能转移。比如时下鼓励使用节能、环保产品的新政策,将市场引向有利于国家持续性、高质量发展的方向。

思考题

1. 理解政府采购信息管理重要性。
2. 政府采购电子化含义。
3. 政府采购电子化主要功能有哪些?
4. 理解政府采购电子化对政府采购管理的影响。
5. 简述政府采购信息管理系统及其机制。
6. 简述政府采购信息反馈机制。

第十一章

政府采购绩效评估

第一节 政府采购绩效概述

一、政府采购绩效概念

绩效一词最早由企业提出,最早用于投资和项目管理方面,后来逐步扩展到人力和资源管理等领域。普雷姆詹德是最早研究绩效的学者之一,他提出:"绩效代表的是一种质量,它不是指产品质量,而是关注于效率和效益,不仅注重定量更加注重定性。"经合组织(OECD)在《绩效测量和评估》中提出,绩效是从事某项活动所获得的有效性,其包括了效率、经济性、效力以及实施主体对实施计划的遵从度和该活动的民众满意度。

政府采购绩效评估是根据事先制定好的指标体系和统一标准,通过规范的绩效评价程序,对政府采购全过程在效率、服务质量、公众满意度、公共责任等方面的判断,以及政府采购参与人在公共投入和公共产出等方面取得的效果所反映的最终成效进行综合评定的过程。

政府采购是财政支出的重要组成部分,财政支出的根本目的是有效利用公共财政资源,通过对社会公共资源的配置和使用,为社会提供一定的公共产品和公共服务,以增进公共福利。这就要求政府在对管理社会公共资源和对公共财政资源过程中,必须关注结果的好坏和绩效的高低,更加合理地评估绩效。政府采购的绩效评估也应以结果为导向,也就是看政府采购的实施结果给经济,特别是给社会和环境带来了什么影响。我国采购规模逐年上升,对经济、社会、环境和政治效益的影响十分大,那么这样大规模的资金在采购过程中是否公开、公平和公正,采购的货物、服务和工程为社会和公众做出了多大贡献,对社会影响如何,老百姓是否认可政府采购的结果?政府投资建设的工程是否有利于保护环境,这些都需要政府对其进行一个绩效考核才能够得到一个准确的回答。目前人们都普遍关心,政府采购的效果是否满足了民众与社会的需求。与此同时,民众与社会对政府采购功能最后所实现的效果评价,将会对政府采购的各项行为产生一定影响。政府采购和私人部门采购有着截然不同的区别,任何私人部门的决策都是理性的,也就是以效益最大化为目标,他们在资源配置上不会容忍浪费存在。但是,政府部门则不然,由于政府部门的资金是纳税人的钱,政府只是托管者,政府部门的官员缺乏竞争的压力,政府部门决策程序本身也存在着一定的缺陷。负责采购官员往往缺乏持续改进绩效的耐心和决心。在这种情况下，政府采购绩效评估尤其重要，只有这样通过政府采购绩效评估，把采购结果和绩效挂钩，严格明确责任，避免公共资源配置过程中出现例如高产出低投入、重过程轻结果、用人治缺法治等一系列问题，使得原本就稀缺的公共资源停留在原本就效益低下的部门和领域，致使公共资源的抵消甚至浪费。

政府采购功能绩效是对政府采购功能效率进行整体的评估，与政府采购绩效既有区别又相互联系。一般来说，政府采购功能绩效不仅注重政府采购效益的整体评估，同时也注重本身行为效率的评估；政府采购绩效在包含政府采购这一行为绩效评价的同时，也包含减少支出、廉政等绩效。

政府采购绩效是一个涉及多个方面因素的复杂问题。其中的原因就在于，在市场经济环境下，私人部门之间的资源配置是按照市场机制进行的，而相对而言，政府部门的情况就要复杂得多。从某种意义上来说，政府资金的配置其实是一个政治上的程序；在采购环节上，尽管大体采取市场机制运作方式，但是缺乏一个谨慎使用资金的约束机制；在采购品的使用过程中，政府部门也绝不会像私人那样节约。此外，政府部门的采购目标还需要考虑环境社会等多个效益，而这些效益很难用一个具体的指标去进行一个衡量。因此，政府采购绩效是一个非常复杂而全面的概念，需要综合考虑各种因素的影响，以期达到最佳效果。

二、采购绩效与财政支出绩效关系

政府采购是财政支出的一个重要组成部分。财政支出指的是在市场经济条件下政府为提供公共产品和公共服务、满足社会共同需要而进行的财政资金的支付，它反映了政府政策选择，是实行政府职能行为的成本。一方面，公众对公共产品的需求在不断扩大，政府负有为公众提供优质公共产品和公共服务的责任和义务，而政府财力和财政收入增长有限性；另一方面，政府财政支出的资金来源于广大的纳税人，随着我国纳税人意识的加强，广大纳税人对政府提供优质公共产品和公共服务的要求也会不断提高。这就要求政府强化财政支出的绩效观念，并通过对财政支出的绩效评估来加强绩效管理，政府采购作为财政支出的重要组成部分，对其绩效的研究就显得尤为重要，因为只有知道其绩效高低才能制定相应对策予以改善。同时，政府采购制度的出现就是为了降低政府治理的成本，提高政府绩效。可以说，政府采购绩效的高低直接影响着财政支出绩效和政府绩效。

三、采购绩效与部门预算绩效关系

政府采购如何发挥其功能，以及发挥得好坏与否，决定了其绩效的高低。政府采购规模比重、节资率、政策功能发挥等都影响着政府采购绩效。部门预算指的是各部门根据其职能的需要，统一编制的能够反映本部门所有收入和支出的预算。政府采购预算是部门预算的一部分，公共财政管理要求，政府不能为没有列入预算的活动提供经费，所以没有列入政府采购预算的采购项目无法得到执行。因此，首先，采购人所需的采购项目，必须编入本部门的预算中，上报财政部门审核，通过人民代表大会的审批，才能得到资金的支持，具有履行采购合同的支付能力。其次，政府采购项目必须严格按照人民代表大会批准的预算执行。因为这些经过批准的采购项目都有明确的目的，往往体现了一些宏观政策导向，是政府管理国民经济的重要组成部分。在很长的一段时间里，我国对财政支出的资金使用监管不够，经常出现预算批复后，或者在预算单位得到财政部门的拨款后，预算单位对采购资金截留甚至挪用，重复采购、无预算采购、超标准采购的现象也时有发生，这直接导致了政府确定的政策目标难以实现，采购资金使用效率低下。最后，批准的政府采购项目在执行中不应超过预算，因为采购预算通常包括了所有确保采购项目质量的费用。如果确实出现预算资金不够，则采购人必须调整采购需求或者改变本部门的支出计划。在政府采购过程中，采购预算的审查起着越来越重要的作用，可以说采购预算是政府采购的基础，政府采购预算审查人员要了解相关市场价格的变化，通过市场调查了解采购项目的详细信息。采购预算的合理性和精细程度，直接决定了政府采购功能的实现。

第二节　政府采购绩效评价

一、政府采购绩效评价主客体

政府采购监管部门、采购人及代理机构履行绩效评估的职责需要界定明确，这是政府采购绩效评价的首要条件。

财政部门是法定的政府采购监管部门，对采购人和集中代理机构及社会中介代理机构有政府采购绩效评价的责任，特别是对采购人依法进行政府采购绩效的评价。

采购人对本单位或部门也必须依据政府采购预算内容和需要实现的功能及目标，对照政府采购结果进行评价，作为下年度预算和本单位政府采购系统改进的依据。同时，采购人也要依据政府采购委托代理协议，对代理机构进行政府采购绩效评价。采购人依据对代理机构绩效评价，将评价结果应作为本单位或部门政府采购绩效评价的组成部分，接受财政部门的监管，也作为未来委托代理政府采购事务的选择依据。

集中代理机构和社会中介代理机构依据采购人委托代理事项与要求，对每项政府采购进行绩效评价，以期据此改进政府采购活动。

二、政府采购绩效评价内容

为了真正从根本上去改善与提高政府采购的绩效，政府采购绩效评估应当对政府投入的规模与机构、投入与产出、过程与结果、使用与管理等各个方面进行一个全面系统的计量测度检验。并通过绩效的高低来调整政府预算的整体规模。

（一）政府采购目标评价

政府采购绩效评价的形成，使得对政府采购活动的调整从被动的事后评价，转变为积极、主动的事前预算和事中控制，形成结果导向型的政府采购运行机制。具体来看，有关部门或单位在进行政府采购活动前，需根据采购目标设置绩效指标，并参考绩效指标编制采购预算，使采购人员与政府的目标趋向一致；在采购活动结束后，通过对比分析评价政府采购活动的绩效。可见，绩效评价中对结果的强调贯穿于政府采购活动的全过程，将政府采购活动充分纳入绩效指标框架内，使投入和产出紧密联系，从而有效推进政府采购功能的实现。

（二）政府采购预算绩效评价

政府采购绩效评价是以政府采购预算实现为绩效评估依据。据此分析政府采购系统对采购绩效预算结果的影响，政府采购信息系统支持政府采购战略决策及程度，以及基于政府采购绩效结果实现状况来改进该政府采购系统。政府采购绩效评价具体包括政府采购绩效预算合同总额占绩效预算的相对规模和绝对规模；政府采购绩效预算产出效应实现程度；绩效预算合同履行结果产生经济的社会及环保撬动效应；合同执行绩效预算分解归类；各类政府采购政策实施效应评估。

（三）政府采购绩效评价分类

政府采购绩效评价主要分为采购机构内部管理绩效评价和项目绩效评价两个层次。

采购机构内部管理绩效评价主要围绕机构的工作效率、电子化信息程度、操作规范性、专业人员队伍建设等方面以实现对政府采购的管理目标。

项目绩效评价则更关注对政府采购政策功能的实现，主要围绕政府采购项目自身成本收益、质量、数量以及调控经济、资源配置、节能环保、对中小微企业支持等方面的绩效指标来进行评价。政府采购项目绩效评价有两个层次，分别对应于政府采购目标的两个方面：微观上主要体现在提高采购资金的使用效率，使采购对象物有所值；宏观上主要体现在调控经济发展，实现政策目标。这就要求政府采购绩效评价要兼顾经济性、效率性、效果性三方面的绩效要求，使对政府采购活动运行情况的判断不再仅是行政过程，而形成政府和公众共同对政府采购的效果和功能，经济效益和社会影响等方面的全方位评价。

第三节 政府采购绩效评估标准

政府采购具有具体性和差异性的特征，其绩效的具体标准和指标是不尽相同的。然而，一般来说，政府采购目标必须体现政府意图和公共利益的要求，因此具有明显的一致性特点。根据政府采购履行的不同需要，可以归纳出五种政府采购的评估标准，即效能标准、效率标准、充分标准、公正标准和回应标准，并形成一个以政府采购市场价值链为对象的政府采购评估体系。

一、政府采购效能性评估标准

效能标准是指某项政府采购达到预期结果或影响的程度，换句话说，就是将政策的实际效果与政策的预期水准相比较，目的是了解政府采购是否产生所期望的结果或影响。政府采购的效能标准所涉及的含义并非单纯地视为政府采购是否按原计划执行，而是看执行后是否对政策环境产生期望的结果或影响。

如果按照效能标准设计来政府采购的评估模型，那么政府采购的社会目标将作为评估时所持的唯一标准。政府采购政策的效能性评估标准主要从两个方面进行评估，一是考察政府所作出的采购在领域内所取得的效果，二是对所考察到的结果内容进行评估并判断其优劣。因为政府采购具有社会、经济、政治、文化等多个方面的目标，因此进行效能性评估的同时，就需要明确既定目标的实现程度以及对政府采购的影响。需要明确一点的是，现实中的效能目标与预期的效能目标在数量和种类上很有可能不是一致的。换句话说就是现实中发生的效能目标并没有预料到，而预期的效能目标则在现实中没有产生。

在政府采购过程中，我们既可以衡量政府的整体效能完成情况，也可以用效能评估标准来衡量政府采购的单目标政策。

对政府采购进行效能评估，实际上是考察政府采购的目标结果实现是否存在。然而在现实生活中，效能性评估往往并不那么容易，原因就在于实现的目标结果程度并不容易观察，抑或是所出现的各种结果与政策的关联不大，或者是出现了多重结果，各个结果之间具有冲突，那么使用效能标准评估将会变得困难重重。

二、政府采购效率性评估标准

政府采购的效率标准指的是采购的结果（即政策产出）与采购的代价（即政策成本）之间相对应的比例关系，通常以每单位成本所带来的最大化产出或者每单位产品所需要的最小化成本为评估标准。

政府采购中的效率性标准可以分为两类：技术性标准和经济性标准。所谓技术性标准，指的是在最小的成本和努力的情况下完成某项活动和产品，也就是在一定限制下完成采购期望的最大化；所谓经济标准，指的是政府采购政策的整体成本与整体收益之间的关系，更加注重对政府资源进行分配和使用效率之间关系的考察，并追求满足度最大化。从宏观与微观的角度而言，技术性标准主要注重政府采购内部效率的运转；经济性标准主要注重政府采购政策是否全部达到最优配置和使用。因此，政府的效率性评估标准实质上就是"成本—收益"评估标准。

这里的成本指的是政府采购过程中研究、制定、实施、监督等的各项成本；收益则指的是政府采购过程中所达到的直接收益与间接收益。成本是多方面的，收益同样也是多方面的，而且许多成本和收益难以用具体的数量来进行衡量。因此成本和效益所包含的范围越大，按照效率评估的难度也就越大。

三、政府采购充分性评估标准

政府采购的充分性标准指的是采购所完成的基本情况。虽然政策采购目标设定是为了解决预期遇到的情况，但是由于一些不可控的因素，包括主观因素和不可观测因素，最后执行的效果与原来的预期会相去甚远，从而形成了施行的非充分状态。尽管从客观上来说，政府采购施行的非充分状态是难以避免的，但是追求目标的充分状态是采购永恒的追求。以政府采购目标施行的充分与否来衡量政府采购目标完成的实现度，有助于及时发现政策上面存在的缺口，保证采购的有效性与完整性。

政府采购的充分性评估标准其实是效能标准的一种延伸。在效能标准下，采购的评估标准是采购结果和效果有哪些，与预期的是否一致；在充分性标准下，评估重点在于政府采购实现的程度是多少，存在差异的原因又是什么。必须要说明一点的就是，按照效能评估时，可能会出现预期的结果实际没有发生，或者实际发生的结果并不是预期的目标。而充分性标准只是对政府完成目标程度进行衡量。

由于政府采购的目标具有多重性，因此政府采购在充分性标准下，既可以由单目标，也可以有多种目标，当然多种目标的评估是建立在对单目标进行充分评估的基础之上的通过对政府采购目标进行分析，在将实现目标与预期目标进行对比分析获得单个目标的充分实现程度。如果拓展到多个目标，就需要先对单个目标进行评估，再按照单个目标的权重进行加权平均。

四、政府采购公正性评估标准

政府采购制度的公正标准指的是采购实施以后社会上的资源、利益、成本的公正分配程度。毋庸置疑的是，政府采购将会对社会资源的公正与公平起到一定影响。如果政府的某项采购即使高效，但是在社会资源配置中引起无效分配，则会引起严重的社会经济矛盾，也就不能算作成功的政府采购。"帕累托准则"是判断政府采购公平标准的理论依据，即谋求社会福利的最大化。因此，采购所带来的福利是不可能由每一个人、每一个机构机会平等的享受的。政策采购的公平性受到制定者、执行者、参与者、公众、法律等多个方面的因素影响，而这些因素有些难以量化，导致政府公正性有时候也不能够直接衡量。

五、政府采购回应性评估标准

政府采购的回应性评估标准指的是采购政策满足团体需求、偏好或价值的程度，这个标准同时也充分反映了供应商在政府采购执行系统中的反馈，体现了政府采购市场中的主体观念，对于政府采购市场的建设具有重大意义。即使一项采购政策符合其他任何标准，却未能满足那些受政策影响的标的团体需求，同样被视为是有缺陷甚至是失败的采购政策。回应性标准主要反映了政府采购中供应方的价值取向。

六、政府采购适当性评估标准

政府采购评估的适当性标准是指对采购目标的相对价值、社会是否合适以及这些目标所根据的假设条件妥当地适应评价。当其他的标准均以"目标"视为理所当然可加以接受时，似乎政府采购的评估只需要按"标准"对号入座即可。其实不然，由于政府采购的社会性与公共性特征，不存在政施的单一性结果，因此我们在进行政府采购评估时，要按照适当性标准多拷问。例如，是否这些目标就社会而言是恰当的？是否存在此目标较彼目标更优的方案？如果政府采购的目标不恰当，即使执行结果达到前面五种标准，仍然被视为失败的政策，所以，适当性标准至关重要。

第四节　政府采购经济效益评估

政府采购经济效益评估是指针对政府在购买支出中的费用与其所产生的社会经济效用而实施的评价，以体现财政支出管理的综合效益。

政府采购经济效益评估指标体系构建可分为两个层面：政府采购的配置效益层面和政府采购的使用效益层面。

一、政府采购配置效益

衡量政府采购的配置效益主要从政府采购规模效益和结构效益两个方面来进行。

政府采购规模效益是指政府用于采购的资金规模适度、合理或最佳时带来的经济效益。衡量政府采购是否具有规模效益的一个重要标准是政府采购支出对经济资源消耗的机会成本，这是再也不可能用于其他部门和用途的资源。这种经济资源的机会成本的高低成为衡量政府采购支出是否具有规模效益的标志。

政府采购结构效益就是指在政府采购支出总额一定的条件下，通过改变政府消费性支出和政府投资性支出数量的比例来增加采购支出效益。即在政府采购支出总额不变的前提下，改变政府消费性支出和政府投资性支出的比例结构来增加采购结构效益。一般来讲，当既定的政府采购资金在货物、服务和工程之间的配置，满足三者边际效用与其边际成本之比相等时的数量以及组合即可实现政府采购结构效益最佳。

二、配置效益评估指标

衡量政府采购配置效益的指标有资金效率、规模效率和人员效率等指标。具体构成有：

指标1：年度政府采购预算总额 = $\sum$ 当年货物类采购预算金额 + $\sum$ 当年工程类采购预算金额 + $\sum$ 当年服务类采购预算金额。

指标2：年度政府采购计划预算完成率 = 年度政府采购预算实际完成额/年度政府采购预算计划下达额×100%。

指标3：年度政府采购支出需求总额 = 当年政府采购预算总额 + 当年政府采购交易成本支出总额。

指标4：年度政府采购成本收益率 = 年度政府采购节支总额/年度政府采购费用支出×100%。

指标5：年度政府采购人员经费支出金额 = 当年政府采购管理机构人员工资性支出金额 + 当年政府采购代理机构人员工资性支出金额。

指标6：年度政府采购规模占地区生产总值比重（%）= 年度政府采购支出总额/年度地区GDP总额。

指标7：年度政府采购支出占GDP的比重（%）= 当年政府采购支出总额/当年GDP总额×100%。

指标8：年度政府采购支出占财政支出的比重（%）= 当年政府采购支出总额/当年财政支出总额×100%。

指标9：年度政府采购支出增长率(%) = [（当年政府采购实际支出总额/上年政府采购实际支出总额）－1]×100%。

其中，当年政府采购支出总额包括各采购单位委托采购代理机构体系的集中采购总额和分散采购总额。

指标 10：年度政府采购支出增长率与同期财政支出增长率的差额 = 当年政府采购支出增长率 - 同期财政支出增长率。

指标 11：年度政府采购预算编制率（%）= 当年政府采购预算实际编制金额/当年政府采购预算金额数 ×100%。

指标 12：年度政府采购预算完成率（%）= 当年政府采购预算实际完成金额/当年政府采购预算金额数 ×100%。

指标 13：年度政府采购计划下达率（%）= 当年政府采购计划实际下达金额/当年政府采购计划金额数 ×100%。

指标 14：年度货物类采购支出占政府采购支出的比重（%）= $\sum$ 当年货物类采购支出金额/当年政府采购支出总额 ×100%。

指标 15：年度服务类采购支出占政府采购支出的比重（%）= $\sum$ 当年服务类采购支出金额/当年政府采购支出总额 ×100%。

指标 16：年度工程类采购支出占政府采购支出的比重（%）= $\sum$ 当年工程类采购支出金额/当年政府采购支出总额 ×100%。

指标 17：年度政府采购人员经费支出占政府采购支出的比重（%）= 当年政府采购人员支出总额/当年政府采购支出总额 ×100%。

指标 18：年度政府采购公用经费支出占政府采购支出的比重（%）= 当年政府采购公用经费支出总额/当年政府采购支出总额 ×100%。

三、使用效益评估指标

政府采购使用效益是指政府为具体的社会公共事务而耗用的公共资金与其所带来的效果比较。从微观角度分析，可用政府采购资金的节约程度（节约率）来表示，包括预算资金节约率和市场价格节约率两个指标。

指标 19：预算资金节约率（%）=（政府采购预算金额 - 实际政府采购金额）/政府采购预算金额 ×100% = 1 - 实际政府采购金额/政府采购预算金额 ×100%。

指标 20：市场价格节约率（%）=（以市场价格计算的采购总支出 - 实际政府采购总成本）/以市场价格计算的采购总支出 ×100% = 1 - 实际政府采购总成本/以市场价格计算的采购总支出 ×100%。

四、经济效益评估程序

政府采购经济效益评估的方式有定性分析法和定量分析法。所谓定性分析法是评价者根据经验和实际感受利用主观判断对政府采购的经济效益进行评价，这种方法的优点是灵活、贴合实际。定量分析法是评价者根据实测数据运用统计方法对政府采购的经济效益进行评价，因采用的原始数据来源于实测数据，结果较为客观。

评估经济效益的程序是评价发起人对评价对象在评价原则和评价目的的指导下，运用定性分析法和定量分析法构建指标体系，继而构建评价模型，运用实测数据进行验证，并对实证结果进行分析（见图 11-1）。

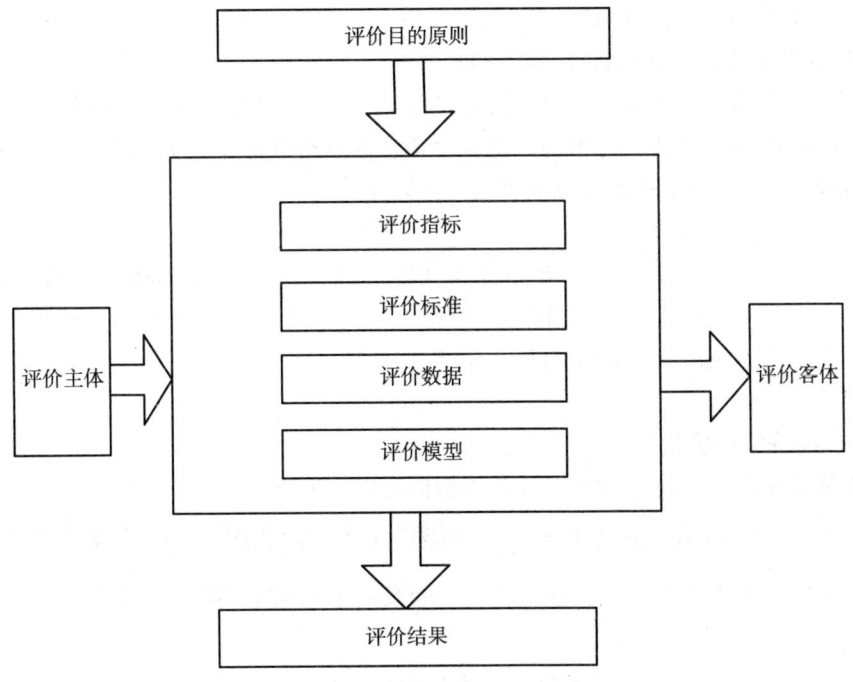

11-1 政府采购经济效益评估程序

第五节 政府采购工作绩效评估

政府采购工作绩效评估是指针对政府采购项目、资金来源、采购方式、采购标准确定的政府采购工作的科学性、合理性、全面性、约束性、效果性而实施的评价。

一、工作绩效评估指标

政府采购绩效评估指标体系是按其评估内容确定的，主要有四个组成部分，但不论哪一部分都由定量指标和定性指标这两类指标组成。定量指标优劣是以数字或百分数大小来表现，定性指标优劣是以等级确定，其等级分为 A、B、C、D 四个档次，分别代表优、良、一般、差四个等级。

（一）政策性评估指标体系

该指标体系以定性指标为主，其具体指标有以下四项。

（1）采购法规贯彻情况，评价该地区对上级下发的各项政府采购法规、文件是否联系本地实际全部及时转发或出台相应规章。

（2）政府采购机构履行职能情况，评价该地区政府采购监管部门和集中采购机构在履行审批（审核）、备案、控制、统计、分析、档案管理等职能的执行情况。

（3）政府采购监督管理情况，评价该地区对采购人、供应商以及集中采购机构实施的日常监督检查和专项监督检查情况。

(4) 政策功能落实情况，评价该地区对首购、强制采购、优先购买国货、建立和扩大中小企业供应商队伍等采购政策功能的实施情况。

另外，定量指标有以下两项。

(1) 政府采购总额占财政支出的比重。

指标21：政府采购总额占财政支出的比重=全年政府采购总额/全年财政支出总额×100%，该指标值如果达不到标准值，则说明该地区推行政府采购制度还未能达到标准水平，有待进一步加大政府采购制度的贯彻落实力度。

(2) 采购文件合格率。

指标22：采购文件合格率=合格采购文件/全部采购文件×100%，它能真实地反映该地区实施政府采购制度的政策性水平和规范化程度。需要注意的是这里的采购文件，是指专门为实施政府采购项目服务的各类文件，如招标书、评标报告、中标公告、采购合同等。

(二) 经济性评估指标体系

该指标体系以定量指标为主，其具体指标有以下七项。

指标23：年度政府采购总额=$\sum$全年货物类采购总额+$\sum$全年工程类采购总额+$\sum$全年服务类采购总额，这是直接反映政府采购成果的绝对量指标，也是政府采购的基础。

指标24：年度政府采购增长率=[(全年政府采购总额/上年政府采购总额)-1]×100%。

指标25：政府采购成本支出率=年度政府采购成本支出总额/年度政府采购总额×100%。

指标26：年度政府采购节约额=年度政府采购预算额-政府采购中标或成交价。

指标27：年度政府采购节约率=年度政府采购节约额/年度政府采购预算×100%，该指标是指政府采购节约额占政府采购预算的比重，是反映政府采购资金节约幅度的指标。

指标28：政府采购盈余总额=政府集中采购节约总额-集中采购交易成本费用支出总额，该指标是用来反映政府采购交易成本费用的高低。

指标29：政府采购人均盈余=政府采购盈余总额/集中采购机构所有人员数，该指标反映政府集中采购机构所产生的经济价值。

(三) 效率性评估指标体系

该指标体系亦以定量指标评价为主，其指标呈系列化特点，现使用频率较高的指标有以下三项。

指标30：年度政府采购规模效率=全年政府采购总额/全年政府采购次数，该指标反映政府采购活动中平均每次的采购额，因其受采购种类、采购方式和采购需求量等多因素影响，因此，在使用中还可按不同采购种类，不同采购方式来划分，分成货物类规模效率、工程类规模效率、服务类规模效率、招标类规模效率、竞争谈判类规模效率、询价类规模效率等。

指标31：全年政府采购效率 = $\sum$ 采购时间/$\sum$ 采购次数，询价类采购效率 = $\sum$ 全年询价采购时间/$\sum$ 全年询价采购次数。采购效率，又称采购周期或时间效率，其指标受采购种类、采购方式和供应商供货时间等多项因素影响，使用中也可分成若干类型的采购效率指标，如货物类采购效率、招标类采购效率、全年采购效率，其指标值 = 采购时间/采购次数。

政府采购人员效率，又称办事效率或工作效率，在实务中可分成两类，一类是政府采购监管部门人员效率，其下又可分成审批效率、立项效率等；另一类是集中采购机构人员效率，其下也可分成全年人员效率、货物类采购人员效率等若干。

指标32：采购人员效率 = 采购额（次数）/工作人员（指采购管理人员或采购人员）数，如审批效率 = $\sum$ 全年办理的审批事项总数/政府采购监管部门人员数，采购人员效率 = $\sum$ 全年政府集中采购总额/集中采购机构人员数。

（四）公平性评估指标体系

该指标体系实行定性指标与定量指标相结合评价，其定性指标有以下三项。

（1）阳光采购机制建设情况，评价该地区集中采购机构内部控制机制是否健全，采购人员结构、年龄、文化层次等是否优异，评标专家库和供应商队伍建设与管理是否完善，以及是否推行电子化评标等。

（2）政府采购公信情况，评价该地区采购人、供应商及社会各界对政府采购监管部门和集中采购机构的满意度。

（3）廉洁自律情况，评价该地区政府采购监管部门和集中采购机构廉洁自律机制的建立与执行，是否存在不遵守、回避保密制度，是否有内定中标、暗箱操作、收受回扣等商业贿赂行为。

本阶段的定量评估指标也有以下三项。

指标33：政府采购公开招标率 = 年度政府采购公开招标总额/年度政府采购总额 × 100%。

指标34：新增供应商（评标专家）数 = 当期该地区供应商库（评标专家库）人数 − 上期该地区供应商库（评标专家库）人数，其指标反映有更多的供应商（评标专家）参与此地区的政府采购，也从一个侧面说明该地区政府采购的公平性较高。

指标35：政府采购有效质疑（投诉）率 = 年度政府采购项目有效质疑次数/年度政府采购项目遭受质疑总次数 × 100%。

二、工作绩效评估方式

政府采购工作评审。既可以对采购项目实施的全过程进行绩效评估，也可以对采购的某个流程进行绩效评估。

政府采购工作执行绩效考评。侧重于对政府采购实施过程和购买结果的有效性进行评价。

政府采购工作完成后评价。即对政府采购活动完成后一定时间内，对采购回的货物、工程建设、服务等进行全面的评价。

政府采购的效益分析。主要是对财政性资金使用和效益情况及对经济发展的影响进行分析。

政府采购项目的专项检查。侧重于对采购资金的使用、管理和财务状况进行监督考核。

三、工作绩效评估前期准备

根据测算评价确定监控指标，以不同级次的政府集中采购机构为基层单位，并将绩效评价监控指标进行公示；要知晓绩效是可以量化或转化为实现事业目标或事业成效效果的道理，知晓财政支出是否能达到相应的效果，这些取决于经济、社会等因素；要把"一观三论""花钱买服务、效果的预算观""公共委托—代理论""结果导向管理论""为'顾客'服务论"等在政府采购领域的绩效评价活动中应用得"淋漓尽致"；按照评价监控指标抓好政府采购的监管，并根据采购绩效评价监控指标，抓好促进采购效率的提高工作；加强对政府采购机构、采购人的监督，对绩效评价差的及时查找原因，并提出整改方案；最终实现狠抓落实，达到成效明显的目的。

四、工作绩效评估程序

明确政府采购绩效评价项目对象，将有绩效评价价值的部门或单位列入评价范围；明确采购绩效评价原则，依法公开、公正、公平、高透明度地开展政府采购资金支出绩效评价活动；明确内容，分层次、突出重点的选择有代表性或共性的政府采购项目进行全过程（全方位）、实事求是的绩效评价；及时公布绩效评价结果，对已结束或了结的政府采购绩效评价科目，要将评价结果及时在相关媒体上给予公告（公示），并将书面报告传送给被评价的部门或单位；做到扎实细致，不走形式，注重实效，保证评估（评价）成果的质量。评估报告的撰写要紧密联系政府采购工作和法律制度建设的实际，全面、准确地总结、分析和评价本地区政府采购法律制度贯彻实施的绩效及存在的问题，明确、具体地提出健全完善政府采购法律制度的意见和建议。

同时，有关部门还应向有关预算单位及部分采购代理机构和供应商发出协助评估通知，请其协助开展调研评估工作，以促使政府采购绩效评估和评价工作落到实处。

思考题

1. 政府采购绩效实质是什么？
2. 理解政府采购绩效与财政支出绩效关系。
3. 理解政府采购绩效与部门预算关系。
4. 政府采购预算绩效评估的主要内容。
5. 简述政府采购经济效益与工作绩效评估基本指标体系。

第十二章

政府采购内外部监督体系

第一节 政府采购内部监督体系

一、政府采购内部监督

监督是指监察督促之意,即对现场或某一特定环节、过程进行监视、督促和管理,使其结果能达到预定的目标。监督包含了管理的意思,而管理是指运用科学的手段安排组织社会活动,使其有序进行。政府采购的监督管理是指政府采购法规定的有关主体,依据各自的职责和权利,运用行政、经济、法律和舆论等手段,监察督促被管理对象,按照法规所规定的要求,有序地组织采购活动,从而保证政府采购市场的正常秩序的过程。

监督管理是主体与客体的相互作用的活动过程。在政府采购的监督管理中,由于政府采购活动的特殊性,政府采购的监督主体和客体具有不确定性,在一定情况下,监督主体可以成为监督客体,同样,监督客体也会变为监督主体。政府采购的监督主、客体之间角色的转换,使政府采购监督变得更加多样性和复杂性,同时也使政府采购监督成多维状态。

二、财政部门监管

财政部门是政府采购监督管理部门,实施监督管理职责。财政部门的监督管理主要是对政府采购法律、行政法规和规章的执行情况进行监督;对采购范围、采购方式和采购程序的执行情况进行监督;对政府采购当事人的政府采购行为进行监督管理;对政府采购人员的职业素质和专业技能的监督管理。这种监督管理是通过询问制度、检查制度、考核制度和行政处罚来进行的。

1. 对采购人监管

采购人在政府采购活动中是最重要的当事人,它有采购决定权等权利,它的行为在一定程度上决定着政府采购活动的成败,因此对政府采购活动的监管,主要是对采购人的监管。政府采购监管部门通过督促、检查、指导等形式来监管采购人。督促就是监督推动采购人完善政府采购的内部管理制度,建立政府采购的内部监督机构,实行相互制约的操作机制;检查就是实地查看采购人落实政府采购制度的情况,发现存在的不足;指导就是通过指点引导采购人开展政府采购活动。

2. 对采购代理机构监管

采购代理机构作为政府采购的执行机构，承担着具体的采购操作任务。政府采购的监管部门主要通过备案和考核相结合的方式，对采购代理机构进行监管。备案就是对采购代理机构所制作的重要的采购文件进行存档备查，以规范他们的采购活动。考核就是政府采购监管部门定期或不定期的、采用定量或定性的方法对采购代理机构的工作进行考查核实。

3. 对供应商监管

市场经济条件下，供应商总是希望获取最大利润的，所以，供应商的诚信履约是保证政府采购活动成败的关键。政府采购监管部门要加强对供应商的监管，特别是对定点采购供应商和协议供货供应商的监管，重点采取实地检查的方式对供应商进行监管，保证供应商按投标文件上的承诺和合同约定的条款为政府采购提供符合国家相关标准的货物、工程和服务。

4. 对评审专家监管

在政府采购活动中，评审专家是采购人的代理人，在评审过程中起着决定性的作用。所以，必须加强对评审专家的监管，保证政府采购公开、公正、公平和高效地实现。政府采购监管部门对评审专家的监管，主要是通过评审过程中的现场监督和事后的评价进行的。现场监督是指政府采购监管部门直接派人到评审现场监督评审过程，看评标委员会有没有违反政府采购法规的行为；事后的评价是指政府采购监管部门对评审专家的评审结论进行综合的评估，看评审专家在整个评审过程中是否作出了科学、客观、公正的判断。通过结合现场监督和事后评价的情况，给予评审专家一个考核结论，为评审专家的管理与使用打下基础。

三、采购人内控机制

建立编制政府采购预算和计划的内部控制制度；建立政府采购标准和采购结果公开制度；采购人选择采购方式和采购程序应当符合法律规定；按照法律规定的采购方式和程序进行采购是对采购人的基本要求。政府采购有严格的采购程序，对采购人来说，公开采购方式选择程序不仅可以排除政府采购活动干扰，而且有利于加强对自身的监督。

四、采购代理机构内部控制

具有政府采购业务资格的招标代理机构，办理政府采购业务时，应当按政府采购法律法规的要求，加强内部管理，确保政府采购业务规范高效地完成。内部控制制度应包括说明采购范围、采购方式和采购程序的执行情况；是否按规定的采购方式执行，采购程序是否合法合规，接受采购人委托完成的其他采购情况等；采购代理机构从业人员的职业素质和专业技能情况；政府采购业务一般为代理机构的一部分，档案管理应依法严格的规定进行管理，代理机构应加强政府采购业务档案内部控制。

五、采购人和代理机构内部审计

政府采购行为是行政事业单位重要的经济活动。鉴于适应新时代发展需要，从中央到地方简政放权及"放管服"改革的需要，对政府采购招投标工作加强监管，成为必然要求。按照中央要求，纪检监察部门积极"转职能、转方式、转作风"，各级纪检监察机构不再参与行政审批、评审评估、具体项目资金管理、招投标等业务的过程监督，一般性的议事协调机构也原则上不再参与，要把工作重点切实转移到监督执纪问责上来。在此情况下，审计的经济监督职能凸显。

内部审计机构或者履行内部审计职责的内设机构应有下列权限：检查有关财政财务收支、经济活动、内部控制、风险管理的资料、文件和现场勘察实物。作为内部审计机构和审计人员，应更好履职尽责，做到公平、公正、公开，维护好政府采购工作的严肃性、公平性、效率性，杜绝和防范风险，维护好本单位的利益，有必要事前、事中、事后全过程跟踪审计政府采购招投标流程。

事前审计。此阶段，内部审计机构和审计人员在单位党委（党组）的大力支持下，要从编制预算和采购计划等源头介入，尽早、尽快地掌握、了解项目的进展情况。

事中审计。这个阶段是审计重点。采购人派出审计人员参与现场监督，甚至作为采购人代表（业主专家）参与开标、评标。这正好给了审计人员近距离了解情况、发现问题、监督检查、咨询"疑难杂症"的现场审计机会。

事后审计。审计人员做到依法依规监督，要从采购程序各环节投诉、质疑等信访件中发现问题，并跟踪问题线索。询问或质疑的问题，正是审计的方向，要搞懂、弄通，一查到底。

第二节 政府采购外部审计监督

政府采购外部审计是指审计机关对国家各级机关和实行预算管理的政党、组织、社会团体、事业单位等使用财政性资金获取货物、工程和服务行为的审计监督。审计机关既可对采购活动进行审计，又可对采购监督活动进行审计。各级国家机关、事业单位和团体组织，使用财政性资金采购依法制定的集中采购目录以内的或者采购限额标准以上的货物、工程和服务等有关政府采购的活动都应当纳入审计机关监督的范围。

审计机关应当对政府采购进行审计监督；政府采购监督管理部门、政府采购各当事人有关政府采购活动，应当接受审计机关的审计监督。

一、政府采购外部审计特点

政府采购审计作为政府审计的重要细分领域之一，其必然具备政府审计的一般特点及其自身的独有特点，具体如下：

1. 权威性

依据我国《国家审计准则》和《中央预算执行情况审计监督暂行办法》，国家审计机关发现被审计单位在财政收支或者财务收支方面存在违规行为的，可以在其法定职责权限内对被审计单位予以处罚；对于法定职责权限范围以外的，需要酌情移交司法部门。可以看出，政府采购审计不同于内部审计和社会审计，对于被审计单位的不合规操作享有一定的处罚权，并可依据线索将违法行为移交司法，其权威性可见一斑。

2. 系统性

系统性是指政府审计机关的设置自成一个完整的体系。在我国，县级以上政府部门设置审计机关，审计署接受国务院总理领导，其他各级审计机关接受本级政府首脑和上级审计机关的双重领导，同时审计署在全国下设18个特派办和25个派出局，形成了一个相对完备的政府审计体系，为开展国家审计工作提供了良好的体制和人员保障。同时，政府审计人员专业背景的多元化，对开展政府采购专项审计大有裨益。

3. 独立性

政府审计的独立性主要体现在两个方面，其一是机构设置，其二是经费来源。在机构设置方面，俄罗斯、瑞典、巴基斯坦等国的国家审计机关隶属于行政系统；美国、英国、加拿大等国的国家审计机关隶属于立法系统；意大利、土耳其、巴西等国的国家审计机关隶属于司法系统；日本、德国、荷兰等国的国家审计机关独立于立法、司法和行政系统，直接对法律负责，第三种模式下的国家审计机关设置，其独立性相对于第一种更强。在经费来源方面，各国国家审计机关的支出主要来自于财政预算资金，并且由法律法规予以明文规定。机构设置和经费来源方面的独立性对政府审计的独立性形成了良好的支持。

4. 广泛性

广泛性是指审计机关的权限，其涵盖的对象和范围相对较广，当然也涵盖政府采购。我国审计机关可以要求被审计单位提供相关材料，被审计单位必须予以配合并确保真实性和完整性；审计机关有权检查被审计单位的文案材料和相关系统，必要时可申请对相关人员及其个人账户进行检查；审计机关有权要求被审计单位停止违规的财政收支和财务收支行为，并对被审计单位的整改进行事后监督。

权威性有助于减轻政府采购审计的阻力，系统性为政府采购审计的开展提供了良好的人力资源支持，独立性保障了政府采购审计的相对客观公正，广泛性使得政府采购审计拥有更多的方法和手段。

二、政府采购外部审计内容

审计机关的监督是一种再监督，它一方面监督采购监督管理部门在政府采购活动中行为的合法性，另一方面监督政府采购各当事人在政府采购活动中行为的规范性、经济性和效益性。依据政府采购活动的特殊性及政府采购活动各当事人和相关人所处的地位及作用的不同，政府采购审计可分为对政府采购监督管理部门的审计、对采购人的审计、对采购代理机构的审计和对采购供应商的审计。

审计机关在审计过程中要注意审查政府采购预算编制的依据是否充分有效，是否遵循规定的程序，是否单独编报；审查纳入政府采购预算的范围是否正确等，以强化预算约束，促使被审计单位加强预算管理，提高预算编制的合理性；审计财政国库支付执行机构的会计核算资料和内部控制，确保资金运转的安全性。

对于不同主体，其审计的重点也不同，如对社会中介代理机构的审计是对采购人审计的延伸审计。对采购代理机构的审计重点在合法性、效率性、经济性上。供应商主要是企业或自然人等非行政机关，不属于行政审计对象。但供应商是政府采购的供应商，他们最终是为满足社会的公共需求而服务，并通过财政性资金购买，所以对于供应商的审计应该算是"延伸"审计。

三、政府采购外部审计监督程序

政府采购审计监督属于政府审计的组成部分，其审计程序符合政府审计准则所设定的标准的三个审计阶段：即审计准备阶段、审计实施阶段、审计报告阶段。在日常的政府采购审计监督实践中，为了强化审计结果、督促被审计单位对发现的违规行为进行积极整改，通常还会增加一个审计阶段——后续审计阶段。

四、政府采购外部审计主要方式

审计机关是政府采购监督的重要外部主体之一，其监督的方式具有浓厚的部门特色。

结合部门预算执行审计、经济责任审计和其他财政财务收支审计，对各部门、各单位开展政府采购情况进行监督。

项目审计与专项审计调查相结合。项目审计是指对单个项目或单位进行监督检查，是审计的基本形式。但是在被审计单位较多而审计资源有限的情况下，一定时期内审计难以覆盖所有政府采购的单位或项目，可以以列席政府采购重大项目的招投标会议、参与政府采购工作开展情况的专项检查等方式进行审计监督。

事中审计与事后审计相结合。事中审计是对政府采购执行过程中实施的审计；事后审计是指对政府采购执行结果进行审计。把事中审计与事后审计结合起来，解决了审计力量不足与时间紧迫的矛盾，同时能及时发现错弊，避免实物变化难以把握的矛盾。

第三节　其他法定政府采购监督

一、人大监督

我国的《宪法》对中华人民共和国的国体和政体都做了明确的规定：中华人民共和国是工人阶级领导的，以工农联盟为基础的人民民主专政的社会主义国家。中华人民共和国的一切权力属于人民。人民行使国家权力的机关是全国人民代表大会和地方各级人民代表大会。所以全国人大和地方各级人大都有责任和权利对政府采购进行监督，也是政府采购最高层级的监督。

人大是立法部门，所以人大的监督也称立法部门监督。人大监督是各级人民代表大会及其常委会按照一定的法定权限和法律程序对由它产生的国家机关及其工作人员的行为依法指导、审查、督促，并在此基础上行使批准、决定、罢免等权力的过程。

二、政协监督

人民政协是我国共产党领导的多党合作和政治协商的重要机构，政治协商、民主监督、参政议政是人民政协的三大职能。人民政协民主监督是独具特色的一种制度设计。

政协的监督一般通过视察和提案来实施。政协委员对政府采购法律、规章和制度的执行情况，通过视察工作，开展调查研究，反映社情民意，然后以调研报告、提案、建议案或其他形式，向党和国家机关提出意见和建议。

人民政协民主监督的内容非常广泛，可以说人民政协民主监督涉及到政府采购的方方面面，只要有政治权力运作的地方都应该有人民政协的监督，甚至连政协组织和政协人自身都可以监督。就这一点来看，社会主义监督体系中的其他监督形式都不能与人民政协民主监督的广泛性相比拟。

人民政协民主监督的形式非常灵活，可以通过会议、视察、检查、调查、建议、报告、提案、特约监督等多种形式对政府采购工作作出批评和建议。很明显，与其他监督形式相比，人民政协民主监督的形式和途径既灵活又多样。

人民政协的监督具有民主性。这是纪律监督、权力监督、行政监督以及司法监督所不具备的。执政党、人大、政府和司法机关的监督更具强制性和惩罚性，而人民政协的民主监督却具有民主性。由于政协监督的目的在于协助国家机关预防工作失误和纠正工作中出现的错误、改进工作和克服官僚主义，因此人民政协的民主监督体现的是一种团结、合作和协商精神，是一种富有建设性的监督。

三、监察监督

纪委是党内机构，其监督职权是调查和处分党员干部在政府采购中的违法违纪行为，而监察机关是国家机构，其监督职权是对行政机关的工作人员在政府采购中的违法违纪行为进行处理。由此监察机关（纪委）的监督重心都在于对政府采购监督管理部门以及工作人员、采购人以及相关人员、政府集中采购机构和部门集中采购机构及其工作人员、术语行政管理范围的独立参与评标的评审专家等参与政府采购活动的党内外人士进行监督。

监察法规定监察机关是人民政府行使监察职能的机关，依照本法对国家行政机关、国家公务员和国家行政机关任命的其他人员实施监察。监督政府采购人员是否廉洁自律；政府采购活动是否按照有关法律制度进行；监督政府采购程序是否公开、公正、公平。

在政府采购的监督中，行政监督应该是一种外部监督和再监督，所以行政监督的形式与方式主要为事前监督、事中监督和事后监督。

事前监督是指在某种公共行政管理活动开展之前，监督部门围绕公共行政管理主体的行政行为进行的监督检查。行政监察部门的事前监督就是检查和督促政府采购当事人和相关人建立与完善政府采购制度，建立反腐倡廉的长效机制，协助抓好干部职工的勤政廉政工作。

事中监督是指行政监察监督主体根据实际需要，依法对行政机关及其工作人员正在进行的行政执法行为实施监督检查的一种方式。在政府采购中的事中监督就是行政监察部门对正在开展的政府采购活动直接派人到现场进行监督，是一种面对面的监督，它可以及时发现问题，及时纠正偏差，减少损失。随着信息时代的到来，行政监察部门将可对政府采购活动的每一个环节进行实时监控。

事后监督是指在某种公共行政管理活动结束之后监督部门所进行的监督。行政监察部门对政府采购的事后监督主要表现在对政府采购活动的评判与评价，对在政府采购活动中出现的违反法规的人或事进行调查处理，对公众怀疑、检举、揭发的有关问题进行检查、调查和建议处理及作出处理意见。一方面通过事后的介入，可以澄清事实、纠正错误、处理问题、惩治腐败；另一方面通过查找原因，吸取经验教训，建立更加完善的监督机制。

四、公正监督

公证是指公证机关或公证员对当事人（包括个人和法人）的民事法律行为或具有民事法律意义的文书或事实的真实性、合法性出具的具有法律意义的文书活动。在政府采购活动中聘请公证机构进行监督，这是公证的性质和特点所决定的。一方面，公证是由国家专门司法机构依照法定程序进行的一种特殊的证明活动，它具有权威性、可靠性、广泛性和通用性等特点。公证的效力是由法律赋予的，是由国家强制力作保障的。运用公证的法定效力来为政府采购服务，可以使政府采购活动更加阳光。另一方面，政府采购的客观要求，需要公证的监督。

第四节 政府采购社会监督

一、媒体监督

媒体是指信息表示和传播的载体。随着社会的进步与发展，媒体的形式和种类越来越多，对社会的影响也越来越大，甚至可以左右公众的思想或影响公众的生活。目前，媒体主要有报纸、广播、电视、杂志、互联网、手机，以及由此而衍生出的 IPTV、电子杂志等，互联网和大数据的发展促进了运用新闻媒体等信息化技术手段实现电子化监督的进程。媒体具有广泛性、及时性、大众性、吸引力、感染力、号召力等特点，具有揭露社会时弊、反映公众呼声、促进社会进步、维护公众利益等作用。

媒体监督是指报纸、刊物、广播、电视等大众传媒对各种违法违纪行为的违法犯罪、渎职腐败行为所进行的揭露、报道、评论或抨击。相对于国家权力机关的强制性监督，媒体监督则是一种非强制性监督、柔性监督，具有及时性和时效性，对某一社会热点能迅速及时的做出回应，保证监督的及时性。媒体监督是最广泛、最及时、最具说服力的监督。

媒体监督的功能，最直接表现为评价功能。评价功能是最为基本的功能，只有对监督对象的评价，才能产生一定的舆论压力，促进监督对象的公正守法。只有进行评价，才能使公众及时了解事件信息和内容，对公众进行一定的引导。其次还具备调控功能。

尤其是针对权力机关的偏离行为进行监督，使权力机关在舆论压力下对偏离行为进行纠正，一定程度上对权力机关的行为进行调整。在政府采购活动中，要充分发挥媒体监督作用，通过宣传政府采购法规、发布政府采购信息、分析政府采购案例、披露违法违纪事件、分开政府采购程序、报道政府采购新闻等，让公众了解政府采购政策、关注政府采购活动，使政府采购更加透明化。

二、公众监督

公众监督是指人民群众运用批评、建议、信访、举报等方式，依托一定的法律和制度，直接或间接地对公共权力机关及其公职人员所实施的监督。公众监督是马克思主义民主政治思想在国家政权建设中的具体体现，属于社会监督的范畴，是以公众为主体兼具合法性的监督。

政府采购是一种公共支出行为，关系到社会公众利益，公众作为公民对其使用过程有知情权，所以也是监督主体。宪法规定，公民享有对任何国家机关和国家工作人员进行监督的权利，这是宪法赋予每一个公民的权利。而政府采购活动涉及金额大、设计项目众多，单靠政府内部监督部门来监督，从人员和精力来看，都是不足以覆盖全方位采购活动的。而如果每一个公民可以通过政府采购公布的相关信息对采购标的、采购流程中的违法行为等进行监督，以披露、检举和控告三种方式行使监督权，这样就可以全方面监督政府采购活动，形成覆盖范围广、影响力大的监督力量。

一方面，公众对权力的制约和监督，是我国整个监督体系的基础。人民群众也是社会公众，人民群众作为社会历史的主体，国家治理的有效实现依赖于人民群众的实践活动。伴随着我国特色社会主义进入新时代，主要矛盾的转化要求我们必须要更多的关注人民群众的需要，满足人民群众的诉求。在社会主义民主政治建设领域，保证人民群众监督权利的正确行使是全面深化改革的重要举措。另一方面，我国是人民民主专政的社会主义国家，为保证人民更好行使当家作主的权利，保持党员干部与人民群众的友好关系，必须矢志不渝地坚持为人民服务的宗旨，不动摇地走群众路线，充分发挥公众监督的积极作用。

公众监督的广泛性在于公众数量众多和分布的广泛性。众所周知，社会公众所分布的地域遍布世界的各个角落，他们所从事的职业涉及各行各业，他们是党和国家领导的对象，听取和执行党和国家的各项方针政策，落实其到工作生活的方方面面。在我们日常生活中，公众的力量是无限大的，处在不同领域的他们可以通过各种渠道，以合法的方式有序参与社会经济生活，行使监督权力，凭借其广泛性的特点，发挥其在推动社会发展等方面的促进作用。

三、供应商监督

供应商对采购过程中的问题、质疑，可按规定向政府采购管理部门投诉。出现处理决定不服，可申请诉讼和仲裁。为减少采购活动中的争端，修正采购活动中的错误，供应商可定期将向纪检监察部门通报。

思 考 题

1. 政府采购监督体系构成有哪些?
2. 政府采购内控制度主要内容是什么?
3. 政府采购外部审计特点是什么?
4. 政府采购外部审计主要内容是什么?
5. 理解供应商监督的独特作用。

第十三章

政府例外采购

所谓例外，就是超出常例之外。对于政府采购例外，我国《政府采购法》规定：使用国际组织和外国政府贷款进行的政府采购，贷款方、资金提供方与中方达成的协议对采购的具体条件另有规定的，可以适用其规定，但不得损害国家利益和社会公共利益。对因严重自然灾害和其他不可抗力事件所实施的紧急采购和涉及国家安全和秘密的采购，不适用本法。我国之所以把国际贷款采购、紧急采购和军事采购作为例外，是遵循在特定情况下不履行协议规定的正常义务的免责条款，用于维护特定的国家利益，这一做法符合国际惯例。

第一节 国际贷款资金采购

一、国际贷款资金采购界定

国际金融组织贷款是指财政部经国务院批准代表国家向世界银行、亚洲开发银行、国际农业发展基金、欧洲投资银行等国际金融组织统一筹借并形成政府外债的贷款，以及与上述贷款搭配使用的联合融资。外国政府贷款是指财政部经国务院批准代表国家向外国政府、北欧投资银行等统一筹借并形成政府外债的贷款，国务院批准的参照外国政府贷款管理的其他国外贷款，以及与上述贷款搭配使用的联合融资。

国际贷款采购是指政府利用国际金融组织和外国政府的贷款所实施的采购活动。

二、国际贷款采购管理

根据经济合作与发展组织（OECD）的有关规定，政府贷款主要用于城市基础设施、环境保护等非营利项目，若用于工业等盈利性项目，则贷款总额不得超过200万元特别提款权。贷款额在200万元特别提款权以上或赠予成分在80%以下的项目，须由贷款国提交OECD审核。

我国利用外国政府贷款始于1979年。目前同日本、德国、法国、西班牙、意大利、加拿大、英国、奥地利、澳大利亚、瑞典、科威特、荷兰、芬兰、丹麦、挪威、瑞士、比利时、韩国、以色列、波兰、俄罗斯、卢森堡及北欧投资银行、北欧发展基金等国家及机构建立了政府（双边）贷款关系。

（一）贷款采购管理依据

为了加强外国政府贷款项下采购工作的管理，规范采购行为，保证采购质量，合理、有效地使用贷款资金，财政部根据《国际金融组织和外国政府贷款赠款管理办法》和《外国政府贷款管理规定》制定了《外国政府贷款采购工作管理办法》，并于2010年1月1日起施行。

贷款采购应当遵守国家法律法规、贷款法律文件，遵循公开透明原则、公平竞争原则、公正原则和诚实信用原则。属于政府采购项目的贷款采购，应当遵照《政府采购法》执行。

贷款采购应采用公开招标采购方式。贷款法律文件另有规定的，从其规定。

（二）贷款采购管理部门

按照《外国政府贷款采购工作管理办法》的规定，财政部负责制定贷款采购的工作原则和相关政策，制定贷款采购管理制度，对贷款采购工作进行指导、协调、监督和管理。省级财政部门按照国家法律法规、贷款法律文件和该办法，对本地区贷款采购工作进行指导、协调、监督和管理；监督贷款采购工作的真实性和合法性。

（三）贷款采购管理主要内容

贷款采购管理主要实行属地管理，即项目单位所在地的省级财政部门负责对贷款采购项目进行管理。

贷款采购的采购方式的管理。按照《外国政府贷款采购工作管理办法》的规定，贷款采购应采用公开招标方式。贷款法律文件另有规定的，从其规定。经贷款方批准，贷款项目的采购采用非公开招标方式采购的，参照《外国政府贷款采购工作管理办法》的有关规定执行。

贷款采购执行管理。贷款采购的具体采购活动，采取委托制，由债务人（是指与转贷银行签署转贷协议，并按照协议规定享受权利并承担义务的法人）或项目单位（是指根据政府协议和转贷协议规定，具体负责项目实施、管理贷款资金形成资产并承担相关贷款偿还义务的机构或者法人）委托采购公司（是指按照财政部有关规定确定的、并根据有关委托代理协议开展采购工作的机构），依照国家法律法规、贷款法律文件、《外国政府贷款采购工作管理办法》和委托代理协议等有关规定，开展贷款采购和合同执行工作。

贷款采购监督。省级财政部门应当对贷款项目合同执行进行监督与管理，定期或不定期进行现场检查；对可直接从贷款方提取贷款资金的项目，应当对贷款资金提取到国内后的支付情况进行监督和管理。

三、国际贷款采购违规处理

在贷款采购过程中，对于违反有关法律法规、贷款法律文件和《外国政府贷款采购工作管理办法》进行贷款采购的单位和个人，除依照《财政违法行为处罚处分条例》以及相关法律、法规规定处罚外，将分别进行通报批评、限期整改、取消相关资质等处理。

（一）对项目单位违规处理

在贷款采购过程中，项目单位违反有关法律法规、贷款法律文件和《外国政府贷款采购工作管理办法》规定的，财政部门可予以通报批评、暂停贷款资金的提取和支付、加速未到期贷款债务的偿还、取消贷款使用资格的处理。

(二) 对采购公司违规处理

在贷款采购过程中,采购公司违反有关法律法规、贷款法律文件和《外国政府贷款采购工作管理办法》规定的,财政部门可予以通报批评、限期改正、暂停和取消贷款项目采购代理资格;可建议债务人或项目单位终止委托代理业务,并按规定另行选定其他采购公司。采购公司一年内两次受到财政部门通报批评的,财政部门可以暂停新贷款项目采购代理资格一年或以上。采购公司参与虚假采购或谋取不正当利益的,财政部门可取消其贷款项目采购代理资格。

(三) 对转贷银行违规处理

在贷款采购过程中,转贷银行违反有关法律法规、贷款法律文件和《外国政府贷款采购工作管理办法》规定的,财政部可予以通报批评、暂停或取消参与贷款转贷业务资格。

(四) 对监管部门违规处理

在贷款采购过程中,财政部门对采购工作监督管理不力的,财政部可予以通报批评、限期整改,或在有关问题得到妥善处理前暂停新项目安排。

(五) 对供应商违规处理

在贷款采购过程中,投标人、中标人、供货商、承包商等违反国家相关法律法规、贷款法律文件和《外国政府贷款采购工作管理办法》规定的,财政部门可予以通报批评、限期整改、暂停或取消参与贷款采购工作资格。并且通过建立不良行为记录名单制度,对于列入名单的机构、单位或个人在一定期限内将不得参与贷款采购工作。

(六) 对评标委员会违规处理

在贷款采购过程中,评标委员会及其成员违反有关法律法规、贷款法律文件和《外国政府贷款采购工作管理办法》的,财政部门可予以通报批评、暂停或取消参与贷款采购评标工作的资格。

第二节 紧急采购

为了应对自然灾害和其他不可抗力事件的紧急采购,我国遵循国际惯例,依法对因严重自然灾害和其他不可抗力事件所实施的紧急采购,不适用政府采购法调整的范围。

一、自然灾害和不可抗力

(一) 自然灾害

自然灾害是指自然环境的某个或多个环境要素发生变化,破坏了自然生态的相对平衡,使人群或生物种群受到威胁或损害的现象。自然灾害的特点主要有以下几种。

广泛性与区域性。一方面,自然灾害的分布范围很广,只要有人类活动,自然灾害就有可能发生。另一方面,自然地理环境的区域性又决定了自然灾害的区域性。

频繁性和不确定性。全世界每年都发生各种自然灾害,随着人类活动范围的扩大,自然灾害的发生次数还呈现出增加的趋势,而自然灾害的发生时间、地点和规模等的不确定性，又在很大程度上增加了人们抵御自然灾害的难度。

周期性和不重复性。无论是地震还是干旱、洪水，它们的发生都呈现出一定的周期性。在周期性的情况下，自然灾害的不重复性主要是指灾害过程、损害结果的不可重复性。

联系性和严重性。自然灾害的联系性表现在两个方面。一方面是区域之间具有联系性。比如，南美洲西海岸发生"厄尔尼诺"现象，有可能导致全球气象紊乱。另一方面是灾害之间具有联系性。也就是说，某些自然灾害可以互为条件，形成灾害群或灾害链。如火山活动可导致火山爆发、冰雪融化、泥石流、大气污染等一系列灾害。

不可避免性和可减轻性。伴随着自然演变和地质结构调整，自然灾害是不可避免的。但通过预防、预测等科学技术手段和有效的救援救治，自然灾害造成的损失又具有可减轻性。

（二）不可抗力

不可抗力是不能预见、不能避免和不能克服的客观情况。不可抗力可以是自然原因酿成的，也可以是人为的、社会因素引起的。前者如地震、水灾、旱灾等，后者如战争、政府禁令、罢工等。

既然自然灾害具有不可避免性和较大的危害性，也具有可减轻性等特点，就应该充分认识其规律性，尽量防范和减少自然灾害对国家和人民的生命财产造成的损失。同时，也为了避免少数人以紧急采购为由，规避政府采购，就必须规范紧急采购。虽然我国《政府采购法》没有将紧急采购纳入调整范围，但在紧急采购中，在情况允许的前提下可以借鉴政府采购的采购方式进行采购。

紧急采购下的采购方式，遵循的原则是方便、快捷、及时、合理和满足公共一般需求。

二、需要紧急采购情形

我国目前还没有出台紧急采购的有关法规，只是一些地方省份出台了相关的管理规定，因此，对于哪些情形下需要启动紧急采购管理模式，没有统一的规定。对于哪些情形下需要启动紧急采购管理模式，可以采用归纳和排除法。

（1）下列情形下可以启动紧急采购管理模式：
①因自然灾害、事故灾难和不可抗力事件需紧急采购的项目；
②因公共卫生和社会安全事件需紧急采购的项目；
③经政府应急管理部门认定的其他应急事件需紧急采购的项目。

（2）下列情形不属于紧急采购：
①与某一紧急采购项目不直接相关的其他配套采购项目；
②部门和单位因内部原因自定的紧急采购项目；
③经认定按规定程序通过公开招标等采购方式，可按时完工交付使用的采购项目；
④有明确的项目进度要求或已列入年度计划，因采购人不及时申报、提供采购文件编制材料等自身原因造成延误的项目；
⑤依法由采购人自行组织采购的；

⑥应急建设工程项目的采购。

三、紧急采购采购方式

（1）单一来源采购。紧急采购所采用的"单一来源采购"是相比政府采购法所规定的单一来源采购方式更加简便、快捷的一种采购方式，它减少了专家论证、公示公告等过程和环节，由紧急采购领导小组直接向曾经在政府采购项目中中标的供应商或能保证需求、质量和供应时间的供应商采购。

（2）询价。在时间许可的条件下，紧急采购领导小组可在供应商库中，直接选择曾经在政府采购项目中中标的三家以上供应商中进行询价。询价可以采取电话传真、电话询问、直接报价、网上询价等方法，以满足时间需求为采购标准，其次才是价格。

（3）网上公开招标。所谓紧急采购中的网上公开招标，是指政府突发事件领导机构利用网络优势，在做应急预案时，对一些在突发事件需要使用的物品提前在网上进行公开招标，凡符合条件的供应商都可以投标，通过网上评标后，中标供应商作为突发事件应急协议供应商，一旦发生突发事件，则直接通知协议供应商按网上公开招标所规定和要求的方式、价格、时间供货。

四、紧急采购应注意事项

自然灾害虽然具有突发性，但必须依法防范，按照《中华人民共和国突发事件应对法》的规定，按制定的突出事件预案进行和组织紧急采购。

1. 成立紧急采购领导小组

自然灾害下的紧急采购更需要强有力的领导机构来应对，因此，要成立紧急采购领导小组，进行明确分工，保证紧急采购依法、合理、及时。

2. 进行采购后审计

紧急采购是在一种特殊情况下的采购，而且采购方式单一，竞争性较少，或多或少存在一些问题，但紧急采购后应请审计部门进行审计。

3. 采购后进行公示

为了满足紧急采购时间紧、任务重的需要，整个采购过程的信息公开程序较低，因此，紧急采购工作完成后，应将采购项目的品种、数量、单价等结果在政府采购监管部门指定的媒体和同级政府主流媒体上进行公示，这更能起到稳定人心，团结抗灾的积极作用。

4. 尽量采购灾区企业的产品

为了支持灾区重建，帮助灾区企业恢复生产，在可能的情况下，紧急采购尽量采购灾区企业的产品，帮助灾区企业尽快恢复生产，增加灾区自身的造血功能。

第三节 军事采购

军事涉及国家安全，因此，我国《政府采购法》规定：涉及国家安全和秘密的采购，不属于政府采购法调整的范围，其军事采购法规由中央军事委员会另行制定。

一、军事采购

军事采购是指国家或国家授权的军事部门运用财政性资金为履行军事职能,按照法定的采购方式和程序,以合同方式采购武器装备和军事物质的一种活动。

军事采购使用的是财政性资金,属于政府采购的范畴,是政府采购的一个重要组成部分,但具有特殊性,是为军事部门履行军事职能的采购,是以法定的方式和程序,从市场上公平地采购武器装备和军事物质的经济活动。军事采购是在买卖双方平等的基础上,采用合同方式,以支付货币获取武器装备和军事物质的过程。

军事采购既是一种军事活动,又是一种经济活动,它既要照顾军事采购的特殊性,又要遵循经济规律,追求一定的经济效益。

二、军事采购法规

军事采购是政府采购的重要组成部分,它要遵循政府采购的基本原则,因此,政府采购法及其相关法律是制定军事采购法规的重要依据。军事采购法规,是用来调整军事部门采购领域各种关系的法律、法规。

在我国,军事法规主要有《中华人民共和国国防法》(以下简称《国防法》)、《中国人民解放军装备条例》(以下简称《装备条例》)、《中国人民解放军装备采购条例》(以下简称《装备采购条例》)和《深化军队物质、工程、服务采购改革总体方案》等,它们共同构成了中国人民解放军军事采购法规体系。我国为了完善军事武器装备和军事物资采购管理,规范军事武器装备和军事物资采购行为,还分别制定了一系列规章制度,主要有《中国人民解放军装备采购计划管理规定》《中国人民解放军装备采购方式与程序管理规定》《中国人民解放军装备采购合同管理规定》《中国人民解放军同类型装备集中采购管理规定》《军队物资采购管理规定》《军队物资招标管理规定》《军队物资采购合同管理规定》《军队物资采购机构审计工作管理规定》《军队物资、工程、服务集中采购资金支付暂行办法》《军队物资、工程、服务采购审计规定》等,它们和军事法规一起共同构成我国军事采购管理体系。

三、军事采购的特殊性

军事采购使用价值上的特殊性,决定了军事采购的特殊性,军事采购相比民品的采购具有一定的特殊性,主要表现在采购形式和采购机构的特殊性两个方面。

(一)采购形式的特殊性

保密性。军事采购中的武器装备,涉及战技指标、武器装备体系,直接反映武器装备的性能状况;而军事物资中的战略物资,反映军事用途和目的,都直接关系到国家安全,是不能泄露的,所以军事采购具有保密性。

垄断性。军事采购中的武器装备、军事物资关系到国防战略、国家机密和国家安全,决定了它不能自由流通,必须由国家垄断,强制性流向武装集团,这使得军事部门成为军事采购唯一的买主,形成了买方垄断。

独立性。军事采购的独立性是由军事采购的保密性决定的。虽然军事采购是政府采购的重要组成部分,但由于军事采购的特殊用途,决定了军事采购的管理体制相对独立。

强制性。军事采购的军事目的,决定了它具有一定的强制性。军事采购的强制性在战时表现为,军事采购部门可以根据战时的需要,把采购行为变为征用行为。在平时表现为,军事采购部门所需主战装备、战略装备的研制与生产,战略物资的生产与储备,不是任何供应商都可以研制、生产、储备的,必须是国家指定。

(二) 采购机制的特殊性

以市场为依托,突出政府干预,是当代世界各国,特别是西方市场经济的国家在军事采购上的特征。由于国防建设的主要资源存在于市场之中,这就决定了在军事采购上,首先应该遵循市场规律,而且随着科学技术的发展和高技术产业化,许多民用产品在性能上接近甚至超过军用产品,同时有许多高技术的发展要由民用市场所推动。因此,充分利用先进的民用技术和产品,遵循市场规律,扩大民品采购是军事采购发展的趋势,军品采购使用民品,促进了军民一体化生产,降低了军事采购成本,节约了军费。许多市场经济国家为了突出政府干预,统一政府采购制度,确定同一成本原则,采用固定价格合同让供应商承担更大风险。

以法规为依据,规范采购管理。市场经济是法治经济。建立在市场经济体制基础上的军事采购运行也离不开法制建设。因此,各国都十分注重军事采购的法规建设,用制度规范军事采购行为。一方面各国都颁布了一系列军事采购的法律和法规。如美国通过国会、国防部和各军兵种制定颁布的法规有:《武装部队采购法》《联邦采购条例》《联邦采购条例国防部补充条例》《签订合同竞争法》《国防拨款法》《小企业与联邦采购规定法》《改善军事采购队伍法》《联邦采购精简法》《国防采购管理改革法》《军事采购授权法》《联邦采购改革法》等。另一方面各国都出台了军事采购操作执行的一系列规章制度,用法规来规范军事采购各环节的采购行为。包括采购需求的拟定、采购风险的规避、采购计划的申报、采购方式的确定、供应商的资格审查、合同的签订与履约、驻厂代表的职责、检验与验收、费用的支付等。

以效益为核心,注重主要目标。讲究经济效益是经济活动的客观要求。各国在军事采购中十分讲究经济效益,并注重军事采购的主要目标的实现,即有效性,能满足保障国家安全的需要。一是各国都成立了军事采购的专门领导机构,形成高效、精干的组织领导网络。二是优化军事采购程序,提高采购效率。主要是减少军事采购的管理重复职能、合并相关机构、简化采购程序、实行军事采购人员职业化管理等,从整体上增加军事采购的效能,提高采购效益。三是注重军事采购队伍建设,提高采购人员的素质。通过提高军事采购人员的整体素质,加强军事采购人员的继续教育,实行职业化管理,来提高军事采购的效益。

以原则为基础,相对独立运作。从制度上讲,军事采购也要遵循政府采购制度的一般原则和规律,但由于军事采购在采购目的、采购对象、采购实现的最终目标和性质的特殊性,国际社会和许多国家对军事采购在遵循政府采购制度的基本原则基础上,对军事采购又实行例外原则,使军事采购具有相对的独立性。

以合同为约定,军方享有特权。在军事采购中,采购双方应本着平等、自愿的原则签订采购合同,并严格履行合同约定。但在某些特殊时期的特定条件下,军事采购部门可以单方面撤销合同，而不受合同法的制约，这是军方享有的特权。

四、军事采购基本程序

军事采购的程序和政府采购的程序基本相同，每一个环节都必须按规定的程序进行，不可或缺和颠倒。

（一）确定采购需求

军事采购需求由总部相关部门根据国家国防发展战略、国家安全形势、军事斗争的需要而提出。

（二）制订采购计划

依据军事采购需求确定并制订军事采购计划。军事采购计划是指为制定并实现装备发展的战略目标，有效地利用国防人力、物力、财力资源，在军事采购管理方面建立的一整套工作程序，是军事采购管理工作的重要组成部分。军事采购计划按采购计划时间跨度分为中长期计划和年度计划。军事采购计划按采购客体分为武器装备、物资、工程和服务采购计划。采购计划的制订主要受三个方面因素的影响，需求、经费以及国防科研生产能力。

（三）采购风险评估

采购风险是指采购过程某种损失发生的可能性。采购风险发生的情形主要包括支出增加、推迟交货、中标供应商的交货是否符合采购主体的要求、采购人员工作失误或采购主体和中标供应商之间存在不诚信甚至违法行为。这些情况都将影响采购预期目标的实现，因此，要认真做好采购风险的评估，采取措施防范风险，力争将损失降到最低程度。

（四）选择采购方式

对于军事采购的采购方式及各种采购方式的适用条件，《装备采购条例》都有明确的规定，主要的采购方式有公开招标、邀请招标、竞争性谈判、单一来源和询价等五种。但由于军事采购的特殊性，每个采购项目的情况都不一样，因此要具体情况具体分析，具体采用何种采购方式，其主要遵循的原则是能保证采购到满足要求、节能资金、效率高效的采购对象。

（五）供应商资格审查

军事采购是一种特殊的采购，对于供应商的选择十分重要。对军事采购供应商的审查主要内容有：独立承担民事责任的能力；具有履行合同的科研、制造能力、良好的商业信誉和完善的保密制度；快速的响应能力；资金、财务状况；质量保证和售后服务能力；能满足军事采购部门的特殊要求；法律、法规规定的其他条件。对供应商的资格审查是为了保证合格的供应商进入军事采购的领域，是降低军事采购风险的措施之一。

（六）执行采购方式

军事采购的采购方式确定后，就必须严格按照已确定的采购方式的操作程序进行，具体执行部门不得在执行过程中擅自改变采购方式，也不能更改规定的操作程序。如果确需改变采购方式，必须报总部机关主管部门批准，无保密要求的还应用公告的方式告知社会。

(七) 签订采购合同

军事采购的采购人与供应商之间的权利与义务，应当按照平等、自愿的原则以合同方式约定。军事采购的合同授予符合军事采购部门事先公布的评审标准的供应商，供应商在签订采购合同时，须按规定交纳一定数额的履约保证金，以保证供应商能够按合同的约定履行其义务。

(八) 监督履行采购合同

军事采购（特别是军事采购中的武器装备的采购）与一般采购不同的是，在合同执行过程中或执行完毕后，军方要向供应商派驻军事代表，对装备生产全过程进行质量监督，并协助供应商健全质量保证体系、参加对质量保证体系的考核、监督质量保证体系的运行、针对出现的问题随时纠正。供应商必须按合同约定和军事代表的要求组织产生，履行合同。军事采购部门和供应商都不得单方面修改合同的主要条款，否则属于违约，违约方必须按合同约定向另一方赔偿损失。在军事采购中，军事采购在某种特定条件下，军事采购部门可以单方面撤销合同。

(九) 检验和验收

在合同履行过程中或履行完毕后，军事采购部门对合同履行的阶段性结果或最终结果进行检验和验收。检验和验收是把握质量关的最后一道关口，是保证军事采购质量的关键环节。通过检验，对不合格的产品不予验收。对于不予验收的产品，供应商应承担相关的责任。

(十) 结算和评估

军事采购经费的结算，按规定分为武器装备采购经费结算和军队物资采购经费结算。武器装备采购经费的结算是通过原总装备部财务结算机构办理，军事物资采购经费结算是通过原总后勤部财务机构办理。军事采购活动结束后，军事采购部门应对采购活动进行评估。评估分两个方面，一是采购工作效益的评估，二是采购项目的效益的评估。评估的目的是为今后的采购工作提供参考。

五、军事常用采购方式

军事采购是政府采购的重要组成部分，只不过有其特殊性，因此，军事采购所采用的采购方式也是《政府采购法》规定的基本的采购方式，即公开招标、邀请招标、竞争性谈判、单一来源、询价五种。在军事采购中，军事武器装备的采购和军事物资的采购都采用政府采购法所规定的采购方式，但在具体的操作中，特别是适用条件中有一定的区别，这里主要介绍军事武器装备的采购方式的适用条件和基本程序。

(一) 公开招标

军事采购的公开招标，是指军事采购部门在指定的媒介上登载招标信息，凡具备招标公告所规定的资格条件、对该招标项目有兴趣的人都有均等机会获取招标资料、进行投标，由依法组成的评标委员会并按事先确定的评标标准对所有有效投标文件进行评审，最后选出价格和条件优惠的供应商，与之签订合同的采购形式。

(二) 邀请招标

军事采购的邀请招标是指军事采购部门根据供应商的资信和业绩，通过一定的方式，由依法组成的评标委员会从符合相应资格条件的供应商中随机邀请三家以上供应商,向其发出投标邀请书,邀请其参加投标竞争,从中选定中标供应商的一种采购方式。

(三) 竞争性谈判

军事采购的竞争性谈判是指军事采购部门,采取随机抽取的方式,从符合相应资格条件的供应商中随机选择三家以上供应商,由依法组成的评标委员会按规定的程序和规则分别与其供应商进行一对一的谈判,最后从中确定中标供应商的一种采购方式。

(四) 单一来源采购

军事采购的单一来源采购是指军事采购部门只向唯一供应商直接购买军需用品的采购行为,也称直接采购。尽管单一来源采购是一种没有竞争的采购方式,但在军事采购中同样是不可或缺的采购方式之一,也是其他采购方式的有效补充。

(五) 询价

军事采购的询价采购是指军事采购部门向通过随机抽取的符合资格条件要求的三家以上供应商发出询价采购单,依法组成的评标委员会对各供应商一次性报出不能更改的价格进行比较,最后按照符合采购需求、质量和服务相等且报价最低的原则确定成交供应商的一种采购方式。

思 考 题

1. 理解国际组织贷款采购的要求。
2. 国际贷款采购方式与政府采购方式区别。
3. 比较军事采购方式与民采方式。
4. 简述紧急采购的条件与采购方式的特殊性。

第十四章

政府采购发展趋势

第一节 国际组织政府采购规则

很多国际经济组织也将政府采购作为主要的管理手段,依据自身的实际需要,制定了较为科学、完善的政府采购制度,用以协调世界贸易关系、规范缔约方的采购行为。

一、联合国《示范法》

联合国的《示范法》并不是真正意义的法,不具有任何的法律效力,对贸法会成员方的行为不具有约束力。所以,《示范法》制定的目的正如其序言中所提及的:使采购尽量节省开销和提高效率;促进和鼓励供应商和承包商参与采购过程,尤其是在适当情况下促进和鼓励不论任何国籍的供应商和承包商的参与,从而促进国际贸易;促进供应商和承包商为供应拟采购的货物、工程或服务进行竞争;规定给予供应商和承包商以公平和平等的待遇;促使采购过程诚实、公平,提高公众对采购过程的信任;使有关采购的程序具有透明度。

虽然《示范法》没有约束力,但对于提高政府采购的透明度、节约采购资金、杜绝腐败和促进国际贸易具有积极的意义。

(一)《示范法》基本原则

在联合国的《示范法》中,没有明确提出其立法原则,但从其整个规定中,还是可以归纳出其基本立法原则,主要为:公开透明、公平竞争、公正效率,力求为政府采购立法的国家创造必要的环境,树立公众对政府部门廉洁,有效使用公共采购资金进行公平、公正采购的信心。

(二)《示范法》主要内容

1.《示范法》适用范围

联合国《示范法》主要着眼于处理政府部门和其他公共实体与企业的采购问题。因此它在总则第一条则规定:"本法适用于采购实体进行的所有采购",本法不适用于"涉及国防或国家安全的采购",如果采购实体在征求供应商或承包商参与采购过程之初即声明本法将予适用,本法应在声明的范围内适用于"涉及国防或国家安全的采购"等所述类型的采购。

2.《示范法》采购方式规定

由于招标采购是被普遍认为最能有效地促进竞争、显示公平和节约资金的采购方式，所以《示范法》也规定："凡采购货物或工程的采购实体均应通过招标程序进行采购"，同时还规定了各种采购方式及其适用条件，使采购主体能够解决可能遇到的各种不同问题。

（1）招标采购。《示范法》规定凡采购货物或工程的采购实体均应通过招标程序进行采购，除非有另行规定，在服务采购中都应以运用招标采购为主。《示范法》没有对招标采购方式进行明确地界定，只是对不适用招投标或在规定的情形下方可采用其他方式进行采购。

（2）两阶段招标、邀请建议书或竞争性谈判。当出现下列情形时，采购实体可采用两阶段招标的办法或邀请建议书、竞争性谈判的方法进行采购：一是采购实体不可能拟定有关货物或工程的详细规格，或如服务，不可能确定其特点，又如为了使其采购需求获得最满意的解决，利用各种可能方式来满足其需要，包括：采购实体谋求投标、建议书或报盘；由于货物或工程的技术特点，或由于服务的性质，采购实体必须与供应商或承包商进行谈判。二是采购实体为谋求签订一项进行研究、实验、调查或开发工作的合同，但合同中包括的货物生产量足以使该项业务具有商业可行性或足以收回研究和开发费用者除外。

采购实体根据《示范法》的相关规定适用于涉及国防或国家安全的采购，并断定所选用方法为最适当的采购方法；或已采用招标程序，但未有人投标，或采购实体根据规定拒绝了全部投标，而且采购实体认为再进行新的招标程序也不太可能产生采购合同。

（3）限制性招标采购。对于限制性招标采购，除非有例外规定，有关招标的各项规定均适用于限制性招标程序。

所需货物、工程或服务高度复杂或具有专门性质，只能从有限范围内的供应商或承包商处获得，采购实体出于节省开销和提高效率的理由认为确有必要、可采用限制性招标方法进行采购，但应向所有可提供拟采购的货物、工程或服务的供应商或承包商征求投标。

由于研究和评审大量投标书所需时间和费用与拟采购货物、工程或服务的价值不成比例，采购实体出于节省开销和提高效率的理由认为确有必要，也可采用限制性招标方法进行采购，但应以无差别待遇的方式选定足够数量的若干供应商或承包商向其征求投标，以确保有效的竞争。

若采购实体进行限制性招标，应在本国指定的官方报纸或出版物上刊登限制性招标的通知。

此种采购方法与招标的不同之处在于，它允许采购实体在有限数目的供应商或承包商进行招标。

（4）邀请报价。在采购合同的估价值低于采购条例规定数额的情况下，采购实体可采用邀请报价的方式采购现存的、并非按采购实体的特定规格特别制造或提供其已有既定市场的货物和服务。按照《示范法》第50条规定，采购实体采用邀请报价进行采购应当满足相关程序。

采购实体应在可行范围内向尽可能多的供应商或承包商邀请报价，在可能情况下至少应有三个供应商或承包商。对于向其邀请报价的每一个供应商或承包商，均应告知是否把货物或服务本身所收费用以外的其他费用，也算在价格内，例如任何适用的运输和保险费用、关税和其他税项。每一个供应商或承包商只允许提出一个报价，而且不允许改变其报价。采购实体与某一供应商或承包商之间不得就该供应商或承包商所提的报价进行谈判。

采购合同应授予提出符合采购实体需求的最低报价的供应商或承包商。

（5）单一来源采购。在《示范法》第22条所述情况下，采购实体可通过向单一的供应商或承包商征求建议或报价的方法采购货物、工程或服务。按照第22条的规定，在下述条件下，采购实体可采用单一来源采购方式：

该货物、工程或服务只能从某一供应商或承包商处获得，或某一供应商或承包商拥有对该货物、工程或服务的专有权，且不存在任何其他合理选择或替代物。

急需获得该货物、工程或服务，采用招标程序或任何采购方法均不切实际，但条件是造成此种紧迫性的情况并非采购实体所能预见，也非采购实体办事拖拉所致。

由于某一灾难性事件，急需获得该货物、工程或服务，采用其他采购方法因耗时太久而不可行。

原先已经从某一供应商或承包商处采购了货物、设备或技术的采购实体，出于标准化的考虑，或因需要与现有的货物、设备、技术或服务配套，并考虑到原先的采购能有效满足采购实体的需要，并且与原先的采购相比，拟议的采购数量有限、价格合理而不宜另选其他货物或服务来予以代替，因而决定必须向原先的供应商或承包商添购供应。

采购实体为谋求与供应商或承包商订立一项进行研究、实验、调查或开发工作的合同，但合同中包括的货物生产量足以使该项业务具有商业可行性或足以收回研究开发费用者除外。

涉及国防或国家安全的采购，并断定单一来源采购为最适当的采购方法。

为促进国家某一方面经济政策的实施，包括接受某一投标会对国际收支状况和外汇储备产生影响，供应商或承包商提出的对销贸易安排，供应商或承包商拟提供的货物、工程或服务中的国产成分，包括制造、劳工和材料的国产成分，该投标提供的经济发展潜力，包括国内的投资或其他商业活动，对就业的鼓励，保留某些部分的生产给本国供应商，技术的转让以及管理、科学和操作技能的发展等，采购实体可以进行单一来源采购。

（6）征求建议书。鉴于服务采购涉及无形商品的提供，其质量和精确内容可能难以确定，与货物和工程采购存在着不同之处，因此，《示范法》对服务采购专门做了规定，其采购方法为征求建议书，该方法旨在通过各供应商或承包商提出的建议书，对其资格和专门知识进行评估，采购到适应采购实体需要的服务。其特点是重视对服务提供者资格和专门知识的评估过程。征求建议书采购方法的具体要求和操作程序如下：

发放征求建议书。征求建议书应在"以国际贸易中惯常使用的一种语言刊登在一份国际广泛发行的报纸上或刊登在一份国际广泛发行的有关行业或专业出版物上"，且"起码要载列采购实体的名称和地址，拟采购的服务的简要说明，取得邀请建议书或资格预审文件的方法，以及对邀请建议书收取的任何费用"，有下列情形的可以不发通知，如拟采购的服务只能从有限数目的供应商或承包商那里获得，但采购实体须向所有那些供应商或承包商征求建议书；审查和评价大量建议书所需的时间和费用与拟采购的服务的价值不相称，但须向足够数目的供应商和承包商征求建议书，以确保有效的竞争；直接征求是确保机密或出于国家利益的理由而必须采用的唯一方法，但须向足够数目的供应商或承包商征求建议书，以确保有效的竞争等。

拟定评审建议书的标准。采购实体应在征求建议书中列出评审标准，及每一标准的相对比重，其基本标准主要有：供应商或承包商及其参与提供服务的人员的资格、经验、信誉、可靠性、专业和管理能力；供应商或承包商提出的建议书对满足采购实体需要的有效性；建议价格及适用的任何优惠幅度，包括任何附加费用或有关费用；接受某一建议书将对（本国）国际收支状况和外汇储备产生的影响，当地供应商或承包商的参与程序，建议书所提供的经济发展潜力，包括国内的投资或其他商业活动，对就业的鼓励，技术的转让，管理、科学和操作技能的发展；国防和国家安全方面的考虑等。

征求建议书的澄清和修改。供应商或承包商可要求采购实体澄清邀请建议书。采购实体应对在提交建议书截止日期前一段合理时间内收到的由供应商或承包商提出的澄清邀请建议书的任何要求作出答复，使该供应商或承包商能够及时提交其建议书，并应将此种澄清告知采购实体向其提供邀请建议书的所有供应商或承包商，但不得标明该要求的提出者。在建议书截止日期前的任何时候，采购实体可出于任何理由，主动地或根据供应商或承包商的澄清要求，印发增编以修改邀请建议书。此种增编应迅速分发给采购实体向其提供了邀请建议书的所有供应商和承包商，并应对这些供应商或承包商具有约束力。

二、世界银行《采购指南》

世界银行主要向发展中国家提供中长期贷款与投资，促进发展中国家经济和社会发展。为了管理和监督世界银行的贷款与投资，保证其贷出的款项只能用于提供贷款所规定的目的，并且在使用时要充分考虑经济性和效率性，专门制定《国际复兴开发贷款银行和国际开发协会信贷采购指南》（以下简称《采购指南》），通过运用采购方面的经济政策，促进成员方经济的发展，并加强对贷款的全方位的监督。

（一）《采购指南》适用条件

只要是世界银行借出的资金，不管这些项目是干什么的，其借款方都必须遵守世界银行的《采购指南》所规定的采购程序。

世界银行各会员国对世界银行借出并负责管理的资金都拥有自己的利益。这是因为世界银行属于多边性质，为全体会员国所有，因此，《采购指南》规则必须为所有会员国的供应商提供赢得合同的公平机会。

世界银行对其资金的使用必须严加监督，确保其合理使用。

世界银行的工作重点是在为项目提供资金上，因此其《采购指南》的制定主要适合于缔结实施项目所需的物资、工程和服务合同的采购程序。

（二）《采购指南》原则

《采购指南》的原则是与世界银行的宗旨相一致的，因此，《采购指南》的原则主要为经济性和效率性原则、公平竞争原则、鼓励国际开发和促进发展中国家发展的原则,以及透明原则。

1. 经济性和效率性原则

世界银行贷款来源于各成员国,主要为各成员国缴纳的股金、向国际金融市场借款、发行债券和收取贷款利息。贷款数额很大,且主要用于采购。如果采购不能经济有效地实施,就会造成巨大的浪费,项目应有的效益就不能充分实现,不仅使借款人及其国家遭受损失,也将使世界银行蒙受损失,并对世界银行各成员国产生不利影响。另外,如果采购缺乏经济性和有效性,将使项目的实施无论从质量上还是时间上都缺乏根本保证,从而使贷款人及其国家遭受损失。

2. 公平竞争的原则

世界银行是一个国际合作性组织,每个成员国都向世界银行交纳会员费,因此它的所有成员国的合格供应商在参加招标竞争的过程中,应当竞争机会平等、条件公平合理,采购实体不得对任一符合条件的供应商施以歧视。

3. 鼓励国际开发、促进发展中国家发展的原则

由于发展中国家无论是在资金实力还是技术管理能力方面都与发达国家存在很大的差距,所以在实际投标中中标的往往是发达国家的供应商。世界银行的贷款主要面向发展中国家,要促进发展中国家经济的发展,因此在向各会员国的供应商提供平等竞争机会的同时,对发展中国家会员国的供应商给予一些特殊的优惠政策是必须的。

4. 透明原则

透明性原则是公共采购中最为基本的原则之一。世界银行《采购指南》规定的采购程序,最大限度地保证了整个采购过程的公开透明。透明原则不仅可以保证采购程序的公开、公正和公平,促进政府采购各项政策目标的实现,而且对于防止采购过程中所产生的腐败现象也会起到极其重要的作用。

(三)《采购指南》主要内容

《采购指南》是世界银行规范贷款的指导性纲领文件,其主要内容包括适用范围、采购方式的规定、采购信息的规定、代理机构的规定、对国内优惠条件的规定和世界银行审查制度等。

1. 《采购指南》适用范围

本指南适用于全部或部分由银行贷款资助的所有货物和土建工程合同。对于不由贷款资助的货物和土建合同的采购,借款人可采用其他采购程序。在这种情况下,应使银行相信所采用的程序将有助于借款人履行义务,使项目有效地实施,保证所在采购的货物和土建工程质量上符合要求,并能与项目的其他部分配套、能及时交货或完工。以及价格不会对项目的经济和财务可行性造成不利影响。《采购指南》不包括咨询服务的内容。有关咨询服务的内容,在世界银行1981年颁布的《世界银行借款人和世界银行作为执行机构聘请咨询专家指南》之中另有规定。

2. 《采购指南》采购方式规定

《采购指南》所规定的采购方式包括国际竞争性招标和非国际竞争招标两大类。在大多数情况下,《采购指南》的要求和原则可以通过管理得当以及给予国内承包商以优惠的国际竞争性招标得以充分实现。

（1）国际竞争性招标。

国际竞争性招标是指将借款人的要求及时充分地通知给所有合格的、有意参加投标的投标人，并为其提供对所需货物和土建工程进行投标的平等机会的活动。世界银行根据不同地区和国家的情况，规定了凡采购金额在一定限额以上的货物和工程合同，都必须采用国际竞争性投标的采购方式。对于一般的贷款而言，10 万～25 万美元以上的货物采购合同、大中型的工程采购合同，都应适用国际竞争性招标。

世界银行的《采购指南》在国际竞争性招标方面还规定，在特殊情况下可以采取两阶段招标程序，即规定在无法事先确定技术规格的特殊情况下可以采用。例如，交钥匙合同或大型复杂的工厂或特殊性的土建工程。该程序的步骤是：第一步，先由投标人谈各自建议的优点，达成共同的技术标准和性能技术规格；第二步，再提出最终的建议书和带报价的投标书，按照正常的招标方式进行招标。

（2）有限国际招标。

有限国际招标实质上是一种不公开刊登广告，而直接邀请投标人投标的国际竞争性招标。有限国际招标作为一种合适的采购方式，适用于合同金额小，或供货人数量有限，又或有其他作为例外的理由可证明不完全按照国际竞争性招标的程序进行采购是正当的理由。为了保证价格具有竞争性，在进行有限国际性招标时，借款人应当从尽可能多的供应商或承包商中征求招标。在有限国际招标中，国际竞争性招标的除了广告和优惠外，其他一切方面都可适用。

（3）国内竞争性招标。

国内竞争性招标是借款国国内公共采购中通常采用的竞争性招标程序，而且可能是采购那些因其性质或范围不大可能吸引外国厂商和承包人参与竞争的货物和土建工程的最有效和最经济的方式。对于那些因为预计外国厂商不会感兴趣的采购，或合同的金额小、土建工程的地点分散或时间拖得很长、土建工程为劳动密集型、当地可获取该货物或土建工程的价格低于国际市场价格等原因，采用国内竞争性招标可能是更为可取的采购方式，而在采用国际竞争性招标方式所带来的行政或财务负担明显超过其优越性的情况下，也可以采用国内竞争性招标。国内竞争性招标不需要发布采购公告，仅限于在国内新闻或官方杂志上刊登广告。招标文件可使用国内官方语言编写，可使用当地货币进行投标和支付。但同时，如有国外竞争者愿意参加投标，应给予同等机会，一视同仁。

（4）询价。

询价是对几个供货人（通常至少三家）提供的报价进行比较，以确保价格具有竞争性的一种采购方式。这种方式适合用于采购小金额的货架交货的现货或标准规格的商品。询价单上应注明货物的种类、数量以及要求的交货时间和地点。报价可以采用电传或传真的形式提交。对报价的评审应按照公共或私营部门一贯的良好做法来进行。已接受的报价条件应包括在订单之中。国际询价采购应邀请至少来自两个不同国家的三家供货人提出报价。如果平常能从借款国国内一个以上的来源获得所需要的货物，而且其价格具有竞争性，则可以采用国内询价采购。

（5）直接签订合同。

直接采购是在没有竞争（单一来源）的情况下直接签订合同。由于是没有竞争的采购活动，世界银行为此规定了严格的适用条件，可能是适用于下列情况的采购方式：对按照世行可接受的程序授予的现有货物或工程合同进行续签，以增购或增建类似性质的货物或工程。在这种情况下，应使世行满意地认为进一步的竞争不会得到任何好处，且续签合同的价格是合理的。如果事先考虑到有可能续签，原合同应包括有关续签合同的条款；为了与现有设备相配套，设备或零配件的标准化可作为向原供货商增加订货的正当理由。证明这种采购合理的条件是，原有设备必须是适用的，新增品目的数量一般应少于现有的数量，价格应该合理，并且已对从其他厂商或设备来源另行采购的好处进行了考虑并已予以否定，否定的理由是世行可以接受的；所需设备具有专利性质，并且只能从单一来源获得；负责工艺设计的承包商要求从特定供应商处采购关键部件，并以此作为性能保证的条件；特殊情况，如应付自然灾害。在合同签字后，借款人应在联合国发展商业报和发展门户网上在线公布合同商名称、价格、期限和合同范围。可以每季度公布一次，采用包括上一次情况的汇总表形式。

(6) 自营工程。

自营工程即借款人使用自己的人员和设备进行施工，这可能是承建某些种类工程的唯一实际可行的方法。世界银行规定在下列情况下，采用自营工程是正当的：无法事先确定所涉及的工程量；工程小而分散，或位于边远地区，有资格的工程公司不大可能以合理的价格投标；要求在不给日常运营造成混乱的情况下进行施工；不可避免的工作中断风险由借款人承担要比由承包商承担更合适；需要迅速采取行动的紧急情况；没有一个供应商对承包该工程感兴趣等。

(7) 由联合国机构承办的采购。

在有些情况下，从联合国有关专门机构采购那些小批量的现货，可能是最经济、最有效的方式。这些货物主要是教育、卫生及农村供水和环境保护等领域的货物。是否通过联合国机构进行采购应由借款人做出选择，世界银行只是向借款人说明哪些情况下可以通过这种途径进行采购，借款人应向有关的联合国专业机构提出申请，在得到批准后按照有关程序进行采购。

此外，《采购指南》还规定了其他采购方式，包括允许采用中间金融机构贷款的采购方式、BOT或类似私营投资的采购方式以及社区参与的采购方式等。

三、亚太经合组织（APEC）《政府采购非约束性原则》

(一)《政府采购非约束性原则》原则

《政府采购非约束性原则》的基本原则是透明性原则。它的主要意识为：有关采购信息通过各种稳定、广泛的媒介，持续、及时地向所有有兴趣的组织发布。基本原则对政府采购的总体运行环境、采购机会、购买要求、评标标准以及授予合同等方面都是适用的。

所谓"有关采购信息"是指有助于潜在的供应商做出非正式决策的信息。如潜在供应商是否决定或准备报价，必须先获得参加的条件及采购要求。"及时性"是指供应商收到信息时的信息必须是有效和有用的。"有兴趣的团体"是指必须公正对待的所有参加者。"稳定的媒介"是指在实践中容易获取信息的方式。"持续性"是指，如果长期保持制度的透明性,则可实现政府采购制度透明度的目标。其中包括信息的更新,并将信息变化和附加信息及时通知有关团体。尽管如此,下列信息可以保密:商业上的敏感信息,发布后将不利于公平竞争、妨碍法律的实施、违反公共利益或不利于经济安全的信息等。如因保密而不公布此类信息时,应说明原因。

(二)《政府采购非约束性原则》主要内容

1. 采购总体运行环境

《政府采购非约束性原则》要求 APEC 的各成员方必须公布有关政府的法律、法规、条例、司法决定、管理规则、政策、采购程序及其运作过程。公布这一过程的目的是增进成员方之间的政府采购规则体系,好使供应商懂得政府采购的游戏规则。落实这一要素的措施包括:公开发布"游戏规则";发布开放实体的名单或非开放实体的名单;公布法规政策的任何变化情况;建立信息联系网站;尽可能将以上信息输入网上亚太经济组织政府采购的子目录中。

2. 采购机会

采购机会的公开透明将鼓励更多的供应商参与竞争,为采购实体提供更多的选择机会,提高政府采购资金的使用效率,政府采购一般要采用公开竞争招标采购方式,如果采用其他采购方式,需要在采购邀请书中说明具体的采购方法。如果采用公开招标的方法,应至少在一家官方指定的媒体上发布采购公告,并应给有兴趣的供应商留有充分的时间进行准备提交报价;公布采购实体的具体联系地点,表明他们对所采购的产品和服务的兴趣所在;对于高价值、复杂的采购可以采用两阶段招标程序,每个阶段都要给有兴趣的供应商留有充分的时间准备并做出相应的反应。

3. 采购要求

所有做出实质性反应的信息都应全部公开。落实这一要求的具体措施包括:采购须知的内容应包括产品和服务的性质、特征、数量、交货时间及地点、截止日期、招标文件的获得、投标地点的联系方式;及时公布上述信息的变化情况;应投标人的要求,及时提供招标文件及其他信息;利用国际的或其他标准,根据性能或运行特点制定技术规格。

4. 评标标准

所有的评标标准都应当是公开透明的,并要严格按照评标标准授予合同,保证采购的公正性和统一性。落实这一要求的具体措施包括:在采购须知或招标文件中明确评标标准以及优惠条件;同时要做好采购记录。

5. 合同授予

合同的授予应当是透明的,这是政府向供应商及公众表明其信誉的方式。落实这一要求的具体措施包括:公布投标结果,包括中标供应商的名称和标的价值;公布签约的时间和地点;将评标结果及时通知未中标的供应商,对未中标的问题做答复,退还投标保证金。

6. 申诉途径

寻求申诉的途径是透明的,这是使采购程序保持公正、公开、公平的重要保障,有利于维护政府在公众中的信誉,具体内容为:指定一个团队或人员负责处理供应商对采购过程提出的申诉，建立一个独立的机构处理申诉问题；处理申诉的程序应当公开；申诉程序对国内和国外的供应商应该平等适用。

第二节 政府采购市场国际化

一、《政府采购协议》(GPA) 产生背景

政府采购活动的公开化与市场化，有利于提高公共资金的使用效率、减少腐败、增加政府公信力，所以政府采购是政府实现公共支出管理的手段之一。同时，由于政府采购通过政府市场的买卖经济行为，能够通过本地或本国优先政策，支持本国产业发展，所以它又具有保护本国产业发展的政策功能。从1933年美国通过《购买美国法案》起，政府采购逐渐被许多国家用作贸易保护手段之一。但是在通过政府采购贸易保护限制了其他国家产品的同时，也失去了进入其他国家政府采购市场的机会。在政府采购中，存在对于国内供应商的偏向和对国外供应商的歧视，这可能导致国际竞争和国际贸易中出现障碍。随着世界经济区域化和全球化进程的加快，曾经是封闭和独立的政府采购市场逐步走向开放，政府采购开始进入国际贸易谈判的重要内容。由于国际贸易的发展，每年政府采购金额达数千亿美元，占国际贸易总额的10%以上。同时，在政府采购中的歧视性做法也越来越明显，歧视性政府采购已成为国际贸易的一个严重障碍。

二、《政府采购协议》(GPA) 形成

20世纪70年代以来，一些国际组织开始对各国政府采购进行国际制度化和规范化的运动。在1976年的东京回合上成立了政府采购专门小组。1979年4月12日，东京多边贸易谈判在日内瓦签订了《政府采购守则》（以下简称《守则》），并将最惠国待遇原则、国民待遇原则、非歧视原则等延伸到政府采购领域，从而使政府采购在法律、规则、程序和措施方面建立了统一的国际标准。《守则》于1981年生效，它管辖的政府采购范围是13万特别提款权以上的项目。1987年对《守则》的内容进行了修改，使规定更加具体，并于1988年2月14日生效。其近12年的实践经验完善并推动了政府采购立法与改革，与此同时也充分暴露出其自身的缺陷，如对非中央级别政府部门的采购、服务或建筑类项目的政府采购没有约束，且没有建立其有效的争端解决机制。在1994年4月关贸总协定第八轮多边谈判——乌拉圭回合谈判的末期，形成新的《政府采购协议》，1996年1月1日起正式生效。此标志着国际政府采购规制的初步形成。但是该协议未能成为世界贸易组织（WTO）多边协议的组成部分，而只是WTO下的诸边协议。

所谓诸边协议是指各成员方可以加入也可以不加入，但前提是必须是世贸组织成员方，只有加入了世贸组织，且通过谈判这一过程达成一致，签署了《协议》，才开放本国政府采购市场。

三、《政府采购协议》(GPA) 发展

1994版《政府采购协议》旨在构建一个有效的权利和义务框架，促进政府采购贸

易领域自由化，提高政府采购透明度和建立通知、磋商、监督和争端解决的国际秩序；建立了政府采购领域的国民待遇和非歧视性待遇原则、发展中国家的特殊待遇与差别待遇原则和透明度原则；对供应商的资格审查程序、招标邀请程序、投标和交货期限、招标文件等进行了详细的规定。

虽然《政府采购协议》是政府采购自由化中的一项重要进步，但是仍然存在不足之处。一个比较明显的是发展中国家对于《政府采购协议》的附着力是极其有限的，22个国家仅伊朗和韩国不属于工业化国家。

由于1994版《政府采购协议》没能成功的吸引大量的发展中国家加入，而且这些发展中国家不仅有庞大的政府采购市场，而且本国民族产业相对竞争力比较弱，所以发展中国家成为改革1994版为2012版《政府采购协议》的原动力之一。

相对比于1994年版而言，2012版《政府采购协议》中，除了增加了政府采购领域常用术语的定义、电子化招投标的相关规定外，主要进一步细化了关于发展中国家的优惠条款。同时该协议加大了公开透明力度，向全球反腐败领域迈出了重要一步。

四、《政府采购协议》（GPA）主要内容

《政府采购协议》的基本目标：一是通过建立政府采购规则与程序实现世界贸易的扩大化和更大程序的自由化，改善并协调世界贸易现行环境。二是通过政府采购中竞争的扩大，加强透明度和客观性，促进政府采购程序的经济性和高效性。《政府采购协议》对缔约方政府采购强调了以下原则：一是国民待遇原则和非歧视待遇原则。各缔约方不得通过拟定、采取或实施政府采购法律、规则、程序和做法来保护国内产品或供应商。二是公开性原则。各缔约方有关政府采购的法律、规则、程序和做法都应公开。三是对发展中国家的优惠待遇原则。考虑到发展中国家的经济和社会发展目标、国家收支状况等，要求有关缔约方应给发展中国家，尤其是最不发达国家提供特殊和差别待遇，以照顾其发展财政和贸易需求。因此，它是关于协议成员方对外开放政府市场，实现政府采购国际化和自由化的规制性文件。

加入《政府采购协议》就要求开放缔约方的国内政府采购市场，同时，政府采购当事人的权利与义务也要发生变化：实行更彻底的商业标准和更充分的市场竞争。商业标准是排除公共政策支持、政府干预和其他非商业考虑的采购决策制度，主要体现为中标标准。充分的国际竞争是协议关于采购制度的设计原则：它在协议中表述为"最大可能的竞争""国际竞争最佳有效"。充分竞争的含义是完全排除采购决策中的非市场因素，排除政府的直接干预和其他社会成员的个人干预。其目的是实现世界贸易的一体化和自由化；建立一套公开、透明和非歧视的政府采购程序，最大限度地扩大政府采购领域的竞争度，提高政府采购的经济性和效率性。虽然不歧视原则在政府采购中的实现程度有限，但是这一原则通过规定竞争性合同授予程序得到详尽和可以操作的支持。

虽然《政府采购协议》在形式上表现为贸易商之间在国际政府采购市场上分享供应份额和贸易机会，是经济自由化的市场竞争，然而《政府采购协议》的产生是为了降低政府采购对国际贸易的限制。所以它的目的是解决市场准入问题，而不是规范政府采购行为的国际规则。WTO非强制性的、主张自愿的加入这个诸边协议。到目前为止，

绝大部分成员方并没有选择加入。这表明它们不愿意放弃政府采购这个贸易和产业保护政策，或者说不愿意《政府采购协议》改变它们的采购政策权利。即使是《政府采购协议》成员方，在承诺范围上也多有限制。在实施协议时也仍然采取多种方式和措施规避履行协议的义务。这使得《政府采购协议》实际所覆盖的份额很有限。这也说明了协议缔约国并不愿意放弃政府采购保护国内产业的政策权利。

五、开放政府采购"以市场换市场"

（一）加入 GPA 进程

加入 WTO 是开放本国私人领域市场，只有成为 WTO 成员，才依据本国意愿考虑是否启动加入《政府采购协议》（以下简称《协议》），开放本国政府采购市场。但是我国在加入 WTO 时承诺在成为 WTO 成员后尽快启动 GPA 谈判并提交出价。

2007 年 12 月我国向世贸组织提交了《协议》申请书和初步出价清单，正式启动了加入《协议》的谈判，开始履行国家承诺。2008 年我国向世贸组织提交了关于政府采购法律体制的国情报告。2009 年提交了加入《协议》出价思路（路线图）。2010 年~2014 年我国共提交了 5 份修改出价，每份出价都对前一次出价作了重大改进。在过去的几年中我国每年都在加入《协议》的道路上迈出重大步伐，出价谈判取得了实质性进展。

党中央国务院对加入《协议》谈判工作高度重视，并做出了一系列批示。2013 年 6 月习近平主席在与美国奥巴马总统会谈时明确表示：中国将继续朝着加入《协议》的方向努力，同时指出中国加入《协议》需要各方共同努力，从而确立了谈判工作的指导方针。同年 11 月，国务院专门成立了由张高丽副总理任组长的《协议》谈判工作小组，指导和协调谈判工作。

第六份出价跟以前出价相比发生了质的变化。一是填补了国有企业出价的空白，涵盖了各类实体和项目，形成了一份完整的出价清单；二是出价水平与参与方基本一致；三是对参与方的一些重点关注做出了实质性回应。这份出价在现行国情条件下，对能够改进的领域全部改进到位，出价范围与参加方已大体相当。到 2019 年 10 月为止，我国已提供第七份出价，也就意味着，我国出价谈判离终点只剩下最后"一公里"。

（二）加入 GPA 思路转换

政府采购已经成为国际经济活动中的重要领域。GPA 协定签署三十多年来，其成员数目不断增加，而且都是发达国家，其涵盖的市场份额更是非常可观。由于我国尚未加入 GPA，因此在国际政府采购市场的竞争中，我国企业处于极为不利的地位。

影响我国加入 GPA 的因素很多，比如国内政府采购制度的欠完善，企业竞争实力不足等。但核心问题，是在谈判思路上。在多年的谈判中，都是以守为主，缺乏进取的思路。这在政府采购发展的初期阶段也许是适宜的，但在经济全球化格局深入改变、我国经济进入新常态的今天，考虑了对这个思路进行调整，依据开放程度对等原则，用国内部分政府采购市场开放换取相应的国际政府采购市场对本国企业的开放。这不仅有利于促进本国企业提升国际竞争力与调整产业结构，而且也相应地扩大了本国就业机会，为本国中小企业、其他弱势企业，特别技术创新企业是留下了更多的发展政策空间。

近年来，以 WTO《政府采购协议》为蓝本的国际贸易协议中，很多国家和地区包括中国，都把政府采购作为重要的组成部分。推进加入 GPA，利用国际政府采购贸易协议，拓展政府采购市场国际化，进一步促进改革开放，为国内企业走出去、为扩大海外基础设施投资创造条件。

六、政府采购国际义务转化为国内规则

近年来，以世贸组织《政府采购协议》为蓝本的国际贸易协议中，很多国家包括中国，都把政府采购作为重要的组成部分。这就意味着需要通过国内法规和管理来实现《政府采购协议》等国际贸易协议的义务，即国际规则需要通过国内规则实现的。因此加入《政府采购协议》不仅要对我国《政府采购法》进行必要修改，还将改变我国政府采购行政、管理及其行为。通过比较《政府采购协议》与我国《政府采购法》的异同，有助于履行国际贸易义务。

（一）基本原则不同

《政府采购协议》的有关法律规则体现了非歧视性原则、透明度原则、对发展中国家的优惠待遇原则等。我国《政府采购法》规定，政府采购应当遵循公开透明原则、公平竞争原则、公正原则和诚实信用原则。应当说，我国《政府采购法》基本上贯彻了《协议》法律规则中的原则精神，但《协议》中强调了对政府采购中贸易壁垒的消除，这也是世贸组织一贯坚持的目标。

（二）基本目标不同

《政府采购法》与《政府采购协议》都强调了效益择优、公平开放原则，但我国《政府采购法》体现了对国内政策目标的关注，如第九条规定了政府采购应当有助于实现国家的经济和社会发展政策目标，包括保护环境，扶持不发达地区和少数民族地区，促进中小企业发展；第十条规定了政府采购应当采购本国货物、工程和服务。而《协议》更侧重于实现最充分和最公平的竞争。

（三）适应范围不同

适用范围包括适用主体、对象、采购形式及采购限额等。《协议》适用于各成员在其承诺表所列出的政府部门（包括政府部门的代理机构）以及直接或实质上受政府控制的企业和事业单位的名单。只有被列入名单的实体在进行政府采购时才适用《协议》，名单之外的其他政府部门、机构或企事业单位的采购则不受《协议》的约束。我国《政府采购法》规定的采购主体是指各级国家机关、事业单位和团体组织。显然，我国为了保证企业经营自主权的落实，未将国有企业和国有控股企业纳入调整范围，这主要是考虑到我国国有企业和国有控股企业面广、量大，其职能和国家机关、事业单位和团体组织有所不同。

《协议》适用于货物、工程、服务以及货物和服务的任何组合，各成员的具体承诺详细地列在其承诺表中。我国《政府采购法》规定政府采购的对象是依法制定的集中采购目录以内的或者采购限额标准以上的货物、工程和服务。在这一点上两者基本一致，但《协议》的对象范围似乎更加广泛。

《协议》适用于任何契约形式的采购，包括购买、租赁、分期付款购买及有期权的

购买（买方在契约有效期内有权按照规定价格购买指定的标的物）和无期权的购买。我国《政府采购法》所称的采购，是指以合同方式有偿取得货物、工程和服务的行为，包括购买、租赁、委托、雇用等。我国的采购形式显然比《协议》规定的形式要详细，并分别列举了委托、雇用等形式，这有助于对政府采购行为进行更具体的规范。

《协议》各成员在其承诺表中针对各级采购实体分别规定了不同的货物、工程和服务的门槛价。凡是估计的合同价值不少于该门槛价的采购项目，均应适用《协议》。《协议》对中央政府采购实体统一规定了货物或服务门槛价的特别提款权，对地方政府采购实体和其他采购实体，《协议》则没有统一规定，其门槛价由各成员在加入《协议》时做出承诺。各成员对其他采购实体所作的承诺，大部分都是双边的，即只对做出同样承诺的成员适用，而不适用最惠国待遇原则。我国《政府采购法》第七条规定：政府采购限额标准，属于中央预算的政府采购项目，由国务院确定并公布；属于地方预算的政府采购项目，由省、自治区、直辖市人民政府或者其授权的机构确定并公布；中国并未对限额标准做出明确具体的规定，实践中各地实际操作的限额一般都比较低，如果以后对其他成员开放，这样的规定显然不利于保护本国企业。

（四）采购方式不同

《协议》规定的采购方式有公开招标、选择性招标和限制性招标三种。限制性招标是允许采购主体与单个供应商或者分别与各个供应商进行单独接触的招标方式。我国《招标投标法》规定的招标方式只有公开和邀请两种，没有限制性招标方式，但从限制性招标适用的情形或条件来看，它与《政府采购法》所规定的竞争性谈判和单一来源采购方式有些类似。另外需要注意的是，《协议》对于供应商的数目以是否影响采购制度的有效运行为限对其做出了上限规定，而《招标投标法》只对供应商数目的下限做出了规定，即不得少于三个。

（五）供应商资格审查不同

《政府采购协议》规定不得在外国供应商之间或外国供应商与本国供应商之间实行差别待遇；采购实体[①]应给供应商充足的时间履行资格审查程序；资格审查的条件应限于与供应商履行合同能力有重要关系的方式，这些条件不应对供应商有所差别；如果采购实体设有常设供应商名单，那么希望加入该名单的供应商可在任何时候提出加入申请；在招标公告或投标邀请发布后，如果尚未经过资格审查的供应商要求参加投标，那么采购实体应马上对其进行资格审查；采购实体应将资格审查的结果通知供应商；每一个采购实体及其附属机构应实行单一的资格审查程序，各采购实体之间也应努力缩小各自程序的差异；在不违背非歧视待遇原则的前提下，采购实体可以拒绝弄虚作假或破产的供应商。

《政府采购法》规定了供应商参加政府采购活动应当具备下列条件：具有独立承担民事责任的能力；具有良好的商业信誉和健全的财务会计制度；具有履行合同所必需的设备和专业技术能力；有依法缴纳税收和社会保障资金的良好记录；参加政府采购活动前三年内，在经营活动中没有重大违法记录；法律、行政法规规定的其他条件。除此之

---

① 采购实体是指采购单位或用户，在法律上称为实体；一般情况下，被称为采购主体。

外，采购人可以根据采购项目的特殊要求，规定供应商的特定条件，但不得以不合理的条件对供应商实行差别待遇或者歧视待遇；采购人可以要求参加政府采购的供应商提供有关资质证明文件和业绩情况，并根据本法规定的供应商条件和采购项目对供应商的特定要求，对供应商的资格进行审查。另外，《政府采购法》还为供应商设定了种种有利于政府采购有序进行的不作为义务。

（六）招标投标规定不同

《政府采购法》在某些方面如关于时效的规定与《协议》又有所不同。此外，还对《协议》进行了一些补充性规定，如《政府采购法》第十一条体现了对商业秘密的保护。

（七）质疑程序不同

《政府采购协议》规定的是从质疑到磋商，最后通过世贸组织争端解决机制这一准司法途径解决。

而《政府采购法》规定的是从质疑到请求采购人，再请求政府采购监督管理部门的答复或处理，最后进行行政复议或司法诉讼的进程，最后救济方式可能是行政的，也可能是司法的途径。除了事后救济的有效性外，《政府采购法》所规定的具有中国特色的事前救济及预防机制也相当有力，包括对供应商的直接监督、行政监督、司法监督以及社会监督等。

游戏规则的不同必然使采购活动形式和结果不同，因此，相互开放市场必然要关注规则的统一，规则的调整是以最大限度地保护国内民族企业为导向的。

第三节 政府采购国内发展趋势

一、政府采购专业化发展

政府采购是一项涉及面十分广泛的工作，采购方式限定严格，采购价值目标要求较多，采购对象更是成千上万，而且采购的最终目的是为了满足社会公共需要，所以政府采购融行政性、市场性和公共性于一体，正是政府采购的这种特殊性，它要求政府采购必须花最少的公共资金，采购到物美价廉且符合国家利益的采购对象，并且在采购过程中充分体现"公开、公平、公正"的原则。要达到上述目标就必须建立一支专业的采购队伍，通过资格认证管理来促进和提高政府采购队伍整体素质，从而适应我国政府采购制度改革发展的需要。

（一）政府采购职业化制度

从业资格是指从事某一专业（工种）学识、技术和能力的起点标准。政府采购从业资格是指从事政府采购工作的人员应具备的专业知识与能力的起点标准的一项管理制度。政府采购从业资格是进入政府采购职业、从事政府采购相关工作的一种法定资质，是进入政府采购职业的"门槛"。

政府采购职业资格制度的建立要依据国情和政府采购制度改革总体思路来进行，同时，要借鉴其他行业职业资格的管理模式来设计。职业资格是对从事某一职业所必备的学识、技术和能力的基本要求，反映了劳动者为适应职业劳动需要而运用特定的知识、技术和技能的能力，包括从业资格和执业资格。因此，政府采购职业资格制度基本模型应以从业资格制度为基础，以执业资格制度为主体，以职称评定制度为补充。

推行政府采购制度改革目的就是为了规范政府采购行为，而建立政府采购职业资格制度是提高从业人员素质的重要手段，也是国际上通行的做法，对完善我国政府采购制度具有十分重要的作用。

（二）构建政府采购专职岗位制度

从美国政府采购职业化制度演进过程来看，注册政府采购官的产生要早于注册政府采购师。这说明自1949年以后美国实行高度集中的政府采购模式和管理模式后，对于监管部门的知识和行政能力的要求逐渐提高，通过职业化促进了政府采购的高效性、提高了反腐败程度。我国应借鉴美国注册政府采购师的制度经验，依照我国行政管理理念与文化理念以及现阶段走职业化道路的条件状况，在政府采购系统中设置专职岗位，以保证政府采购系统从业人员的稳定性和岗位职责激励机制的有效性。这一岗位设立有利于政府采购官员专心研究业务与知识水平的提高，从而促进政府采购系统采购绩效的良性循环。在此基础上，应借鉴国际经验，设置首席政府采购官制度，构建垂直且独立的政府采购官管理体系，保持其职业化独立性，更有利于政府采购目标的实现，促进政府采购系统的每个岗位官员都能充分发挥政府战略实现的能动性。

二、网络技术提高政府采购执行力

（一）网络技术与政府采购

技术的迅速发展直接影响着政府采购职能的实现。电子化政府采购虽然已经应用于政府采购，但是它的技术内涵的扩展仍然推动着政府采购的发展。可以通过网络迅速获得各方面最新信息。

网站已经成为政府采购常用的信息披露媒介。政府采购网站公告政府采购政策、供应商手册、采购手册、未来合同目录、供应商注册，以及采购机构的合同要求等。网络技术使政府采购更方便，能够向采购人提供必要的信息而且能够迅速交流信息。政府可以把招标需求和投标要求公布在网站上。

（二）电子化签名

电子化签名是同意签发权威性电子文件的数字签名。数字签名技术使用复杂的数学公式来计算和确认签字人的身份信息，又称为"E-签名"。通过电脑签订合同，意味着在线合同与相同的纸质合同具有同等的法律效力。

（三）电子商务与纸质办公系统

使用电子商务进行采购的目的不是为了实现零采购成本，而是减少采购成本。例如，使用采购卡是为了不使用大量资金和控制指定客户的交易过程。

使用这种方法，交易成本不仅减少，客户服务和交易控制都得到很大改进，而且大量完整的数据有利于战略性采购决策和与其他部门共享采购信息。一旦电子合同成立，就很容易在电脑上找到交易数据。当所有合同数据可以获得时就可以得到一个总的准确交易额。如果这样的数据信息可以很容易取得的话，就可以得到预期的招标，或者通过谈判，采购机构能够得到一个较好的购买价格。

使用电子商务能够以更有效率的方式实现资金支付。同时，使用电子资金交易最大程度上减少了合同人收款开具纸质发票的成本。

三、新技术新业态在政府采购平台体系中应用

相对传统的采购形式，"互联网+"改变了传统采购业务的处理方式。通过建立稳健、高效、便捷、安全的网上采购平台，可以打破传统采购方式的时间和空间障碍，降低采购成本；可以确保采购项目能够公开、公平、公正地操作，营造优质、高效、廉洁的政府采购服务环境，为采购人、供应商提供便利；可以实现采购工作电子化、流程化和统计工作自动化，提高采购效率；可以进一步加强监管功能，实现对采购全过程的信息化监管，从这个意义上说明，政府采购融入"互联网+"的时代已经到来。

深圳作为全国率先推行政府采购改革的城市之一，为进一步规范政府采购行为，提升管理效率和服务水平，促进政府采购过程更公开透明，从源头上遏制腐败，深圳市政府采购中心自2002年成立以来一直推动互联网理念在政府采购领域的应用，致力于政府采购信息化系统平台建设工作。2003年，开发了集政府采购内部业务操作、对外信息发布及采购实施管理于一体的政府采购管理系统，在全国率先实行了全流程网上政府采购。2007年按照市区一体化建设原则，开发面向全市集采机构的"市区网上政府采购统一平台"（以下简称"平台"），实现了市区两级操作平台统一运行、统一管理。平台是一个综合性的操作管理系统，监管部门、采购单位、集采机构、评审专家、供应商5种角色协同在互联网上完成政府采购申报、公告、招标、投标、竞价、合同备案、监督管理等全过程操作。该中心以政府采购内控制度为依据，对平台进行了一体化改造，不断优化平台功能，实现了与深圳市金财工程阳光政府采购系统、行政电子监察系统、市政务信息资源交换平台、市企业信用信息网、电商数据系统对接，使政府采购监管（监察）、信息共享与业务操作联系为一个有机整体，实现了财政、监察、采购人等多部门共享的完整信息系统，使政府采购管理系统不再是信息孤岛。2015年，顺应"互联网+政府采购"进一步发展的要求，新增政府采购业务合同管理、网上商城、评定分离、数据共享、分析及决策等模块，拓展了平台的系统功能。平台在系统中设置和固化了规范的采购操作流程，通过数据交换系统自动接收财政下达的政府采购计划，对采购项目立项、采购方式变更、项目需求方案、采购文件、采购公告、标书答疑、标书更正、供应商投标、专家评标、评标结果、中标公告、采购合同等环节和文件进行固化和留痕（数据采集），并反馈到政府采购监管系统和市监察局的行政电子监察系统，实现异常报警、异常处理、异常处理结果、监管模型、数据分析等主要功能。通过电子行政监察系统，监管部门可以实时发现政府采购各环节，尤其是采购执行过程中的各种异常情况，并及时纠正处理，同时实现对集采机构进行科学的绩效考核。

四、云计算在"互联网+政府采购"中应用

云计算在经济、敏捷和创新方面的突出特点使各国开始重视云计算在政府采购中的应用。各个部门都非常关注云计算，中央网信办发布了《关于加强党政部门云计算服务

网络安全管理的意见》；工信部发布了规划，还有人工智能，以及相应的政策、措施。国务院也明确提出探索电子政务云计算的发展新模式，鼓励应用云计算整合改造现有电子政务信息系统，实现整体部署和公建公用，加大政府采购云计算的服务力度，大幅减少政府自建数据中心数量，加大财税政策扶持力度及完善政府采购云计算的服务配套政策，明确适用的相关税收优惠政策。在政府采购中使用云计算，统一采购软硬件设备，对基础软硬件系统进行统一管理、统一运维，不仅可以减少财政投入，而且便于各部门信息资源整合，发挥电子采购的整体效益。

云计算是一种新的超级计算模式，云计算在虚拟化、数据存储、数据管理、编程模式等方面具有其独特的关键技术。云计算技术的蓬勃发展为解决电子化政府采购中的问题提供了可行的技术手段，以云计算这一先进的计算模型为依托，建设覆盖全国范围内的"政府采购云"将会是解决政府采购中许多问题的可行方案。在建设"政府采购云"这一系统工程时，在云计算模式下政府采购管理交易系统的设计是这一系统工程必不可少的组成部分。因此，可以通过云计算模式下政府采购管理交易系统的设计实现重点解决政府采购在资源统一注册、在线商品交易、远程电子评标和采购监督管理等四个方面存在的问题。通过在政府采购云上提供统一的资源注册服务，建立相应的采购资源共享数据库，解决了资源重复注册、信息很难共享等问题。通过将商品库向非协议供应商开放、建立起商品价格动态管理机制，解决了以往供应商之间难以形成良好的竞争秩序、供应商之间价格垄断联盟以及政府采购价格虚高等问题。通过将全国范围内的电子标识整合到政府采购云，解决了以往远程评标难以开展，远程电子评标的成本低、方便、快捷高效的优势无法有效发挥等问题。通过提供科学的预警模型、全面的一户式监管指标、远程视频监控等，有效解决了政府采购监督管理普遍存在监管流程不规范、监管水平参差不齐的问题以及财政、纪检、监察、审计和公众监督缺乏有效途径的问题。

第四节　创新政府采购模式

一、小型企业创新研究（SBIR）

小型企业创新研究（SBIR）计划源自美国成功的创新政府采购模式。政府使用该计划激励公司研制和推广解决经济社会等问题所进行的创新成果。如果没有现成的产品或服务来应对挑战，则使用 SBIR，或当需要提供创新产品或服务并将其推销到用户时，也会使用这种方法。

小型企业创新研究（SBIR）旨在鼓励国内小型企业参与具有潜在商业化价值的政府研究或研究开发。小型企业创新研究通过竞争性获奖项目使小型企业挖掘技术潜能，得到激励而从商业化中获益。这项目吸收合格的小型企业加入全国研发行列，激励高科技创新，在实现研发目的的同时，激发创业精神。

小型企业创新研究计划的核心任务是在关键的优先领域投入政府研究基金，支持科学卓越和技术创新，建设强大的国家经济。该项目能够满足政府研发需要，支持和鼓励女性以及社会经济弱势群体参与创新和创业，在私营领域加强研发资助创新项目的商业化转换。从功能上讲，SBIR 的有效性是由于这种供需动态，而且能够支持小企业发挥灵活和积极的作用以及整个国家创新体系的力量，包括风险投资。

发起于 1977 年的美国小企业创新研究计划（SBIR）启动以来，凭借其基于价值的竞争性资助策略、严格的资格审查与评审标准以及跨部门协同的整体性治理模式取得了巨大成功，为美国中小企业创新研发提供了强有力的资金支持，并吸引了许多其他国家政府积极采取类似方式鼓励和支持中小企业创新发展。英国、澳大利亚、芬兰、瑞典、俄罗斯、日本已建立起各自的小企业创新研究项目；荷兰试点实行小企业创新研究计划，并将该项目推广到政府各部门；韩国和中国台湾也将小企业创新研究模式纳入各自的创新战略，并取得了一定程度的成功。

二、商业前采购（PCP）

欧盟支持商业前采购模式以帮助采购实体和供应商开发出应对社会挑战的创新方案。

商业前采购（PCP）是一种政府采购研发服务的模式，是刺激创新的重要工具，因为它使公共部门能够直接根据其需求引导新解决方案的开发。

商业前采购（PCP）从需求方面挑战行业，企业根据公共部门需求提供创新解决方案，并提供给他们第一批客户作为参考，使企业能够在市场上更具竞争优势。PCP 使政府采购实体能够比较替代的潜在解决方案方法，并筛选出市场上可以满足公众需求的最佳解决方案。

采购实体可以作为对高技术要求客户去购买创新方案的开发和测试来推动需求方的创新。这使得欧洲公共部门能够更快地实现公共服务的现代化，并为欧洲公司在新市场中占据国际领先地位创造机会。为创新产品和服务创建一个强大的欧洲市场，是在 ICT 等快速发展的市场中创造增长和就业机会的重要一步。

三、远期承诺采购（FCP）

远期承诺采购（FCP）模式是对"未满足需求"挑战的一种回应，它似乎为政府采购提供了刺激制造业的机会。在英国这个创新采购模式花了几年时间才起步。到 2020 年及以后，它的应用可能会更广泛。影响公共部门机构应用的因素包括：采购组织的风险偏好，采购组织愿意采取"长远眼光"，采购组织对采购创新解决方案的态度。

在"结果"方面定义，要求 FCP 着眼于从基于结果的规范需求中采购，而不是根据直接感知需求进行采购。该模型提醒市场有采购需求，并承诺在解决方案可用时购买，并给出明确的规格和价格。由于市场上目前没有所需的解决方案，这迫使供应商提供创新的解决方案，包括产品和服务。

该模式旨在促进对供应商的投资和创新，同时提供具有成本效益的解决方案。

思考题

1. 国际组织政府采购规则比较。

2. 论述加入《政府采购协议》的有利因素与不利影响。
3. 比较《政府采购协议》与《政府采购法》差异。
4. 论述政府采购专业化发展必要性。
5. 为什么网络技术是提高政府采购执行力重要内容。
6. 论述"互联网+"对政府采购促进。
7. 比较创新政府采购模式异同及其作用。

参 考 文 献

中文部分

[1] 艾冰、陈晓红:《政府采购与自主创新的关系》,载《管理世界》2008年第3期。

[2] 艾冰:《欧美国家政府采购促进自主创新的经验与启示》,载《宏观经济研究》2012年第1期。

[3] 白彦锋、徐晟:《中国政府采购促进自主创新的角色分析》,载《首都经济贸易大学学报》2012年第2期。

[4] 白志远:《WTO〈政府采购协议〉中发展中国家标准研究》,武汉大学出版社2015年版。

[5] 白志远:《经济新常态下加强政府采购势在必行》,载《光明日报》2016年第12期。

[6] 白志远:《论我国政府购买服务立法的着力点》,载《学习与实践》2017年第9期。

[7] 白志远:《论政府采购思维导向及其影响》,载《中南财经政法大学学报》2012年第9期。

[8] 白志远:《论政府采购政策功能在我国经济社会发展中的作用》,载《宏观经济研究》2016年第3期。

[9] 白志远、王平:《WTO〈政府采购协议〉视角下的我国国有企业采购规制研究》,载《经济社会体制比较》2015年第1期。

[10] 白志远、王平:《论我国加入GPA过程中的困境》,载《财政研究》2013年第8期。

[11] 白志远、王平:《我国国营企业采购的WTO承诺对加入〈政府采购协议〉的影响》,载《财政研究》2015年第1期。

[12] 白志远:《我国政府采购规模正向影响了采购绩效了吗?》,载《中国行政管理》2016年第12期。

[13] 白志远:《我国政府采购规模制约采购绩效的根源及对策研究》,载《湖北社会科学》2016年第11期。

[14] 白志远:《我国政府采购市场开放下采购权利结构研究》,经济科学出版社2015年版。

[15] 白志远:《政府采购政策研究》,武汉大学出版社2016年版。

[16] 白志远:《中国政府采购制度演变进程》,载《经济管理》2009年第9期。

[17] 曹富国:《中国加入WTO政府采购协定谈判中的中小企业问题》,载《国家

行政学院学报》2014年第1期。

[18] 陈工、袁星侯：《财政支出管理和绩效评价》，中国财政经济出版社2007年版。

[19] 丁芳：《GPA框架下完善我国政府采购制度的建议》，载《财政研究》2012年第11期。

[20] 甘行琼：《西方财税思想史》，中国财政经济出版社2017年版。

[21] 高志勇：《政府采购项目绩效评价的绩效理念、分析逻辑与评价准则》，载《财政研究》2014年第10期。

[22] 高志远：《采购限额要兼顾灵活性与约束性——关于分散采购限额提高的理性思考》，载《中国政府采购》2014年第4期。

[23] 谷辽海：《政府采购"国货"的法律缺位》，载《中国经济时报》2005年第6期。

[24] 何红锋：《对政府采购协议供货的思考》，载《经济》2008年第1期。

[25] 何红锋、焦洪宝：《WTO〈政府采购协议〉的合同估价制度》，载《中国政府采购》2003年第1期。

[26] 何红锋、焦洪宝：《〈政府采购协议〉发展进程及应对策略》，载《国际经济合作》2003年第11期。

[27] 何红锋、云艳敏：《中美政府采购中的购买国货制度比较研究——从"购买美国货条款"谈起》，全球金融危机形势下的政府采购与公共市场研究——应对全球金融危机·政府采购与公共市场改革论坛文集，2009年5月。

[28] 侯瑜、张天弓：《次中央实体政府采购加入GPA的政策性建议——以大连市为例》，载《地方财政研究》2010年第10期。

[29] 贾根良、陈国涛、赖纳·科特尔、韦科·兰博：《发展中国家为什么不要加入WTO政府采购协议？》，载《国外理论动态》2012年第2期。

[30] 姜爱华、胡兆峰：《政府采购预算透明：问题及对策》，载《中国政府采购》2010年第10期。

[31] 姜爱华：《我国加入GPA的开放与保护策略选择——借鉴典型国家和地区的经验》，载《地方财政研究》2012年第12期。

[32] 姜爱华：《政府采购"物有所值"制度目标的含义及实现——基于理论与实践的考察》，载《财政研究》2014年第8期。

[33] 姜晓川、陈向明、廖进球：《应对加入GPA谈判工作完善我国政府采购立法》，载《求实》2012年第9期。

[34] 焦富民：《政府采购救济制度研究》，复旦大学出版社2010年版。

[35] 焦洪宝：《关于建立健全政府采购监督管理机制的思考》，载《中国政府采购》2019年第3期。

[36] 靳瑾、杨春梅：《贸易便利化对中国政府采购规模的影响分析》，载《北方经济》2012年第11期。

[37] 兰相洁：《政府采购模式的现实比较与路径优化》，载《改革》2012年第3期。

[38] 李安泽：《关于政府采购合理规模的分析》，载《当代财经》2004年第4期。

[39] 李方旺：《发挥政府采购对战略性新兴产业发展的扶持作用》，载《财政研

究》2015年第12期。

[40] 李洪亮：《我国政府采购中的审计监督研究》，山东师范大学论文，2015年。

[41] 李艳秀：《提升政府采购预算管理水平》，载《中国财政》2013年第15期。

[42] 梁戈敏：《道德风险、权力制衡与政府集中采购》，载《财政研究》2011年第7期。

[43] 梁戈敏：《中国政府采购道德风险及其规避》，经济科学出版社2011年版。

[44] 林晶：《政府采购市场开放性的国际比较与政策建议》，载《经济社会体制比较》2008年第4期。

[45] 刘丁蓉：《政府采购的目标均衡和价值选择——基于公平和效率的视角》，载《当代经济》2013年第3期。

[46] 刘汉卿：《建国以来纪检监察体制的历史演进及其改革路径研究》，南京师范大学，2014年。

[47] 刘慧：《WTO的〈政府采购协议〉规则及我国的对策》，载《中国政府采购》2001年第1期。

[48] 刘慧：《创新政府采购提高政府公信力》，载《中国政府采购》2011年第11期。

[49] 刘慧卿：《对我国政府采购法质疑与投诉制度的法律分析——从WTO〈政府采购协定〉角度》，载《世界贸易组织动态与研究》2007年第8期。

[50] 刘慧：《中国加入世界贸易组织〈政府采购协议〉的对策》，载《国际经济评论》2003年第1期。

[51] 刘民军：《英国政府采购制度简析与启示》，载《财政研究》2013年第3期。

[52] 刘锐：《完善政府采购法律制度，应对WTO〈政府采购协定〉》，载《行政法学研究》2011年第2期。

[53] 刘希尚：《完善政府采购法律体系的建议》，载《中国财政》2010年第15期。

[54] 刘小川、唐东会：《中国政府采购政策研究》，人民出版社2009年版。

[55] 刘小川：《我国政府采购范围制度及其制度协调》，载《中国流通经济》2010年第3期。

[56] 刘小川：《政府采购政策目标及其评估》，载《中国政府采购》2006年第1期。

[57] 娄峥嵘：《我国公共服务财政支出效率研究》，中国社会科学出版社2011年版。

[58] 马海涛、姜爱华、郝晓婧：《强化政府采购政策功能构建现代政府采购制度》，载《中国财政》2019年。

[59] 马海涛、姜爱华：《我国政府采购制度研究》，北京大学出版社2007年版。

[60] 马海涛、姜爱华：《政府采购管理》，经济科学出版社2016年版。

[61] 马海涛、姜爱华：《政府公共服务提供与财政责任》，载《财政研究》2010年第7期。

[62] 马海涛、王东伟、冯鸿雁：《国内政府采购政策功能效应研究：综述与展望》，载《经济研究参考》2013年第67期。

[63] 马海涛、王东伟：《国内政府采购政策功能效应研究：综述与展望》，载《经济管理研究》2014年第3期。

[64] 孟春：《完善事权责任关键要厘清政府与市场边界》，载《中国经济时报》2014年07月08日。

[65] 孟晔：《WTO〈政府采购协议〉新发展》，载《WTO经济导刊》2008年第3期。

[66] 孟晔：《从GPA视角透视我国政府采购法律改革》，载《上海对外经贸大学学报》2015年第2期。

[67] 孟晔：《论WTO〈政府采购协议〉的修改及其对中国的影响》，载《世界贸易组织动态与研究》2007年第7期。

[68] 孟晔：《中国加入〈WTO政府采购协议〉谈判分析》，载《世界贸易组织动态与研究》2013年第5期。

[69] 倪星：《地方政府绩效指标体系构建研究——基于BSC、KPI与绩效棱柱模型的综合运用》，载《武汉大学学报：哲学社会科学版》2009年第5期。

[70] 潘文霞：《加强政府采购控制，规范政府采购行为》，载《宏观经济管理》2014年第4期。

[71] 庞凤喜、潘孝珍：《财政分权与地方政府社会保障支出——基于省级面板数据的分析》，载《财贸经济》2012年第12期。

[72] 裴育、史梦昱：《我国政府采购监督现状与存在的主要问题》，载《财政监督》2017年第4期。

[73] 彭国甫：《地方政府绩效评估程序的制度安排》，载《求索》2004年第10期。

[74] 戚昌厚、岳希明：《财政支出与经济发展关系——对瓦格纳法则的新解释》，载《经济理论与经济管理》2020年第7期。

[75] 漆换：《国外政府采购绩效评价经验一览图》，载《政府采购信息报》2009年2月13日。

[76] 阮征、吴灿、徐健：《政府采购宏观绩效的投入产出测度》，载《管理评论》2010年第7期。

[77] 尚长风：《制度约束下的财政政策绩效研究》，人民出版社2003年版。

[78] 宋军：《政府采购词解》，湖北辞书出版社2005年版。

[79] 宋军：《政府采购文体解》，经济科学出版社2009年版。

[80] 孙群力：《财政分权对政府规模影响的实证研究》，载《财政研究》2008年第7期。

[81] 孙天法、汪明军：《政府采购支持产业发展探讨》，载《中国财政》2014年第18期。

[82] 田志刚：《地方政府间财政支出责任划分研究》，中国财政经济出版社2010年版。

[83] 屠新泉、郝刚：《政府采购市场自由化的新趋势与我国加入GPA谈判》，载《国家行政学院学报》2012年第5期。

[84] 屠新泉：《日本参与〈政府采购协议〉的经验与启示》，载《国际经济合作》2009年第10期。

[85] 万如意：《政府采购鼓励创新政策的理论基础》，载《中国政府采购》2013年第1期。

［86］汪小勤、曾瑜：《地方政府财政分权程度对卫生支出效率的影响：基于面板数据的 Tobit 模型分析》，载《中国卫生经济》2016 年第 6 期。

［87］王爱冬：《政府绩效评价概论》，高等教育出版社 2010 年版。

［88］王爱君：《中国政府采购市场开放策略研究》，载《财政研究》2011 年第 11 期。

［89］王丛虎：《创新政府采购监督机制，强化政府采购监督力度》，载《当代财经》2011 年第 17 期。

［90］王丛虎：《论我国政府采购政策功能实现条件》，载《中国政府采购》2013 年第 3 期。

［91］王丛虎：《论政府采购政策功能发挥及执行评估》，载《中国政府采购》2013 年第 11 期。

［92］王丛虎、马文娟：《政府采购监管问题分析与建议》，载《财政监督》2017 年第 5 期。

［93］王定云、王世雄：《西方国家公共管理理论综述与实务分析》，上海三联书店 2008 年版。

［94］王加林：《发达国家预算管理与我国预算管理改革的实践》，中国财政经济出版社 2010 年版。

［95］王鹏程、杨培英：《深化我国政府采购制度改革的几点思考》，载《中国集体经济》2010 年第 10 期。

［96］王士如：《中国政府采购立法与 WTO 政府采购协议的整合》，载《上海财经大学学报》2005 年第 5 期。

［97］王守祯：《政府采购绩效评价的 TOPSIS 法》，载《中国政府采购》2009 年第 9 期。

［98］王晓红、张宝生、潘志刚：《我国政府采购绩效评价指标体系的构建》，载《中国政府采购》2010 年第 3 期。

［99］王志刚：《中国财政分权对地方政府财政支出的影响分析》，载《首都经济贸易大学学报》2013 年第 4 期。

［100］王治、王宗军：《我国政府采购支出绩效评价体系的构建》，载《财会通讯》2006 年第 1 期。

［101］王治、王宗军：《政府采购绩效的多层次多目标模糊综合评价》，载《武汉理工大学学报》2006 年第 8 期。

［102］翁燕珍、牛楠、刘晨光：《GPA 参加方国有企业出价对中国的借鉴》，载《国际经济合作》2014 年第 3 期。

［103］肖北庚：《GPA 协定救济机制之模式选择与实践品格》，载《时代法学》2005 年第 4 期。

［104］肖北庚：《WTO〈政府采购协定〉及我国因应研究》，知识产权出版社 2010 年版。

［105］肖北庚：《缔约国于〈WTO 政府采购协定〉之义务及我国因应》，载《环球法律评论》2008 年第 4 期。

[106] 肖北庚：《论WTO〈政府采购协定〉实施机制的个性特征》，载《衡阳师范学院学报》2004年第8期。

[107] 肖北庚：《论政府采购合同的法律性质》，载《当代法学》2005年第4期。

[108] 肖北庚：《论〈政府采购协定〉在缔约国适用的基础与我国加入时谈判对策》，载《河北法学》2008年第5期。

[109] 肖北庚：《美国政府采购限制措施探析》，载《暨南学报（哲学社会科学版）》2014年第4期。

[110] 肖北庚：《我国政府采购法制之根本症结及其改造》，载《环球法律评论》2010年第3期。

[111] 肖北庚：《政府采购法制之发展路径：补正还是重构》，载《现代法学》2010年第2期。

[112] 肖北庚：《政府采购监管配套制度之改进》，载《北京行政学院学报》2013年第6期。

[113] 肖北庚：《〈政府采购协定〉成员国次级中央实体出价规律与我国对策》，载《政治与法律》2011年第1期。

[114] 肖北庚：《质疑程序：GPA协定独特的实施机制设计》，载《湖南城市学院学报》2004年第4期。

[115] 肖北庚：《中国加入WTO〈政府采购协定〉进程与承诺对策分析》，载《中国政府采购》2007年第10期。

[116] 谢东颖：《政府采购绩效评价研究》，吉林大学论文，2017年。

[117] 徐焕东：《关于政府采购国货若干问题的研究》，载《中国政府采购》2009年第4期。

[118] 徐焕东：《政府采购监督管理体系与模式构建》，载《中国政府采购》2014年第11期。

[119] 杨灿明、白志远：《完善政府采购制度研究》，经济科学出版社2009年版。

[120] 杨灿明、李景友：《政府采购问题研究》，经济科学出版社2004年版。

[121] 杨燕英、张相林：《基于目标模式的政府采购治理工具运用》，载《中国行政管理》2011年第9期。

[122] 叶青、李毅：《政府采购制度源流探析》，载《现代财经》2002年第4期。

[123] 殷亚红：《我国政府采购政策功能的几点思考》，载《经济研究参考》2013年第41期。

[124] 张定安、刘杰：《我国政府集中采购体制对采购绩效的影响》，载《行政论坛》2010年第5期。

[125] 张素琴：《政府采购绩效评价PDCA循环模型研究》，载《山西财经大学学报》2010年第1期。

[126] 张霄：《论我国政府采购外部监督机制的构建》，载《财政监督》2012年第21期。

[127] 章辉：《政府采购风险及其控制》中国财政经济出版社2009年版。

[128] 赵谦：《美国政府采购制度的启示与思考》，载《财政研究》2011年第3期。

[129] 赵谦：《我国加入〈政府采购协议〉的利弊及对策》，载《财政研究》2010年第1期。

[130] 赵向华：《论政府采购的政策功能及其实现》，载《兰州大学学报（社会科学版）》2010年第S1期。

[131] 周波：《政府间财力与事权匹配问题研究》，东北财经出版社2009年版。

[132] 周成跃、王绍双：《欧盟政府采购法律体系与借鉴》，载《中国政府采购》2002年。

[133] 周猛：《政府采购绩效评价体系的建立与完善》，载《财政监督》2012年第3期。

[134] 周威远：《我国政府采购监督机制的问题与对策研究》，湖南大学论文，2011年。

[135] 周庄：《关于我国加入GPA后政府采购开放性风险预警的基本设想》，载《财贸经济》2011年第11期。

[136] 朱俊峰、窦菲菲、王健：《中国地方政府绩效评估研究——基于广义模糊评价模型的分析》，复旦大学出版社2012年版。

[137] 邹昊：《政府采购体系建设研究》，清华大学出版社2011年版。

外文部分

[1] Abney G, Lauth T. (1989). The executive budget in the states: Normative idea and empirical observation. *Policy Studies Journal*, 17 (4).

[2] Ahmad A A A Grizzle G A, Pettijohn C D. (2003). Information change and congressional budget deliberations revisited. *Journal of Public Budgeting, Accounting & Financial Management*, 15 (1).

[3] Ahmad A A, Grizzle G A, Pettijohn C D. (2003). Patterns of change.

[4] Alateyh S, Chang V, Crowder R & Wills G. (2014). Citizen intention to adopt e-government service in Saudi Arabia. *Emerging Software as a Service and Analytics*, ESaaSA 2014.

[5] Anderson R D, Kovacic W E, Müller A C. Ensuring integrity and competition in public procurement markets: a dual challenge for good governance. *Arrowsmith and Anderson*, 2011 (11).

[6] Anderson R D, Pelletier P & Osei – Lah K, et al, Assessing the value of future accessions to the WTO Agreement on Government Procurement (GPA): some new data sources, provisional estimates, and an evaluative framework for individual WTO members considering accession. *Provisional Estimates, and an Evaluative Framework for Individual WTO Members Considering Accession*, October 6, 2011.

[7] Anderson R D, Schooner S L, Swan C D. (2012). The WTO's Revised Government Procurement Agreement – An Important Milestone Toward Greater Market Access and Transpar-

ency in Global Public Procurement Markets. *GWU Legal Studies Research Paper*.

[8] Axelrod D. (1995). *Budgeting for modern government* (2nd ed.). New York, NY: St. Martin's Press.

[9] Axelrod D. (1988). *Budgeting for modern government*. New York: St. Martin's Press.

[10] Baumgartner F R, Jones B D. (2009). *Agendas and instability in American politics* (2nd ed.). Chicago: University of Chicago Press.

[11] Becket J, & King C. (2002). The challenge to improve citizen participation in public budgeting: A discussion. *Journal of Public Budgeting, Accounting, and Financial Management*, 14 (3).

[12] Borgia C R, Coyner R S. (1996). The Evolution and success of budgeting systems at institutions of higher education. *Public Budgeting and Financial Management*, 7 (4).

[13] Bourdeaux C. (2008). The problem with programs: Multiple perspectives on program structures in program-based performance-oriented budgets. *Public Budgeting and Finance*, 28 (2).

[14] Braybrooke D, Lindblom C. (1963). *A strategy of decision*. New York: Free Press.

[15] Buckley W. (1967). *Sociology and modern systems theory*. Englewoods Cliffs, NJ: Prentice – Hall.

[16] Callahan K. (2002). The utilization and effectiveness of advisory committees in the budget process of local governments. *Journal of Public Budgeting, Accounting, and Financial Management*, 14 (2).

[17] Campbell N, Mitchell D T. (2012). State governments aren't Leviathans: evidence from the economic freedom index. *Social Science Quarterly*, 92.

[18] Chang V, Walters R, Wills G. (2016). Organizational sustainability modeling — An emerging service and analytics model for evaluating cloud computing adoption with two case studies. *International Journal of Information Management*, 36 (1).

[19] Chen H, Whalley J. (2011). The WTO Government Procurement Agreement and its impacts on trade. *National Bureau of Economic Research*, 2011.

[20] Cleveland F A. (1915). Evolution of the budget idea in the United States. *The Annals of the American Academy of Political and Social Science*, 62, November.

[21] Coase R. (1937). The nature of the firm. *Economica*, 4.

[22] Cook D J, Looking Beyond Accession: Challenges to Implementing the World Trade Organization Government Procurement Agreement in China. *Journal of Public Procurement*, 2015, 15 (1).

[23] Cope G. (1987). Local government budgeting and productivity: Friends or Foes? *Public Productivity Review*, 10 (3).

[24] De Graaf G, King M. (1995). Towards a More Global Government Procurement Market: The Expansion of the GATT Government Procurement Agreement in the Context of the Uruguay Round. *The International Lawyer*, pp. 435 – 452.

[25] Denhardt R B. (2004). *Theories of public organization* (4th ed.). Belmont, CA: Wadsworth/Thomson Learning.

[26] Domke W K. (1984). Waste, weapons, and resolve: Defense posture and politics in the defense budget. *Policy Science*, 16.

[27] Douglas J, Gaddie R. (2002). State rainy day funds and fiscal crisis: Rainy day funds and the 1990 – 1990 recession revisited. *Public Budgeting & Finance*, 22 (1).

[28] Downs, A. (1960). Why the government budget is too small in a democracy. *World Politics*, 12 (4).

[29] Dror Y. (1968). *Public policy-making re-examined*. San Francisco: Chandler.

[30] Ebdon C. (2002). Beyond the public hearing: Citizen participation in the local.

[31] Ebdon C., Franklin A L. (2006). Citizen participation in budgeting theory. *Public Administration Review*, 66 (3).

[32] Edwards W. (1967). The theory of decision-making. In W. Edwards & A. Tversky (Eds.). *Decision-making: Selected readings*. Middlesex, UK: Penguin Books.

[33] Elder E, Wagner G. (2013). Revenue cycles and risk sharing in local.

[34] Farazmand A. (2002). Organization theory: From pre-classical to contemporary and critical theories—A overview and appraisal. In. A. Farazmand (Ed.), *Modern organization theory and practice* (2nd ed.). Westport, Connecticut: Praeger.

[35] Ferris J, Graddy E. (1998). A contractual framework for new public.

[36] Finkler S A. (2005). *Financial management for public, health, and not-for-profit organizations* (2nd ed.). Upper Saddle River, NJ: Pearson Prentice Hall.

[37] Forester J. (1984). Bounded rationality and the politics of muddling through. *Public Administration Review*, 44, January/February.

[38] Geyskens I, Steenkamp J, Kuman N. (2006). Make, buy, or ally: A transaction cost theory meta analysis. *Academy of Management Journal*, 49 (3).

[39] Gianakis G A, McCue C P. (1999). *Local government budgeting: A managerial approach*. Westport, Connecticut: Praeger.

[40] Giosi A, Testarmata S, Brunelli S, Stagliano B. (2014). The dimension of fiscal governance as the cornerstone of public finance sustainability: A general framework. *Journal of Public Budgeting, Accounting & Financial Management*, 26 (1).

[41] Goldberg V P. (1985). Productions functions, transaction costs and new government budget process. *Journal of Public Budgeting, Accounting, and Financial Management*, 14 (2).

[42] *Government Budgeting: Theory, Process, and Politics* (pp. 475 – 482). Pacific Grove, CA: Thompson Learning governments: An analysis of state rainy day funds. *National Tax Journal*, 66 (4).

[43] Grier J H. (2006). Recent Developments in International Trade Agreements Covering Government Procurement. *Public Contract Law Journal*.

[44] Hale G E, Douglass S R. (1977). Politics of budget execution. *Administration & Society*, 9 (3).

[45] Haveman R H. (1970). *The economics of the public sector.* New York: John Wiley.

[46] Hayes M. (2007). Policy making through disjointed incrementalism. In G. Morçöl.

[47] Henderson I S. (1998). The challenge procedure under the World Trade Organisation agreement on government procurement: a model for Australia.

[48] Hyde A C. (2002). *Government budget: Theory, process, and politics* (3rd ed.). Thompson Learning.

[49] Institutionalism. In G. R. Fiewel (Ed.), *Issues in contemporary microeconomics and welfare.* Albany, NY: State University of New York Press.

[50] Jensen M C. (1983). Organization theory and methodology. *The Accounting Review*, 8 (2).

[51] Joyce P G. (1993). Using performance measures for federal budgeting: Proposals and prospects. *Public Budgeting & Finance*, 13 (4).

[52] Jr Fenno R F. (1966). *The power of the purse: Appropriation politics in congress.* Boston: Little Brown.

[53] Katz D, Kahn R L. (1966). *The social psychology of organizations.* New York: John Wiley & Sons. Kelly, J. A. & Rivenbark, W. C. (2003). *Performance budgeting for state and local government.* Armonk, NY: M. E. Sharpe.

[54] Khorana S, Garcia M. (2014). Procurement liberalization diffusion in EU agreements: signalling stewardship. *World Trade*, 48 (3).

[55] Lauth T. (1987). Budgeting and productivity in state government: Not integrated but friendly. *Public Productivity Review*, 10 (3).

[56] Lee R, Johnson R. (1998). *Public budgeting systems.* Gaithersburg, MD: Aspen.

[57] Lehan E A. (1981). *Simplified governmental budget.* Chicago: Municipal Finance Officers Association.

[58] Lindblom C. (1959). The science of muddling through. *Public Administration Review*, 19 (1).

[59] Management Theory. *International Public Management Journal*, 1 (2), 225 – 240.

[60] Mathieson S. (2010). Accessing China's public procurement market: which state-influenced enterprises should the WTO'S Government Procurement Agreement cover? . *Public Contract Law Journal.*

[61] Mattoo A. (1996). The government procurement agreement: Implications of economic theory. *The world economy*, 19 (6).

[62] McGuire T. (1981). Budget-maximizing governmental agencies: An empirical test. *Public Choice*, 36.

[63] McNab R M, Melese F. (2003). Implementing the GPRA: Examining the prospects for performance budgeting in the federal government. *Public Budgeting & Finance*, 23 (2).

[64] Melkers J, Willoughby K. (1998). The State of the States: Performance-Based Budgeting Requirements in 47 out of 50. *Public Administration Review* 58 (1).

[65] Meyers R T. (1994). *Strategic budgeting*. Ann Arbor, MI: University of Michigan Press.

[66] Mikesell J L. (2007). *Fiscal administration: Analysis and applications for the public sector* (7th ed.) Belmont, CA: Thomas Wadsworth.

[67] Miller G J. (1996). Productivity and the budget process. In J. W. Rabin, W. B. Hildrith, & G. J. Miller (Eds.), *Budgeting: Formulation and Execution*. Athens, GA: Carl Vinson Institute of Government, University of Georgia.

[68] Mitchell D, Hughes D, Campbell N. (2014). Are powerful majorities inefficient for parties, and efficient for taxpayers? An analysis of budget maximization in the United States. *Public Finance Review*, 42 (1).

[69] Moe T. (1984). The new economics of organization. *American Journal of Political Science* 28 (4).

[70] Morcol G. (2007). *Handbook of decision-making* (pp. 39–59). CRC Press.

[71] Mura P. (2015). Public finance sustainability in Romania: Recent developments. *Annals of the University of Oradea, Economic Science Series*, 24 (1).

[72] Natchez P B, Bupp I C. (1973). Policy and priority in the budgetary process. *American Political Science Review*, 67.

[73] Niskanen W A. (1992). A reflection on bureaucracy and representative government. In A. Blais & S. Dion (Eds.), *The budget-maximizing bureaucrat: Appraisals and evidence*. Pittsburgh: University of Pittsburgh Press.

[74] Niskanen W A. (1971), *Bureaucracy and representative government*, Chicago: Aldine-Atherton.

[75] Novick D. (2002). What program budgeting is and is not? In Albert C. Hyde (Ed.).

[76] O'Looney J A. (1998). *Outsourcing state and local government service: Decision-making strategies and management methods*.

[77] Osborn D, Gaebler T. (1992). *Reinventing government: How the entrepreneurial spirit is transforming in public sector*. Reading, Mass.: Addison-Wesley.

[78] O'Toole D, Marshall J, Grewe T. (1996). Current local government budget practices. *Government Finance Review*, 12 (6).

[79] O'Toole D, Stipak B. (1988). Budgeting and productivity revisited: The local government picture. *Public Productivity Review*, 12 (1).

[80] O'Toole D, Stipak B. (2002). Productivity trends in local government budgeting. *Public Performance & Management Review*, 26 (2).

[81] Perrow C. (1986). *Complex organizations: A critical essay* (3rd ed.). New York: McGraw-Hill, Inc.

[82] Posner P L. (2009). Budget process reform: Waiting for Godot. *Public Administration Review*, 69 (2).

[83] Reddick C. (2007). State resource allocation and budgeting format: Toward a hybrid model. *Journal of Budgeting, Accounting & Financial Management*, 19 (2).

[84] Reich A. (2009). The new text of the agreement on government procurement: An analysis and assessment. *Journal of International Economic Law*, 12 (4).

[85] Rivenbark W, Kelly J. (2000). Performance measurement: A local government response. *Journal of Public Budgeting, Accounting & Financial Management*, 12 (1).

[86] Rodriguez - Tejedo I. (2012). The determinants of structure of rainy day funds. *Public Administration Review*. 72 (3).

[87] Rubin I. (1990a). Budget theory and budget practice: How good the fit? *Public Administration Review*, 50 (2).

[88] Rubin I S. (1990b). *The politics of public budgeting: Getting and spending, borrowing and balancing*. Chatham, NJ: Chatham House of Publishers, Inc.

[89] Rubin I S. (2010). *The politics of public budgeting* (6th ed.). Washington, D. C.: CQ Press.

[90] Schefer K N, Woldesenbet M G. (2013). The Revised Agreement on Government Procurement and Corruption. *Journal of World Trade*, 47 (5).

[91] Schick A. (1983). Incremental budgeting in a decremental age. *Policy Sciences*, 16.

[92] Schick A. (1978). The road from ZBB. *Public Administration Review*, 39 (2).

[93] Schick A. (1966). The road to PPB: The stages of budget reform. *Public Administration Review*, 26.

[94] Schulman P R. (1975). Nonincremental policy making: Notes Toward an alternative paradigm. *American Political Science Review*, 69.

[95] Seckler - Hudson C. (2002). Performance budgeting in government. In Albert C. Hyde (Ed.), *Government budgeting: Theory, process, and politics*. Pacific Grove, CA: Thompson Learning.

[96] Shingal A. (2011). Services procurement under the WTO's Agreement on Government Procurement: whither market access?. *World Trade Review*, 10 (4).

[97] Short A D. (2013). An examination of the effects of institutional and individual characteristics on the importance of information sources to analysts in state legislative fiscal offices. ProQuest Dissertations Publishing. North Carolina State University.

[98] Simon H A. (1947). *Administrative behavior: A study of decision-making process in administrative organization*. New York: McMillan Co.

[99] Simon H A. (1997). *Models of bounded rationality* (Vol. 3). Cambridge, MA: The MIT Press.

[100] Simon H A. (1957). *Models of man*. New York: Wiley & Sons.

[101] Smithies A. (1955). *The budgetary process in the United States*. New York:

McGraw – Hill.

[102] Steiner M. (2011). ILO Core Labour Standards and WTO Government Procurement Agreement – Conflict or Coherence. *NCCR Trade Regulation. Swiss National Center of Competence in Research*, Zurich.

[103] Stobo G. (2009). Canada – United States Agreement on Government Procurement: A Canadian Perspective. *Procurement Law.*

[104] Tanaka S. (2007). Engaging the public in national budgeting: A non government perspective. *OECD Journal on Budgeting*, 7 (2).

[105] Tatelman T B. (2005). International Government – Procurement Obligations of the United States: An Overview. *Library of Congress Washington Dc Congressional Research Service.*

[106] Taylor G M. (1977). Introduction to zero-based budgeting. *The Bureaucrat*, 6 (1).

[107] Thai K V. (2007). *Introduction to public procurement* (2nd ed.). Herndon, VA: NIGP.

[108] Thompson F, Zumeta W. (1981). Control and controls: A reexamination of control patterns in budget execution. *Policy Sciences*, 13 (1).

[109] Thompson J D. (1967). *Organizations in action.* New York: McGraw – Hill.

[110] Timothy K. (2014). Revised WTO Agreement on Government Procurement enters into force. *Mondaq Business Briefing*, 2014 – 04 – 10.

[111] Trionfetti F. (2000). Discriminatory Public Procurement and International Trade. *The World Economy*, (23).

[112] True J L. (2000). Avalanches and incrementalism: Making policy and budgets in the United States. *American Review of Public Administration*, 30 (1).

[113] True J L, Jones B D, Baumgartner F R. (1999). Punctuated equilibrium theory: Explaining stability and changes in American policymaking. In P. Sabatier (Ed.), *Theories of the policy process.* Boulder, CO: Westview.

[114] Ueno A. (2013). Multilateralising Regionalism on Government Procurement. *OECD Trade Policy Papers.*

[115] Wang C. (2014). Selective Adaptation in Treaty Compliance: Te Implications of Japan's Implementation of the World Trade Organization's Agreement on Government Procuremen. *Asia Pacific Law Review*, 22 (1).

[116] Watermeyer R. (2005). Rethinking government procurement agreements. *Civil Engineering Siviele Ingenieurswese*, 13 (1).

[117] Westport C T, Quorum Olphert W, Damodaran L. (2007). Citizen participation and engagement in the design of e-government service: The missing link in effective ICT design and delivery. *Journal of the Association for Information Systems*, 8 (9).